AF551401

Bibliografische Information der Deutschen Nationalbibliothek:
Die Deutsche Nationalbibliothek verzeichnet diese Publikation in der Deutschen Nationalbibliografie; detaillierte bibliografische Daten sind im Internet über www.dnb.de abrufbar.

oekom – Gesellschaft für ökologische Kommunikation mbH
Goethestraße 28, 80336 München

Layout und Satz: Reihs Satzstudio, Lohmar
Korrektur: Elena Bruns
Umschlaggestaltung: Sarah Schneider, oekom verlag
Umschlagfoto: © by-studio/AdobeStock, erweitert mit Creative AI
Druck: CPI books GmbH, Leck

ISBN: 978-3-98726-081-0
https://doi.org/10.14512/9783987263194

Ingo Balderjahn

Lust auf Verzicht

Warum bewusster Konsum glücklich macht und dem Klima hilft

Inhaltsverzeichnis

Vorwort

Extreme Wetterereignisse wie Hitzewellen, Waldbrände und Flutkatastrophen als Folge eines fortschreitenden Anstiegs der Erderwärmung bedrohen zunehmend Menschen und die Natur weltweit. Gleichzeitig stoßen gegen den globalen Klimawandel gerichtete supranationale Abkommen und nationales Regierungshandeln zum Klimaschutz an ihre Grenzen. Gesetzliche Ver- und Gebote zum Schutze des Klimas scheitern nicht nur an fehlenden parlamentarischen Mehrheiten, sondern auch an einer mangelnden Akzeptanz in der Bevölkerung, die ihr Recht auf Selbstbestimmung dadurch verletzt sieht. Zudem werden sogenannte marktwirtschaftliche Instrumente der Politik, die Bürger über finanzielle Anreize zum Klimaschutz motivieren sollen, massiv in ihrer Erfolgswirkung überschätzt, denn zum einen hängen Güterpreise oft nur locker mit den Herstellkosten zusammen, und zum anderen spielen Preise mit zunehmendem Einkommen der Menschen eine immer geringere Rolle beim Einkaufen.

Der Mensch und die Natur folgen ihren eigenen »Gesetzmäßigkeiten«, die nicht per Gesetz oder durch ökonomische Annahmen außer Kraft gesetzt werden können. Letztlich haben es die Menschen selbst in der Hand, ob sie riskieren wollen, durch eigenes Verhalten ihre Lebensgrundlagen vollständig zu vernichten. Die Alternative ist, die persönlichen Konsumgewohnheiten in Einklang mit der Natur zu bringen. Der Konsum eines jeden Einzelnen, so vernachlässigbar er auch im globalen Maßstab erscheinen mag, belastet die natürlichen Ressourcen der Erde und erhöht den Ausstoß von CO_2 in die Atmosphäre. Es ist der tägliche Güterverbrauch der Menschen weltweit zusammengenommen, der die Erderwärmung bedrohlich aufheizt. Dazu ein Beispiel: Eine Wüstenheuschrecke frisst circa zwei Gramm Nahrung am

Tag, das ist wirklich nicht sehr viel. Ein mehrere Millionen umfassender Heuschreckenschwarm allerdings kann riesengroße Flächen landwirtschaftlichen Anbaus in einem Tag vernichten. Das ist der Effekt, der auch für Konsumenten gilt. Dem Klima hilft dagegen jeder freiwillige Verzicht auf persönlich entbehrliche Güter.

An dieser kurz dargestellten Problematik knüpft das vorliegende Buch an. Es thematisiert verhaltenswissenschaftliche Hintergründe dafür, dass entgegen vieler Meinungsumfragen eine große Mehrheit der Bevölkerung in Deutschland weiterhin nicht bereit ist, ihre klimaschädigenden Konsumgewohnheiten aufzugeben. Diejenigen aber, die freiwillig auf verschwenderischen Konsum verzichten und genügsamer leben, erfahren einen Zugewinn an Selbstbestimmung, Unabhängigkeit und Lebensglück. Persönliche Eigenschaften und Überzeugungen, die eine klimafreundliche Veränderung der Konsumgewohnheiten erleichtern und dabei helfen, Barrieren zu überwinden, werden im Buch ausführlich behandelt. Auch Möglichkeiten des Social Marketing zur Ermutigung der Bevölkerung, maßlose Konsumgewohnheiten zu überdenken, werden vorgestellt. Das Buch setzt auf die persönliche Selbstbestimmung und Selbstwirksamkeit der Bürger. Zugleich deckt es Schwächen ordnungspolitischer und marktwirtschaftlicher Instrumente der Politik zum Klimaschutz auf.

Ganz herzlich bedanke ich mich bei meiner ehemaligen Sekretärin an der Universität Potsdam, Frau Ines Belitz, für ihren enormen Einsatz bei der Rechtschreibkorrektur des Buchmanuskriptes und für ihre nützlichen Hinweise, einige Sätze noch etwas verständlicher zu formulieren.

Berlin, im Herbst 2023
Ingo Balderjahn

Die Globale Verschwendung

Vom Verlust der Zukunft

Der globale Klimawandel ist nicht nur für die gesamte Menschheit eine reale, ihre Existenz bedrohende Gefahr, sondern auch für Fauna und Flora. Alles Leben auf der Erde steht auf dem Spiel. Allerdings sind Gefahren für Leib und Leben nichts Neues. Menschen werden seit jeher bedroht von Naturkatastrophen (z. B. Überschwemmungen, Erdbeben), Fressfeinden, Hungersnöten, Kriegen, Seuchen und Krankheiten. Diese Bedrohungen hatten aber niemals die Wucht, alles Leben auf der Welt zu zerstören. Der globale Klimawandel hat dieses Potenzial. Der Unterschied zu anderen Gefahren für die Menschheit ist die globale Dimension der Erderwärmung. Die Betroffenheit vom Klimawandel durch Extremwetterereignisse ist zwischen Kontinenten, Ländern und Regionen unterschiedlich. Besonders ungerecht ist es allerdings, dass die zunehmende Erderwärmung junge Menschen deutlich stärker trifft als die älteren, die noch, mit etwas Glück vielleicht, weitgehend unbehelligt von den katastrophalen Folgen des Klimawandels ihr Leben zu Ende bringen können. Hinzu kommt, dass es gerade die ältere Bevölkerung ist, die die Schaltstellen der Macht in Wirtschaft und Politik besetzt und sich überwiegend sehr entspannt geriert, wenn es um die Umsetzung dringend notwendiger Maßnahmen zum Klimaschutz geht. Die Jugend ist auf dem Weg, ihre Zukunft zu verlieren. Ohne Jugend wird es für alle keine Zukunft mehr geben.

Der globale Klimawandel ist real, er ist im Leben vieler inzwischen angekommen und erfahrbar geworden. Doch letztlich ist alles, was wir aktuell als Folgen des globalen Klimawandels beobachten und erleiden, wie zunehmende Hitzeperioden, Gletscherschmelzen, Dürren und Extremwetterereignisse, *nur* Vorbote dessen, was da noch auf uns zurollen wird. Wir befinden uns nachweislich in einer Phase stetig fortschreitender Erderwärmung.[1] Unsicherheiten gibt es nur darüber, zu welchem Zeitpunkt und mit welcher vernichtenden Kraft Mensch und Natur Opfer des Klimawandels werden. Wann genau mit katastrophalen und irreversiblen Zerstörungen zu rechnen ist, kann kaum exakt vorhergesagt werden. Dafür hängen diese Mensch und Natur bedrohenden Auswirkungen des globalen Klimawandels von zu vielen Faktoren ab, deren genaue Entwicklung sich einer belastbaren Prognose entzieht. In solchen Fällen helfen Szenarien, die zumindest Vorstellungen darüber liefern, was der Menschheit bevorstehen könnte, im besten wie im schlechtesten Fall. Die Frage, wann es zu spät sein wird, in 30, 50 oder 100 Jahren, das Ende menschlichen Lebens noch zu verhindern, ist aus heutiger Sicht nicht präzise zu beantworten. Dass es über kurz oder lang aber zu gewaltigen Zerstörungen und menschlichem Leid infolge der Erderwärmung kommen wird, ist gewiss. Es sei denn, es gelingt den Menschen überall auf der Welt in einer gemeinsamen Anstrengung, sich selbst und diesen Planeten noch zu retten. Dazu muss die Weltgemeinschaft es schaffen, den Anstieg der Erderwärmung auf 1,5 Grad Celsius gegenüber dem vorindustriellen Niveau zu begrenzen.[2] Nur wenn das gelingt, hat die Jugend noch eine Zukunft.

Spätestens mit dem öffentlichen Auftreten und den Forderungen von Fridays for Future muss allen klar geworden sein, dass die Vorstellung von Zukunft in der jüngeren Generation eine andere ist, als die älterer Menschen. Für die Jugendlichen ist heute Zukunft immer weniger greifbar, sie verschwimmt und verdunkelt sich. Als Lebensantrieb fällt Zukunft immer mehr aus. Junge Menschen stellen sich Fragen nach dem Sinn ihres Lebens. Ist es noch sinnvoll, eine Ausbildung zu machen oder ein Studium abzuschließen? Überlegungen zur Lebensplanung und zur Notwendigkeit, für die eigene Rente vorzusorgen, erscheinen immer weniger angezeigt. Wenn in Politik und Wirtschaft nicht schnell und engagiert genug die Weichen zu einer klimaneutralen Gesellschaft gestellt werden, wird der Jugend ihre Zukunft gestohlen.

Es sind aber sind nicht nur die Politik und die Wirtschaft angesprochen, sich beherzt dem Klimawandel entgegenzustemmen, sondern auch die Bürger, insbesondere in ihrer Rolle als Konsumenten.[3] Der persönliche Konsum ist einer der stärksten Treiber der globalen Erderwärmung und deshalb gemeinsam mit der Produktion als eines der zentralen Nachhaltigkeitsentwicklungsziele von den Vereinten Nationen benannt.[4] Eine deutliche Mehrheit in Deutschland konsumiert jedoch unbeeindruckt in einer Größenordnung, als würde der Klimawandel sie persönlich nicht ernsthaft bedrohen. Nach dem Absturz der Konsumlust während der Coronapandemie verbessert sich das Konsumklima in Deutschland trotz hoher Inflationsrate nach den Daten der Gesellschaft für Konsumforschung (GfK) deutlich und wird sicher bald wieder das Vor-Corona-Niveau erreichen.[5] In Umfragen bejahen zwar stets sehr viele die Frage, dass Umwelt und Klima geschützt werden müssen, offensichtlich aber nicht von ihnen selbst, denn nach den repräsentativen Befragungen des Umweltbundesamtes zum Umweltbewusstsein in Deutschland gaben im Jahr 2020 zwar 65 Prozent an, dass für sie der Umwelt- und Klimaschutz sehr wichtig ist, aber nur 21 Prozent hielten ihren persönlichen Beitrag dazu für ausreichend.[6] 57 Prozent der Befragten teilten die Auffassung, dass Industrie und Wirtschaft für den Klimaschutz am stärksten verantwortlich sind. 40 Prozent sahen die Bundesregierung in dieser Verantwortung, aber nur 31 Prozent stimmten einer starken persönlichen Verantwortung für den Klimaschutz zu.[7]

Junge Menschen beschleicht zunehmend der Eindruck, dass für sie die Garantie auf eine Zukunft abläuft und ein Totalausfall droht.

Diese Daten vermitteln ein klares Bild der Lage. Bei der Mehrheit der deutschen Bevölkerung ist die zwingende Notwendigkeit und Dringlichkeit zum Klimaschutz noch immer nicht angekommen. Klimaschutz ist etwas für andere, sollte persönlich nichts kosten und den eigenen Lebensstandard nur ja nicht gefährden. Eine bekundete Zustimmung zum Umwelt- und Klimaschutz unter dem gedanklichen Vorbehalt, dass sich dadurch nichts an den eigenen Konsumgewohnheiten verändern darf, ist nichts wert. Viele derjenigen, die immer noch den Konsum und das Anhäufen von Besitztümern als ultimativen Lebenssinn betrachten, konnten in ihrer Jugend vom persönlichen Wohlstand träumen und Zukunftspläne schmieden. Wer Wohlstand im Leben erreichen will, wird kaum dafür zu gewinnen sein, Wohlstandseinbußen zugunsten des Klimas hinzunehmen. Dieser Personenkreis wird sich weniger vom Klimawandel bedroht fühlen als von den potenziellen Maßnahmen zum Klimaschutz. Diese Haltung fördert Passivität, Gleichgültigkeit und Opportunismus. Sie verhindert Klimaschutz, trägt weiter zur Zerstörung der Erde bei und nimmt der Jugend ihre Zukunft weg.

Maßloser Konsum, befeuert von der Erwartung, dass Konsum zu Glück, Spaß, Freude, Freiheit, Anerkennung und Identität verhilft, gibt dem Klima keine Chance. Das Leben ist aber mehr als Konsum. Es entfaltet sich in den Träumen, Sehnsüchten und Wünschen der Menschen sowie in dem, was ihnen etwas wert ist. Menschen, die davon überzeugt sind, dass sie ein erfülltes und sinnvolles Leben führen, handeln selbstbestimmter und reagieren resilienter auf Krisen als andere. Geht aber die Zukunft verloren, dann wird es Erfüllung im Leben kaum mehr geben können. Eine lebenswerte Zukunft sollte uns mehr wert sein als alles, was der Konsum zu bieten hat. Maßloser Konsum ruiniert den Planeten.

Die 19 Prozent der Deutschen, die jünger als 20 Jahre sind, müssen nahezu ohnmächtig und fassungslos zuschauen, wie gegen ihre Interessen und ihr Recht auf Zukunft zu wenig, zu unentschlossen und zu langsam gehandelt wird, um den globalen Klimawandel zu stoppen.[8] Denn das Engagement zum Klimaschutz in Politik und Wirtschaft ist überschaubar. In Deutschland ist Klimaschutz nur dann mehrheitsfähig, wenn Wirtschaftswachstum und materieller Wohlstand dadurch nicht gefährdet werden. Dabei sind ein stetiges Wirtschaftswachstum mit den damit verbundenen steigenden Ressourcen- und Energieverbräuchen sowie anhaltend hohen Kohlendioxidemissionen der Ursprung der globalen Erderwärmung. Der Wirtschaft geht es zuvörderst darum, hohe Renditen zu erzielen. Dort, wo Klimaschutz die unternehmerischen Renditeerwartungen belastet, bleibt wenig Raum für Klimaschutz.

Leben braucht Zukunft. Es sollte uns wert sein, die Zukunft zu erhalten.

Die Erschöpfung der Erde

Zu den Gründen und Ursachen des globalen Klimawandels, zu dessen Gefahren für Mensch und Natur und zu den Möglichkeiten, die schlimmsten Folgen des Klimawandels noch verhindern oder zumindest abschwächen zu können, liegen heute umfassende und belastbare naturwissenschaftliche Informationen vor. Unter dem Dach des Weltklimarats (*Intergovernmental Panel of Climate Change*, IPCC), der 1988 vom Umweltprogramm der Vereinten Nationen (UNEP) und der Weltorganisation für Meteorologie (WMO) eingerichtet wurde, haben eine große Anzahl von Experten auf der ganzen Welt ein Konvolut von naturwissenschaftlichen Daten über den globalen Klimawandel zusammengetragen, interpretiert, bewertet und in Berichten veröffentlicht. Dieses Wissen ist außerordentlich nützlich und wichtig, um den globalen Klimawandel in seiner Entstehung und seinem Bedrohungspotenzial für die Menschheit verstehen und erklären zu können.

Die Erderwärmung ist durch menschliches Handeln verursacht. Beim Herstellen und Konsumieren von Gütern werden Treibhausgase (u. a. Kohlenstoffdioxid, Methan) in die Atmosphäre emittiert, die bei steigenden Konzentrationen zum Aufheizen der Erde führen. Insbesondere geht der Klimawandel auf einen weltweit viel zu hohen Verbrauch fossiler Ressourcen wie Erdöl, Erdgas und Kohle zurück. Diese

Rohstoffe werden genutzt für die Stromerzeugung, zu Heizungszwecken, Benzinherstellung, Stahlproduktion und für die Herstellung von Kunststoffprodukten aller Art. Um katastrophale Ereignisse, wie Überflutungen und Dürren infolge der globalen Erderwärmung, noch abwenden zu können, müssen die Treibhausgasemissionen schnellstens soweit reduziert werden, bis die sogenannte Klimaneutralität erreicht ist. Bei Klimaneutralität werden überschüssige Treibhausgase in der Atmosphäre von den sogenannten Kohlenstoffsenken (z. B. Ozeanen, Wäldern) aufgenommen und unschädlich gemacht. Im Übereinkommen von Paris im Jahr 2015 haben sich 195 Länder auf das Ziel geeinigt, die Klimagasemissionen soweit zu senken, dass der Anstieg der Oberflächentemperatur der Erde auf maximal 1,5 Grad Celsius über dem vorindustriellen Niveau beschränkt werden kann.[9] Nur so scheint eine drohende Klimakatastrophe noch verhindert werden zu können.

Neben den fossilen, nicht erneuerbaren Rohstoffen werden nachwachsende Rohstoffe, insbesondere aus der Land-, Forst- und Fischereiwirtschaft, außerhalb der Nahrungsmittelverwendung in der industriellen Verarbeitung und als Energieträger (u. a. Holz, Fasern, Öle und Fette, Biokraftstoffe) benötigt. Der Verbrauch dieser nachwachsenden Rohstoffe organischen Ursprungs hat allerdings Größenordnungen angenommen, die nicht mehr nachhaltig auf der Erde erwirtschaftet werden können. Eine nachhaltige Bewirtschaftung liegt dann vor, wenn die Wiederherstellung verbrauchter Mengen an nachwachsenden Rohstoffen auf der Erde (Biokapazität der Erde) nicht mehr Zeit in Anspruch nimmt, als deren Verzehr gedauert hat. Ein Maß für die Inanspruchnahme nachwachsender Rohstoffe durch den Menschen ist der *ökologische Fußabdruck*. Er ist ein Maß für die Höhe des globalen, regionalen oder persönlichen Verbrauchs an nachwachsenden Rohstoffen innerhalb eines Jahres.[10]

Der Verbrauch an Rohstoffen ist inzwischen so gewaltig hoch, dass die planetaren Grenzen einer regenerierbaren und nachhaltigen Ressourcennutzung deutlich überschritten werden. Die natürliche Produktionsfähigkeit der Erde (Biokapazität) reicht nicht mehr aus, die weltweit innerhalb eines Jahres beanspruchten Ressourcen (globaler ökologischer Fußabdruck) bereitzustellen. Nach den Berechnungen der Organisation Global Footprint Network verbrauchte die Menschheit 2022 so viele nachwachsende Rohstoffe, für die eine Biokapazität von 1,75 Erden erforderlich gewesen wäre, um diesen Bedarf decken zu können.[11] Der globale ökologische Fußabdruck übertrifft die Biokapazität der Erde bei Weitem. Da nur eine Erde zur Erzeugung nachwachsender Rohstoffe vorhanden ist, muss die fehlende Biokapazität einer Dreiviertel-Erde durch Methoden des Raubbaus wie illegaler Holzeinschlag und Überfischung ersetzt werden. Die Biokapazität der Erde reicht schon seit den 1970er-Jahren nicht mehr aus, den weltweiten Bedarf an nachwachsenden Rohstoffen zu bedienen.

Am sogenannten *Erdüberlastungstag (Earth Overshoot Day)* eines jeden Jahres ist die Biokapazität der Erde erschöpft. Weltweit war der Erdüberlastungstag 2022 am 28. Juli erreicht.[12] Nach diesem Tag lebt die Menschheit auf Pump und den Preis dafür zahlen zukünftige Generationen. Die Biokapazität der gesamten Erde hat also gerade einmal rund sieben Monate gereicht, um die weltweite Rohstoffnachfrage zu decken. In Deutschland ist der Rohstoffverbrauch, gemessen am ökologischen Fußabdruck, deutlich höher als der Weltdurchschnitt. Würden alle Menschen so viel konsumieren wie die Deutschen, dann wäre zur Deckung des jährlichen Bedarfs an nachwachsenden Rohstoffen die Biokapazität von nahezu drei Erden (exakt 2,9) nötig. Diese drei Erden gibt es aber nicht, sondern nur eine. Der verschwenderische Umgang mit Rohstoffen hat in Deutschland dementsprechend zur Folge, dass der Erdüberlastungstag schon auf den 4. Mai 2023 fällt.[13] Bildlich gesprochen wird das Tafelsilber der Erde verscherbelt, ohne für Ersatz Sorge zu tragen. Nachfolgenden Generationen wird immer weniger an wichtigen Rohstoffen zum Leben zur Verfügung stehen.

Am Raubbau und der Ausbeutung der Erde sind nicht alle Länder bzw. Menschen gleichermaßen beteiligt. Die ökologischen Fußabdrücke zwischen reichen und armen Ländern unterscheiden sich kräftig. Die in ärmeren Ländern wie u. a. Angola, Bangladesch, Nigeria und Indien verbrauchten Rohstoffmengen liegen unterhalb der Biokapazitäten dieser Länder. Mehr als 80 Prozent der Weltbevölkerung leben allerdings in Ländern, deren ökologische Fußabdrücke höher sind als deren Biokapazitäten.[14] Zu diesen Ländern gehören u. a. Luxemburg (8-fache Überschreitung), USA (5-fache Überschreitung), Finnland (4-fache Überschreitung), Deutschland (3-fache Überschreitung) und China (2-fache Überschreitung).[15] In diesen Ländern konsumieren viele Menschen verschwenderisch – deutlich mehr, als ökologisch vertretbar ist.

In reichen Ländern wird konsumiert, was das Zeug hält. Produkte werden nur kurzlebig genutzt, schnell wieder weggeworfen und umgehend durch neue ersetzt.

Der geringere und damit auch nachhaltigere Verbrauch von Rohstoffen in den ärmeren Ländern ist allerdings oft nicht Ausdruck frei gewählter Lebensbedingungen, sondern eine Folge von Armut. Dort haben die Menschen oft nicht das Nötigste, was sie zum Leben bräuchten. In Honduras, mit einem Bruttoinlandsprodukt (BIP) im Jahr 2021 von weniger 1 Prozent des deutschen BIP, reicht die Biokapazität für die dort nachgefragten Ressourcenmengen gerade aus. In kaum weniger armen Ländern wie Panama, Sierra Leone und dem Sudan überschreiten deren ökologische Fußabdrücke schon die vorhandenen Biokapazitäten. An diesem Punkt sollte das im Prinzip sehr nützliche Konzept des ökologischen Fußabdrucks und dessen Berechnungsmethoden kritisch hinterfragt und überarbeitet werden. Es erscheint jedenfalls sehr unrealistisch und nahezu aussichtslos davon auszugehen, den Rohstoffverbrauch in wohlhabenderen Ländern auf absehbare Zeit auf einen ökologischen Fußabdruck wie den von Honduras zu bringen.

Damit das Klimaziel einer 95-prozentigen Senkung der Treibhausgase im Vergleich zu 1990 in Deutschland bis 2050 erreicht werden kann, muss der CO_2-Fußabdruck pro Person unter einer Tonne jährlich liegen.[16] Aktuell liegt dieser Wert bei rund elf Tonnen CO_2.[17] Nach dem CO_2-Rechner des Umweltbundesamtes kommt eine zweiköpfige Familie, die über eine 20-Quadratmeter-Wohnung in einem Passivhaus verfügt, Heizung und Strom durch erneuerbare Energien betreibt, kein Auto besitzt, nicht den ÖPNV nutzt und nicht mit dem Flugzeug verreist, sich vegan ernährt und weniger als 2.500 Euro monatlich verdient, auf einen CO_2-Fußabdruck von 3,84 Tonnen.[18] Auch wenn diese schon sehr einfach, klimabewusst und nahezu immobil lebende Familie obdachlos werden sollte, würde sich ihr CO_2-Fußabdruck kaum verringern. Diese Ergebnisse zum persönlichen CO_2-Fußabdruck fordern geradezu dazu auf, diese Berechnungsmethodik zu überdenken. Entweder sind die Berechnungen falsch oder die Menschheit wird ihre CO_2-Emissionen nie auf ein klimaneutrales bzw. den Temperaturanstieg auf unter 1,5 Grad Celsius haltendes Niveau bringen können.

Maßlose Lebens- und Konsumstile in den reichen Industriestaaten erschöpfen die biologischen Rohstoffkapazitäten der Erde. In der Verschwendung offenbart sich nicht nur eine unfassbare Gedanken- und Verantwortungslosigkeit gegenüber den eigenen Konsumgewohnheiten, sondern auch eine mangelnde Wertschätzung für lebenswichtige Rohstoffe. Die Zeche zahlen junge Menschen und zukünftige Generationen.[19] Ihnen stehen fossile (u. a. Kohle, Erdöl), mineralische (u. a. Metalle, Steine und Erden) und nachwachsende Rohstoffe (u. a. Holz) immer weniger zur Verfügung. Der Wunsch bei vielen nach immer mehr materiellem Wohlstand und Konsum wird gefördert vom Dogma der Unverzichtbarkeit stetigen Wirtschaftswachstums. Schon bei kleinen Wachstumsdellen sprechen Ökonomen schnell von drohenden Wohlstandsverlusten. Das, was wachsen soll, das Bruttoinlandsprodukt (BIP), ist aber kein Maß für das persönlichen Wohlbefinden oder die subjektive Lebenszufriedenheit. Persönliches Glück, Zufriedenheit und Wohlbefinden werden durch das BIP nicht erfasst. Das BIP ist ein Maß für den monetären Wert aller innerhalb eines Jahres im Inland hergestellten Güter und Dienstleistungen, soweit diese nicht zur Produktion anderer Güter (Vorleistungen) verwendet werden. Es misst periodenbezogen die Wirtschaftsleistung eines Landes. Das persönliche Glück und die Zufriedenheit mit dem eigenen Leben hängen nur locker mit der Leistungsfähigkeit einer Volkswirtschaft zusammen.

Analysen zeigen, dass das subjektiv empfundene Glück langfristig nicht dem Wirtschaftswachstum folgen muss. Von den 125 Ländern, die im *World Happiness Report 2019* untersucht wurden, weisen 43 (einschließlich der Vereinigten Staaten) einen negativen Zusammenhang zwischen dem BIP pro Person (Pro-Kopf-Einkommen) und dem Glück auf.[20] In diesen Ländern hat die Lebenszufriedenheit abgenommen, während die Wirtschaft wuchs. Dieser Effekt ist als »Easterlin-Paradoxon« bekannt.[21] Finnland ist nach dem *World Happiness Report 2022*[22] das glücklichste Land der Welt, gehört aber nicht zu den Top Ten der Länder mit den höchsten Pro-Kopf-Einkommen. Die USA liegen erst an 16. Stelle der glücklichsten Länder, obwohl sie zu den Top Ten der Länder mit den höchsten Pro-Kopf-Einkommen gehören. Diese Ergebnisse legen nahe, dass weiteres Wirtschaftswachstum Menschen, deren Wohlstand schon deutlich über dem Existenzminimum liegt, nicht zwangsläufig glücklicher macht, sondern sogar das Gegenteil davon bewirken kann.

Wir befinden uns in einem Dilemma, zwischen Nachhaltigkeit und Wirtschaftswachstum entscheiden zu müssen. Trotz anderslautender Narrative, beides gleichzeitig ist aktuell nicht möglich.

Stetiges Wirtschaftswachstum mit steigenden Ressourcenverbräuchen und steigenden Treibhausgasemissionen erschöpft die Erde und heizt das Klima bedrohlich auf. Nicht einmal das persönliche Wohlbefinden zeigt sich vom Wirtschaftswachstum beeindruckt. Weshalb also fokussieren sich in Deutschland und nahezu auf der ganzen Welt die Regierungen auf die Schaffung von Wirtschaftswachstum? Kleinste Wachstumsdellen werden sofort als Wohlstandsverluste interpretiert, die schnellstens wieder durch höhere Produktionsauslastungen und Zuwachs beim privaten Konsum wettgemacht werden müssen. Von »Wohlstand« wird gesprochen, als handele es sich per se dabei um das oberste Lebensziel, als etwas ganz Wichtiges, wonach alle streben. Tatsächlich verbirgt sich hinter dem Begriff »Wohlstand« nur die finanzielle Seite der Lebensqualität. So wichtig die finanzielle Lage auch ist, ein gefülltes Portemonnaie alleine macht kaum jemanden längerfristig glücklich. Eine Familie, gute Freunde und soziale Teilhabe, erfahrene Wertschätzung und Respekt sowie Erfüllung im Beruf sind Beispiele dafür, was dem Leben seinen Sinn und den Menschen Erfüllung gibt.

Der Überfluss sind wir

Zu guten Konsumenten erzogen

Die Kindheit im Griff des Konsums

Deutschland hat eine ausgeprägte Konsumkultur. Allgemein sind Kulturen menschliche Gemeinschaften mit gleichen bzw. kompatiblen Werthaltungen und Normen *(Shared values)*, die ein Zusammenleben dieser Menschen erst ermöglichen, es ordnen und regeln.[1] Kulturen geben den Verhaltensweisen der Menschen eine spezifische, erkennbare und von anderen Kulturen unterscheidbare Ausrichtung (u. a. Bekleidung, Essgewohnheiten, Architektur). Die Konsumkultur ist Teil einer Landeskultur und umfasst geteilte Werthaltungen, Normen, Überzeugungen und Einstellungen zum Konsum und das damit einhergehende Verhalten von Menschen in ihrer Rolle als Konsumenten.

In ihrer Kinder- und Jugendzeit erwerben Menschen durch verschiedene Lernprozesse ihre grundlegenden Charaktereigenschaften und Überzeugungen (u. a. Denk- und Interpretationsweisen, Moralvorstellungen) sowie verschiedene Fähigkeiten (u. a. Spracherwerb und Kompetenzen). Die Phase der kulturellen Entwicklung und Formung von Persönlichkeitsmerkmalen und Verhaltensweisen wird als Sozialisation bezeichnet. Auf Kinder und Jugendliche wird in verschiedener Weise bewusst (z. B. Erziehung, Unterricht) und unbewusst (z. B. vorgelebter Lebensstil) eingewirkt, grundlegende Werte, soziale Normen und Verhaltensweisen des gesellschaftlichen Zusammenlebens zu verinnerlichen und zu übernehmen. Die Sozialisation dient insofern der Vorbereitung auf ein möglichst konfliktfreies Leben innerhalb einer Kulturgemeinschaft.

In einem Land mit ausgeprägter Konsumkultur wie Deutschland spielt die Vermittlung von Konsumwerten (u. a. Wohlstand, Besitz) sowie Konsumnormen (u. a. Accessoires, Dresscodes und Moden) eine sehr große Rolle. Kindern und Jugendlichen wird im Elternhaus, im Kindergarten, in der Schule, in den Medien und im Freundeskreis nahegebracht und vorgelebt, dass zu einem erfolgreichen und glücklichen Leben Konsum dazugehört. Konsum wird in Verbindung gebracht mit Reichtum, Macht, Anerkennung, Genuss, Spaß, Glück und persönlicher Identität. Wer sozial anerkannt werden will, umgibt sich mit angesagten Markenprodukten und teurem Luxus. Wer sich das finanziell nicht leisten kann, fühlt sich schnell unbeachtet und muss fürchten, aus der Freundesgruppe ausgeschlossen zu werden.

Während der Sozialisation wird die Rolle als Konsument, also das Konsumverhalten, das die Familie, die Freunde und die Gesellschaft als Ganzes von einem guten Mitbürger erwarten, erlernt und verfestigt. An diesen Lernprozessen sind alle Formen belehrender Kommunikation (z. B. in der Familie) sowie Beobachtungen anderer Personen durch Kinder und Jugendliche beteiligt.[2] Kommunikative Einflussnahmen verlaufen bei Kindern oft unterhalb der Bewusstseinsschwelle und werden deshalb als solche nicht erkannt. Was Eltern und Lehrer sagen, wird von Kindern nahezu ungefiltert und unkritisch aufgenommen. So wird die Beeinflussungsabsicht der Werbung von Kindern kaum erkannt. Mentale Fähigkeiten, gezielte Beeinflussungs- und Manipulationsversuche erkennen und abwehren zu können, sind bei Kindern nicht oder noch nicht ausreichend genug entwickelt. Aus diesem Grund sind Kinder sehr anfällig und oft schutzlos der kommerziellen Werbung ausgeliefert. Und gerade die kommerzielle Werbung prägt Konsumnormen (z. B. »Süßigkeiten sind gut«) und Konsumbilder (z. B. »Erfolg und Glück durch Konsum«).

Kinder und Jugendliche erlernen die Rolle des Konsumenten nicht nur dadurch, dass ältere Personen sie darüber aufklären (z. B. Eltern, Lehrer) oder dass sie in den sozialen Medien Informationen und Anregungen aufnehmen, sondern auch dadurch, dass sie beständig abgucken, wie das soziale Umfeld konsumiert. Dabei spielen die Konsumgewohnheiten von Eltern, Geschwistern und Freunden eine zentrale Rolle. Für Kinder und Jugendliche wichtige Personen werden von ihnen unbewusst als Konsumvorbilder bzw. Konsummodelle genutzt, deren Haltung zum Konsum und deren Konsumgewohnheiten sie zu erlernen, zu übernehmen und im höheren Alter nachzueifern versuchen. Junge Menschen erwerben auf diese Weise allgemein akzeptierte Konsumwerte (z. B. Streben nach Wohlstand) und Konsumnormen (z. B. preisbewusstes Einkaufen), Präferenzen für bestimmte Produkte (z. B. Fertiggerichte) und Marken (z. B. Designer- und Luxusmarken). Auch der Geschmack für Bekleidung, Speisen, Möbel und Musik bildet sich schon frühzeitig heraus. Die erlernte Konsumentenrolle beinhaltet auch, den Besitz von bestimmten Konsumgütern und Marken als erstrebenswert, gar lebensnotwendig und identitätsfördernd anzusehen. Wenn in der Kindheit Erwachsene als Vorbilder dienten, die mit Spaß, Freude und Genuss viel konsumierten (exzessiver Konsumstil), dann ist die Wahrscheinlichkeit hoch, dass im Erwachsenenalter Gleiches angestrebt wird. Wer die Konsumentenrolle gut im Gedächtnis gespeichert hat, wird lebenslang versuchen, den als Kind erlernten Erwartungen einer Konsumgesellschaft nachzukommen.

Konsum findet überall sichtbar im öffentlichen Raum und in den Medien statt. In einer voll auf den Konsum als Lebenssinn aus- und eingerichteten Gesellschaft, wie die der Deutschen, wird das in der Kindheit miterlebte Begehren, Verlangen und Verehren des Konsums von Erwachsenen an die eigenen Kinder weitergegeben. Nach diesem Mechanismus werden verschwenderische Konsumstile von Generation zu Generation weitergegeben. Das erklärt auch, warum schon lange maßlos viel konsumiert wird. Um diesen Prozess zu durchbrechen, müsste schon früh im Elternhaus, in der Kita und in der Schule ein anderer, nachhaltigerer Konsumstil vorgelebt und vermittelt werden. Dabei müsste es auch um Umwelt-, Arten- und Klimaschutz gehen, um Verantwortung und um Solidarität mit all jenen, die immer noch viel zu wenig von dem haben, was in Wohlstandsgesellschaften achtlos verschwendet wird. Die schädlichen Konsequenzen einer auf Maßlosigkeit getrimmten Gesellschaft für Mensch, Natur und Klima sollten schon frühzeitig mit Jugendlichen herausgearbeitet und kritisch hinterfragt werden. Verschwenderische Konsumgewohnheiten wirken nicht nur schädlich auf Umwelt, Arten und Klima, sondern auch negativ auf die Gesundheit, Rechte und Arbeitsbedingungen von Beschäftigten in den globalen Liefer- und Wertschöpfungsketten.

Für Umwelt- und Klimaschutz sowie für soziale Gerechtigkeit und Armutsbekämpfung einzutreten, stellt eine ethische Verpflichtung dar. Es ist eine Verpflichtung, sich für das Lebensrecht der vom Klimawandel am stärksten betroffenen jüngeren Generation und der nachfolgenden Generationen *(Prinzip der intergenerativen Gerechtigkeit)* ebenso einzusetzen wie für einen Wohlstandsausgleich zwischen reichen und armen Ländern *(Prinzip der intragenerativen Gerechtigkeit).*[3] Diese Verpflichtung kann nur eingelöst werden, wenn verschwenderischer Konsum beendet wird und mehr Genügsamkeit einkehrt. Eine hohe gesellschaftliche Wertschätzung für Nachhaltigkeit lässt sich allerdings nicht kurzfristig und nicht nur mit gut gemeinten aufklärerischen Informationskampagnen erreichen. Genügsamere, nachhaltige Konsumgewohnheiten müssen überall sichtbar gelebt werden. In lockerer Bezugnahme auf Immanuel Kants Kategorischen Imperativ[4] als Prinzip moralischen Handelns konnte als grundlegende Maxime der Generationengerechtigkeit formuliert werden: »Konsumiere stets so, dass deine Kinder und Enkel die gleichen Lebenschancen haben werden, die du zum Leben vorgefunden hast.«

»Konsumiere stets so, dass deine Kinder und Enkel die gleichen Lebenschancen haben werden, die du zum Leben vorgefunden hast.«

Maßloser Konsum als Lebenselixier

Eine hohe private Nachfrage gilt bei vielen Politikern und unter Ökonomen als wünschens- und erstrebenswert, letztlich sogar als zwingend notwendig zur Vermeidung von Rezessionen, Massenarbeitslosigkeit und Massenarmut. So jedenfalls lautet das gängige, gebetsmühlenartig wiederholte ökonomische Narrativ. Stetiges Wirtschaftswachstum ist politischer Wille und steht dort erkennbar nicht zur Disposition. Für viele Ökonomen ist der private Konsum ein wichtiger Treiber der Wirtschaft und ein Garant für den gesellschaftlichen Wohlstand. Die Bedeutung einer wachsenden Wirtschaft zur Schaffung von Wohlstand findet Widerhall in den Medien und dominiert immer wieder die öffentliche Agenda. Es überrascht daher nicht, dass die Mehrheit der Bevölkerung dieser Argumentation folgt, ohne sie kritisch zu überdenken. Üppiges Konsumieren, der Besitz von Gütern und die Nutzung von Dienstleistungen gilt in diesem Land als etwas Gutes und Notwendiges.

Konsumieren genießt einen hohen Stellenwert in Deutschland, denn es verspricht persönliche Vorteile. Güter befriedigen persönliche Bedürfnisse, verschaffen Anerkennung bei Freunden und Bekannten, können kurzfristig Glücksgefühle auslösen, und manchem verschaffen sie sogar eine Identität. Wer unter diesen Bedingungen das herrschende Konsumnarrativ hinterfragt, hat es schwer, wird belächelt, schräg angeguckt oder sogar ausgegrenzt. Dennoch, es sind beide Seiten der Konsum-Medaille, die betrachtet werden müssen. Die eine, positive Seite befreit Menschen von Armut und schafft Lebensqualität. Die andere aber, die negative Seite, bedroht die Existenzgrundlagen allen Lebens auf der Erde. Dazu, wie eine stetig wachsende Konsumnachfrage mit dem Erhalt von Umwelt und Klima zu vereinbaren ist, gibt es vonseiten der Ökonomen und Politiker keine überzeugenden Antworten. Treibhausgasemissionen immer teurer zu machen, erscheint richtig, ist aber nicht der große Wurf zur Lösung des Klimaproblems. Die Verteuerung von Treibhausgasemissionen schlägt sich mächtig auf die Güterpreise nieder und wird die private Nachfrage, wie gewollt, dämpfen. Allerdings nicht durchgängig, sondern nur bei denjenigen, die diese Preise nicht mehr bezahlen können. Insofern ist zu erwarten, dass bei zu hohen Güter- und Energiepreisen infolge des Emissionshandels die Politik eingreifen wird und Preise deckelt. Genauso wie 2022 beim Tankrabatt. Dann verpufft nahezu vollkommen der erhoffte Klimaschutzbeitrag steigender Kosten für Treibhausgasemissionen.

Der Konsum ist für viele Bürger in Deutschland der Dreh- und Angelpunkt ihres Lebens. Aus ihm leiten sie nicht nur ihr persönliches Ansehen und ihre Selbstwertschätzung ab, sondern der Konsum liefert auch problemlos viele Möglichkeiten persönlicher Identitätsfindung. Es verwundert deshalb auch nicht, dass sich viele mehr Gedanken darüber machen, was sie kaufen und konsumieren wollen, als darüber, worauf sie problemlos verzichten könnten. Denn verzichten möchte im Allgemeinen keiner. Verzicht ist in Deutschland konnotiert mit Entbehrung, Entsagung und schmerzlichen Verlusten. Die Bereitschaft, persönliche Opfer für den Klimaschutz zu erbringen, ist sehr begrenzt. Daran ändern auch viele Umfrageergebnisse nichts, die auf eine beachtliche Zahlungsbereitschaft für Bioprodukte verweisen. Solche Ergebnisse können getrost in die Tonne geworfen werden. Sie überschätzen deutlich, was Konsumenten wirklich bereit sind, für Biolebensmittel zu zahlen.

Die Verführungen zum Konsum sind allgegenwärtig, oft getriggert von übergroßen »SALE«- und Prozent-Rabatt-Hinweisen. Genügsam zu konsumieren, also beim Konsum unterhalb der eigenen finanziellen Möglichkeiten zu bleiben, ist vielen dagegen fremd, inakzeptabel und absurd. Bitten und Aufforderungen zur Genügsamkeit werden dort als empörend und skandalös empfunden. Auf den Durchschnitt der Gesamtbevölkerung bezogen, wird in Deutschland unverantwortlich viel konsumiert. Ausgenommen davon sind natürlich diejenigen, deren finanzielle Ausstattung ihnen keinen oder nur wenig Spielraum für einen Konsumverzicht bietet. Dieser Personenkreis konsumiert genügsam, allerdings oft wohl nicht freiwillig.

Maßloser Konsum hat einen erheblichen Anteil an den globalen Emissionen von Treibhausgasen. Nach einer neuen Studie von 2023 verursachen die reichsten 10 Prozent der Weltbevölkerung 34 bis 45 Prozent der weltweit verbrauchsbedingten Treibhausgasemissionen.[5] Die Autoren dieser Studie kommen deshalb zu dem Schluss, dass emissionsintensive, maßlose Konsummuster alle Bemühungen einer wirksamen Dekarbonisation erheblich beeinträchtigen. In dieser Studie wird auch darauf hingewiesen, dass weiteres Wirtschaftswachstum und die Zunahme der Güternachfrage Erfolge bei der Verbreitung klimafreundlicher Konsumgewohnheiten wieder zunichtemachen könnten. Allerdings scheinen die Autoren dieser Studie nicht darauf vertrauen zu wollen, dass Konsumenten auch selbstbestimmt und freiwillig ihren Konsum klimafreundlicher verändern können. Gefordert werden stattdessen gesetzliche Vorschriften zur Einschränkung emissionsintensiver Konsumstile wie den Konsum von Luxusgütern. Allerdings gibt es kein einheitliches Verständnis darüber, was Luxus ist. Die beste Definition von Luxus ist die, dass Luxus das ist, was jemand persönlich als Luxus empfindet. Auch sind Luxusgüter oft von höherer Qualität und werden länger genutzt. Nicht teure Luxusgüter sind das (Haupt-)Problem, sondern die billige Massenware.

Viel zu wenig Beachtung findet die mit dem Massenkonsum verbundene Verschwendung und Vernichtung von natürlichen Ressourcen. Der allgegenwärtige Trend zum billigen Massenkonsum wird wesentlich beflügelt vom Renditedenken und professionellen Marketingstrategien von Herstellern und Händlern. In Anbetracht der globalen Erderwärmung wird den Menschen aber gar keine andere Möglichkeit mehr bleiben, als ihren Konsum zu senken – und zwar deutlich. Denn steigt die Konsumnachfrage weiter an wie bisher, dann erhöhen sich auch Ressourcenverbräuche und Klimagasemissionen. Für eine weiter wachsende Erdbevölkerung und den zu erwartenden Nachholbedarf an Wohlstand bei Entwicklungs- und Schwellenländern werden zunehmend mehr natürliche Ressourcen benötigt. Auch wenn Steigerungen bei der Ressourceneffizienz[6] von Produktionsprozessen und Produkten den Anstieg des Ressourcenverbrauches etwas abfedern werden, ohne Konsumverzicht wird die globale Klimakatastrophe nicht zu verhindern sein. Die Menschheit steht vor der Wahl zwischen einem »Weiter so« beim Wirtschaftswachstum oder dem Erhalt der Lebensgrundlagen von Mensch und Natur. Dazwischen gibt es kaum Grautöne. Die erste Alternative setzt einer konsumfreudigen Menschheit eine begrenzte Überlebenszeit, während die zweite Alternative Genügsamkeit mit global nivelliertem Wohlstandsniveau einfordert und so die Lebensgrundlagen bewahrt.

Die Menschheit steht am Scheideweg. Zur Wahl steht entweder ein Untergang in Markenklamotten und mit neuestem Smartphone oder in rustikalen Gewändern und gut gelaunt auf festem Boden stehend der Zukunft entgegenzusehen.

Stellen sich so die Alternativen dar, dann ist es schon rhetorisch zu fragen, welcher Weg beschritten werden sollte. Konsum ist zwar nötig, damit existenzielle Bedürfnisse befriedigt werden können und damit keine Armut droht. Zu viele konsumieren aber viel mehr als ein Mensch braucht, um glücklich zu sein. Das erlernte Streben nach persönlichem Wohlstand und kommerzielle Werbung treiben den Konsum an. Sich dem entgegenzustellen, fällt schwer und viele haben sich dazu noch keine Gedanken gemacht. Objektiv gesehen kann sich jeder mit freiem Willen diesen Konsumerwartungen und -zwängen widersetzen. Jeder kann frei entscheiden, welcher Konsum persönlich nützlich und notwendig ist und worauf gut verzichtet werden kann.

Statt auf die Verantwortung und Selbstbestimmung der Konsumenten zu setzen und diese zu fördern, hoffen viele Politiker auf eine durch Innovationen getriebene, steigende Ressourceneffizienz. Dann würden die benötigte Energie und der Materialverbrauch für eine Leistungseinheit, zum Beispiel einen Becher Fruchtjoghurt, immer geringer, aber ohne jemals den Wert null zu erreichen. Innovationen und Technologien zur Erhöhung der Ressourceneffizienz sind wichtig und unabdingbar im Kampf gegen den Klimawandel. Nur werden sie alleine kaum ausreichen, um die globale Erderwärmung noch rechtzeitig stoppen zu können. Schon seit vielen Jahren haben Ökoeffizienzsteigerungen den Unternehmen zwar kräftige Senkungen der Herstellungskosten beschert,[7] sie haben aber nicht zu einer Reduktion der Gesamtmenge an weltweit verbrauchten Ressourcen und auch nicht zu einer Verringerung der globalen Treibhausgasemissionen geführt. Die Erfolge ressourceneffizienter Produkte bei der Verringerung des Ressourcenverbrauchs werden allzu oft von einer stärkeren Nachfrage und intensiveren Nutzung dieser Produkte zunichtegemacht (sogenannte Reboundeffekte[8]).

Allein auf Verbesserungen der Ressourceneffizienz durch innovative technische Entwicklungen zu setzen, wird also nicht ausreichen, den maximalen Temperaturanstieg auf 1,5 Grad Celsius zu begrenzen. Im Jahr 2015 wurde auf der Klimaschutzkonferenz in Paris das 1,5-Grad-Celsius-Ziel beschlossen.[9] Danach muss die Zunahme der Erderwärmung auf maximal 1,5 Grad Celsius des vorindustriellen Niveaus begrenzt werden, um das Leben auf diesem Planeten nicht zu gefährden. Die Erreichung dieses Klimazieles setzt voraus, dass es gelingt, schnellstens Produktions- und Konsumprozesse klimaneutral umzugestalten. Die Bundesregierung hat im Klimaschutzgesetz in der Novelle von 2021[10] das Erreichen der *Treibhausgasneutralität* auf das Jahr 2045 fixiert. Treibhausgasneutralität bezeichnet einen Zustand, bei dem sich ein Gleichstand zwischen den Treibhausgasemissionen in die Erdatmosphäre und der Aufnahme von Treibhausgasen aus der Atmosphäre durch Kohlenstoffsenken (u. a. Meere, Wälder) einstellt. Im Zuge der Erreichung der Klimaneutralität reduziert sich die zu hohe Oberflächentemperatur wieder auf Werte, die für das Leben auf dem Planeten optimal sind. Neben der Steigerung der Ressourceneffizienz (relative Ressourceneinsparung) sollte sich eine Nachhaltigkeitsstrategie der

Ressourcensuffizienz, also der absoluten Einsparung jährlich verbrauchter Rohstoffe, umgehend etablieren. Die gleichzeitige Steigerung von Ressourcensuffizienz und -effizienz ist ein Schlüsselfaktor zur Erreichung der Treibhausgasneutralität bis spätestens 2045.

Um Treibhausgasneutralität noch rechtzeitig zu erreichen, müssen alle mitwirken. Nicht nur der Staat und die Wirtschaft, sondern auch die Bürger in ihrer Rolle als Konsumenten. Alle müssen sich daran beteiligen, die katastrophalen Folgen des Klimawandels für Mensch und Natur noch zu verhindern. Überbordende Konsumgewohnheiten wohlhabender Bürger haben die Erde aufgeheizt. Gemeinsam sind jetzt alle verantwortlich, das Ruder rumzureißen und weniger zu konsumieren. Eine freiwillige Senkung des persönlichen Konsumniveaus durch verschiedene Möglichkeiten des Konsumverzichts kann den Rohstoff- und Energieverbrauch erheblich senken und wäre ein sinnvoller und notwendiger Beitrag im Kampf gegen die globale Erderwärmung. Freiwilliger Konsumverzicht lässt Menschen nicht verarmen und Hunger leiden. Das Notwendige und Nützliche zum Leben sollte allen Menschen auf der Welt zur Verfügung stehen. Menschen, die finanziell sehr gut dastehen, können über ihre Konsumgewohnheiten ernsthaft nachdenken und reflektieren, was in ihrer persönlichen Konsumwelt verzichtbar wäre. Alles, was subjektiv weder notwendig ist noch nützlich erscheint, sollte zur Disposition stehen. Wer bereit ist, die eigenen Konsumgewohnheiten kritisch unter dem Aspekt der Verschwendung zu beleuchten, hat den ersten notwendigen Schritt auf dem Weg von der Maßlosigkeit zur Genügsamkeit getan. Konsumgewohnheiten sind nicht immer leicht zu ändern. Menschen lieben ihre Gewohnheiten, sammeln und pflegen sie mit zunehmendem Alter. Dennoch, wer sehr viel konsumiert, wird Möglichkeiten finden, seinen Konsum ohne Schmerz, Frust und Entbehrungsgefühle freiwillig zu senken. Einen Versuch sollte es jedenfalls wert sein.

Es geht nur gemeinsam

Gemeinsam verbockt, gemeinsam gerockt

Der Konsum treibt die globale Erderwärmung ungebremst weiter an. Von der Konsumnachfrage lässt sich vieles von dem, was der Natur und dem Klima wehtut, ableiten. Produktionsmengen, Ressourcen- und Energieverbräuche sowie das Aufkommen von festen, flüssigen und gasförmigen Abfällen über alle globalen Wertschöpfungs- bzw. Lieferketten hinweg stehen letztendlich in einer Abhängigkeit von der privaten Nachfrage. Alles, was produziert wird, dient letztlich dazu, den Bedarf der privaten und öffentlichen Nachfrage zu decken. Nehmen wir an, es wäre möglich, alle für die Deckung eines bestimmten Konsumbedarfs erforderlichen Wertschöpfungsprozesse[11] in den Lieferketten und bei den Endherstellern in einem Simulationsmodell algorithmisch abbilden zu können. Dann ließen sich mit dem Konsumbedarf als finale »Stellschraube« des Simulationsmodells alle mit dieser Bedarfsdeckung verbundenen Ressourcen- und Energieverbräuche sowie Mengen an Treibhausgasemissionen berechnen.

Der Konsum wird deshalb zu Recht als eines der Nachhaltigkeitsziele (*Sustainable Development Goals*, SDGs) benannt, die auf dem Sustainable Development Summit der Vereinten Nationen 2015 in New York verabschiedet wurden[12] (SDG Nr. 12). Dieses Ziel fordert, dass Konsumgewohnheiten und Produktionsprozesse in Einklang mit einem verantwortungsvollen Umgang mit der Natur und dem Klima zu bringen sind *(Responsible Consumption and Production)*. Verschwenderische Konsumstile werden von den Vereinten Nationen für die weltweite Umweltverschmutzung, Klimaerwärmung und den Verlust an Biodiversität mitverantwortlich gemacht. An dieser Verschwendung und der damit verbundenen globalen Erderwärmung sind alle beteiligt, die, mit genügend Geld ausgestattet, konsumieren, was das Zeug hält. Der durchschnittliche Rohstoffverbrauch weltweit überschreitet die biologische Kapazität der Erde zur Erzeugung von nachwachsenden Rohstoffen deutlich. Das muss sich schnellstens ändern.

Im Umwelt-, Klima- und Artenschutz wird die Notwendigkeit staatlichen Handelns nicht infrage gestellt. Regierungshandeln allein wird aber bei Weitem nicht ausreichen, um das Klimaproblem zu lösen. Die Vereinten Nationen (UN) kommen auf ihren Klimakonferenzen kaum noch voran. Die erzielten Fortschritte im Bereich der Verständigung über Klimaziele sind durchaus zu würdigen. Klimaziele zu formulieren, ist von größter Wichtigkeit. Aber ohne Angabe von konkreten Maßnahmen, mit denen die Klimaziele erreicht werden können, sind Klimaziele nicht mehr als auf Papier gedruckte Sätze. Deshalb ersetzen Klimaschutzziele keine Klimaschutzstrategie. Sie sind Teil einer Klimaschutzstrategie, zu der auch geeignete Klimaschutzmaßnahmen gehören. Eine Klimaschutzstrategie ist ein auf Analysen aufbauender, zukunftsgerichteter Handlungsplan und umfasst Klimaziele, die es zu erreichen gilt, sowie Klimaschutzmaßnahmen, die zur Erreichung der Ziele geeignet sind. Insofern muss jede Klimaschutzstrategie auch Klimaschutzmaßnahmen enthalten. Ziele ohne zielerreichende Maßnahmen sind sinnlos.

Der Klimawandel ist da und bedroht alles Leben auf der Welt, auch deshalb, weil zu viele Menschen viel zu viel konsumieren.

Internationale Konferenzen zum Umwelt- und Klimaschutz kommen an ihre Grenzen, und es gibt wenig Hoffnung, dass sich daran in Zukunft viel ändern wird. Statt untätig zu warten und zu hoffen, dass die Staatengemeinschaft doch irgendwie noch die Kurve bekommt, kann jeder Konsument bei sich anfangen und täglich einen Beitrag zum Klimaschutz leisten. Letztlich geht es um unser Leben, das Leben unserer Kinder und Enkel, das wir schulterzuckend in die Hände von Politik und Wirtschaft legen, wenn wir nicht selbst aktiv werden. Jeder hat Möglichkeiten mit anzupacken und mitzuwirken, die Natur und das Klima zu erhalten. Es geht doch um vieles, eigentlich um alles. Mit selbstberuhigenden Rechtfertigungen die Hände in den Schoß zu legen, ist keine Antwort auf die Klimakrise. Dem Staat und der Wirtschaft die Zuständigkeit und die Verantwortung für den Natur- und Klimaschutz zu übertragen und selbst weiter so zu konsumieren wie bisher, grenzt an Selbstaufgabe.

Menschen sollten doch willens und in der Lage sein, aus eigener Überzeugung das Klima zu schützen. In einer existenziell bedrohlichen Situation wie dem Klimawandel muss jeder Verantwortung übernehmen und mit anpacken. Hoffnungen, dass, wenn schon nicht die Regierungen, die Wirtschaft die Herausforderungen des globalen Klimawandels in den Griff bekommen wird, sind trügerisch. Private Unternehmen sind im Allgemeinen nicht die Speerspitze in der Abwehr der lebensbedrohlichen Zunahme der Erderwärmung. Für sie zählt die Rendite deutlich mehr als der Umwelt-, Arten- und Klimaschutz. Die Rendite ist das Maß aller Dinge in der Wirtschaft. Wenn die Rendite unter Druck gerät, bleibt wenig Raum für nachhaltiges Management in Unternehmen. In solchen Situationen hat der Staat Möglichkeiten, wirtschaftspolitisch einzugreifen. Der Europäische Emissionshandel ist ein Beispiel für ein staatliches Instrument zur Reduktion von Treibhausgasemissionen in der Wirtschaft. Eine sehr viel stärkere Kraft zur Erhöhung der Nachhaltigkeitsanstrengungen in Unternehmen geht von signifikanten Veränderungen und Trends im Konsumentenverhalten aus. Art und Stärke der Nachfrage sind immer renditerelevant. Wandeln sich Konsumgewohnheiten und bilden sich Konsumtrends heraus, reagieren Hersteller mit einem daran angepassten Güterangebot. Wenn Unternehmen mit dem Angebot nachhaltiger Produkte und Dienstleistungen Geld verdienen können, dann machen sie das. Diesbezüglich gibt es bei Unternehmen keine ideologischen Scheuklappen wie in der Politik. Im Markt für vegane Fleischersatzprodukte ist diese Haltung der privaten Unternehmen gut zu beobachten. Während in Deutschland immer weniger Fleisch konsumiert wird (offensichtlicher Konsumtrend), legt der Markt für Fleischersatzprodukte kräftig zu.[13] Das Beispiel macht deutlich, dass Konsumenten wirksam auf das

Güterangebot der Industrie Einfluss nehmen können. Es müssen nur viele sein, die das gemeinsam machen.

Die Erde stellt den Menschen lebenswichtige Güter bereit. Dazu gehören u. a. saubere Luft und sauberes Wasser, fruchtbare Böden und ein ausgeglichenes Klima. Solche Naturgüter, die allen Menschen zur Verfügung stehen sollten und von deren Nutzung keiner ausgeschlossen werden darf, werden als öffentliche Güter *(Common Goods)* bezeichnet. Es ist insbesondere die Aufgabe des Staates, die Versorgung der Bürger mit öffentlichen Gütern zu gewährleisten und diese vor missbräuchlicher Nutzung zu schützen. Zu diesen Aufgaben gehört neben dem Zugang zu Trinkwasser und der Sicherstellung sauberer Luft auch der Klimaschutz. Das Problem bei der Versorgung mit öffentlichen Gütern ist, dass deren Qualität davon abhängig ist, wie sie genutzt werden. Die größte Ressource an Süßwasser bilden die Grundwasservorkommen. Grundwasser, ein öffentliches Umweltgut, wird von sehr vielen Menschen weltweit getrunken und in der Landwirtschaft verwendet. Wenn das Grundwasser von der Industrie und in der Landwirtschaft missbräuchlich übernutzt und ausgebeutet wird, sinken die Grundwasserspiegel mit negativen Folgen für Ökosysteme und das Trinkwasseraufkommen. Sollen öffentliche Naturgüter, wie das Grundwasser, dauerhaft erhalten bleiben, muss jeder, der diese Güter für eigene Zwecke nutzt, auch zu deren Erhalt und Schutz beitragen. Nur so kann sichergestellt werden, dass diese Naturgüter auch in Zukunft der Menschheit zur Verfügung stehen. Werden Bäume gefällt, um genügend Holz für Häuser, Möbel und zum Heizen zu haben, dann müssen diese Bäume in einer Weise nachgepflanzt werden, die den Baumbestand dauerhaft erhält. Wird das unterlassen, dann ist irgendwann der Wald verschwunden. Dann gibt es kein Holz mehr und auch die Lebensgrundlagen für unzählige Arten gehen verloren.

Da grundsätzlich jedem Umweltgüter zur Verfügung stehen, hat auch jeder die Gelegenheit, diese Güter zu schädigen. Wenn Menschen Umweltgüter nur zum eigenen Vorteil nutzen und nicht bereit sind, auch für deren Erhalt zu sorgen, dann kommt es zu Beeinträchtigungen, Zerstörungen und möglicherweise zum vollständigen Verlust dieser Güter (u. a. Abholzung von Regenwäldern, Überfischung, Emission von Schadstoffen). Deshalb sind die Umwelt und das Klima immer in Gefahr, von sogenannten Trittbrettfahrern *(Free Rider)* ausgebeutet und zerstört zu werden. Trittbrettfahrer lassen beim Waldspaziergang ihren Müll dort zurück, schnipsen ihre Zigarettenkippen auf den Badestrand oder zertrampeln beim Wandern blühende Pflanzen.

Verantwortung mittragen

In der öffentlichen Diskussion und in den politischen TV-Talkshows werden gerne der Staat und die Wirtschaft in die Pflicht genommen, für den Umwelt-, Klima- und Artenschutz zu sorgen. Der Bürger kommt dort meistens nur als Wesen vor, das vom Staat vor allen Unannehmlichkeiten des Lebens geschützt werden muss. Die persönliche Verantwortung von Bürgern für den Klimaschutz wird in den Medien sehr oft ignoriert, übersehen, marginalisiert oder schlichtweg als solche negiert. Statt Selbstbestimmung und Eigenverantwortung wird staatliche Fürsorge propagiert. Der Verkehr in Deutschland ist beispielsweise der einzige Sektor, in dem die Treibhausgasemissionen über die letzten Jahre nicht gesunken sind.[14] Allgemein wird dafür die Verkehrspolitik verantwortlich gemacht. Das ist grundsätzlich richtig, aber letztlich sind wir alle doch der Verkehr, alle, die aus privaten oder beruflichen Gründen Tag für Tag mit Pkw oder Lkw unterwegs sind. Die Einsparung von Treibhausgasemissionen durch Aufgabe persönlich verzichtbarer Fahrten wird gigantisch sein, wenn viele dabei mitmachen. Zudem wird auch keiner gezwungen, auf Autobahnen schneller als 120 Kilometer pro Stunde zu fahren. Aber nein, an die Einforderung persönlicher Verantwortung der Bürger beim Klimaschutz will so recht keiner ran.

Wer Umweltgüter für eigene Zwecke nutzt, übernimmt damit auch die Verpflichtung, für den Erhalt dieser Güter persönlich zu sorgen.

Leichter und einfacher ist es, Verbote zu fordern. Am besten das verbieten zu wollen, worauf man selbst ohnehin schon lange verzichtet. Mit jedem Verbot wird aber ein generelles Misstrauen allen gegenüber ausgesprochen, selbstbestimmt und verantwortungsvoll handeln zu können.

Abgesehen von wenig ambitionierten Appellen von Politikern an die Bürger, Energie zu sparen, wird der Bürger kaum in die Pflicht genommen. Politiker scheinen sich grundsätzlich zu scheuen, Bürgern etwas zuzumuten. Schon gar nicht, wenn es mit zusätzlichen Kosten, der Aufgabe lieb gewordener Gewohnheiten oder unmittelbaren Beeinträchtigungen[15] verbunden ist. Das kann parteipolitische und ideologische Gründe haben. Die Fürsorge und der Schutz der Bürger können nach dem Selbstverständnis einer Partei wichtiger sein, als deren Selbstverantwortung zu fordern. Politiker fürchten scheinbar, die Gunst der Wähler zu verlieren, wenn sie ihnen etwas abfordern würden. Auch die Kommunikationsfähigkeiten in der Politik reichen oft nicht aus, um Bürger dafür zu begeistern, auch persönlich zum Klimaschutz beizutragen. Wie auch immer, den Bürgern wird von der Politik nicht ernsthaft zugetraut und zugemutet, persönlich Verantwortung zum Umwelt- und Klimaschutz zu übernehmen. An diesen Zustand, beim Umwelt- und Klimaschutz nicht gefragt zu sein, haben sich mittlerweile wohl viele Bürger gewöhnt und sind in die gesellschaftliche Komfortzone abgewandert. Denn es ist viel einfacher und sehr bequem, bei anderen gesellschaftliche und ökologische Probleme abzuladen und von diesen rasche Lösungen einzufordern.

Es kann deshalb nicht überraschen, dass viele Bürger sich nicht für den Umwelt- und Klimaschutz verantwortlich fühlen. Das, so deren Meinung, sollen doch Politik und Wirtschaft richten. Diese Auffassung ist sehr bequem und schützt den Einzelnen davor, selbst aktiv werden zu müssen. Viele Menschen unterschätzen auch ihre Möglichkeiten und Fähigkeiten, selbst beim Umwelt- und Klimaschutz mithelfen zu können. Die Meinung, dass der persönliche Beitrag zum

Umwelt- und Klimaschutz vernachlässigbar gering ist, ist weit verbreitet und liefert immer eine gute Ausrede dafür, die Hände in den Schoß zu legen und nichts zu tun. Doch das Gegenteil ist wahr. Die deutsche Redewendung »Kleinvieh macht auch Mist« beschreibt diesen Mechanismus, dass aus sehr vielen kleinen Beiträgen etwas sehr Großes entstehen kann. Dazu passt das Beispiel Amazon. Amazon stand 2022 weltweit an zwölfter Stelle der Unternehmen mit den höchsten Gewinnen,[16] obwohl Amazon in dem Jahr an einem Euro Umsatz gerade mal rund 2,4 Cent verdient hat.[17] Wenn es sich für Amazon lohnt, für 2,4 Cent je Euro zu arbeiten, dann sollte es sich doch auch für jeden Bürger lohnen, mit seinen, auch sehr kleinen Beiträgen mitzuhelfen, die Welt zu retten.

Die Politik will von den Bürgern nichts fordern und die Bürger wollen von der Politik nicht gefordert und nicht belastet werden. Das ist die Win-win-Situation, die den Klimakollaps immer ein Stückchen näherbringt.

Dieser Fit in den Auffassungen von Politik und Bürgern zur Rollenverteilung beim Klimaschutz in Deutschland ist keine gute Voraussetzung, das Ziel der Klimaneutralität bis 2045 noch erreichen zu können. Das Potenzial, was Bürger, insbesondere als Konsumenten, zum Klimaschutz beitragen könnten, ist enorm hoch und würde einen signifikanten Unterschied in der Erreichung der Klimaziele machen. Dazu müsste sich allerdings die Politik dazu aufraffen, die Bürger mitzunehmen und stärker am Klimaschutz zu beteiligen. Auch die Bürger müssten ihre auf politischen Bestandsschutz persönlicher Lebens- und Konsumstile gerichtete Haltung radikal ändern und dort mit anpacken, wo es ihnen möglich ist.

Jeder Konsument verbraucht täglich natürliche Ressourcen, die zum Leben erforderlich sind. Viele aber verbrauchen darüber hinaus noch deutlich mehr Ressourcen zur Kultivierung ihrer persönlichen Lebens- und Konsumgewohnheiten. Auf Verschwendung ausgerichtete Konsumstile belasten die Regenerierungsfähigkeit der Erde erheblich und heizen die Erderwärmung weiter an. Wer natürliche

Ressourcen zum eigenen Vorteil verbraucht, übernimmt damit eine Verantwortung, beim Schutz und der Erhaltung dieser Ressourcen mitzuwirken. Diese Verantwortung begründet sich in einer gesetzlichen oder moralischen Verpflichtung, so zu konsumieren, dass die Lebensbedingungen und -chancen zukünftiger Generationen nicht beeinträchtigt werden (Prinzip der intergenerativen Gerechtigkeit).[18] Wer sich aus dieser Verantwortung herausmogeln will und als Trittbrettfahrer nur dem persönlichen Vorteil folgt, wird es schwer haben, sein Verhalten nicht nur gegenüber dem Gericht (bei Gesetzesverletzungen), sondern insbesondere gegenüber dem Partner, den Kindern, Enkeln, Freunden und letztlich auch gegenüber dem eigenen Gewissen rechtfertigen zu können.

Allerdings entsteht Verantwortung nur dann, wenn sich Menschen freiwillig, ohne Zwangseinwirkung für ein bestimmtes Verhalten entschieden haben. Derjenige, der freiwillig seine Konsumentscheidungen trifft, trägt die volle Verantwortung für die damit einhergehenden negativen Konsequenzen für Umwelt und Klima. Wer aus freien Stücken verschwenderisch konsumiert, muss sich die Konsequenzen seiner Konsumgewohnheiten zurechnen lassen.[19] In Deutschland kann jeder, bis auf wenige Ausnahmen, über seinen Konsum frei entscheiden. Keiner wird gezwungen, beispielsweise Fleisch oder Fisch zu essen oder einen Geländewagen zu kaufen. Den zahlreichen und oft massiven kommerziellen Versuchen, den Konsum zu stimulieren, kann sich widersetzt werden. Dennoch, Werbung wirkt! Kommerzielle Werbung prasselt von Kindesbeinen an tagtäglich auf die Menschen ein, ist überall präsent und formt, lenkt und beflügelt deren Konsumbedürfnisse. Produktwerbung hinterlässt immer Spuren im Gedächtnis. Bilder von Marken und auch viele Werbeslogans bleiben lebenslang im Gedächtnis haften und können dort nie wieder ausradiert werden. Nur strikte Werbeabstinenz kann diese Wirkung mildern.

Verantwortungsübernahme für schädliche Konsequenzen eigener Konsumgewohnheiten auf die Umwelt und das Klima setzt voraus, dass diese Konsequenzen dem Einzelnen auch bekannt sind. Expertenwissen ist dazu nicht nötig. Aber ein Grundverständnis darüber sollte vorhanden sein, dass maßloser Konsum natürliche Ressourcen über Gebühr ausbeutet, die Weltmeere in Plastikmüll versinken lässt, Biotope zerstört sowie die Erderwärmung weiter anfeuert. Natürlich sind Konsumenten nicht allein schuld am bedrohlichen Zustand der Erde und tragen dementsprechend auch nicht alleine die Verantwortung dafür. Aber der Beitrag der Konsumenten am Raubbau der Erde ist beträchtlich. Politik und Wirtschaft müssen ebenfalls zur Rechenschaft gezogen werden. Auch sie tragen für den globalen Klimawandel Verantwortung. Viele Jahre lang ist dort aus politischem Opportunismus und wirtschaftlichem Eigeninteresse viel zu wenig und nicht couragiert genug getan worden, die Natur und das Klima zu schützen.

Wegen der Komplexität der Ursachen des globalen Klimawandels ist eine direkte personalisierte oder institutionalisierte Zurechenbarkeit von Verantwortung nicht immer möglich. Nur bei entdeckten Gesetzesüberschreitungen oder Straftaten (u. a. Dünnsäureverklappung in der deutschen Nordsee) ist das der Fall. Dennoch, eine allgemeine, generalisierte Verantwortung zum Umwelt- und Klimaschutz gilt für alle, die sich natürlicher Ressourcen bedienen. Solange Einwirkungen von Ressourcenverbräuchen auf die Umwelt und das Klima die Lebensgrundlagen für Menschen, Tiere und Pflanzen nicht gefährden, gibt es kein Problem. In diesem Fall ist der Ressourcenverbrauch nachhaltig. Denn Menschen brauchen Güter wie Lebensmittel, Bekleidung und eine Wohnung zum Leben, ohne sie geht es nicht. Es kommt aber auf die Mengen an, die verkonsumiert werden. Politik, Wirtschaft und Konsumenten haben durch ihr Verhalten gemeinsam dazu beigetragen, natürliche Ressourcen maßlos auszubeuten, Ozeane zu verschmutzen, Lebensräume zu zerstören und die Atmosphäre aufzuhei-

Alle gemeinsam tragen Verantwortung, für den Erhalt unseres Planeten zu sorgen. Eine Rechtfertigung dafür mitzuhelfen, die Lebensgrundlagen zu zerstören, gibt es nicht.

zen. Sie sind jetzt auch gemeinsam dafür verantwortlich, dass diese bedrohlichen Entwicklungen schnellstens gestoppt werden.

Den Weg zur Genügsamkeit einzuschlagen, fällt erkennbar vielen recht schwer. Dabei könnte helfen, den globalen Klimawandel als sehr schädlich und lebensbedrohlich einzuschätzen und davon überzeugt zu sein, dass eine der persönlichen Situation angemessene freiwillige Senkung des Konsums auf ein unverzichtbares Niveau wirkungsvoll das Klima schützen kann. Freiwilliger Konsumverzicht setzt die Anerkennung einer persönlichen Verantwortung für den Klimaschutz voraus, erfordert Kenntnisse zu den schädlichen Auswirkungen individueller Konsumgewohnheiten auf die Umwelt und das Klima und verlangt die Einsicht, dass der persönliche Beitrag zählt.

Die aktuelle Lage zum nachhaltigen Konsum in Deutschland sieht allerdings weiterhin trostlos aus. Ökologisch nachhaltig ist Konsum dann, wenn der damit verbundene Ressourcenverbrauch und die Treibhausgasemissionen die Lebensgrundlagen der Menschen und Arten dauerhaft nicht gefährden. Nachhaltiger Konsum kommt in Deutschland (und auch anderswo) nur im Schneckentempo, und nicht im erforderlichen Laufschritt voran. Die Ausgaben für Biotextilien im Vergleich zu den Gesamtausgaben für Bekleidung und Schuhe betrugen beispielsweise 2020 gerade mal knapp 1,5 Prozent.[20] Noch kleiner fällt der Marktanteil von stationären Carsharingangeboten mit nur 0,1 Prozent, gemessen an den privaten Ausgaben für Verkehrszwecke, aus.[21] Auch die Marktentwicklung von Biolebensmitteln ist ernüchternd. 2010 lag ihr Anteil an den Gesamtausgaben für Lebensmittel bei 3,7 Prozent und stieg bis 2020 auf 6,4 Prozent an.[22] Eine Steigerung des Marktanteils um 2,7 Prozent in zehn Jahren, also rund 0,3 Prozent jährlich. Dieses sehr magere Wachstum bei Biolebensmitteln lässt sich sicherlich mit deren vergleichsweise höheren Preisen erklären. Allerdings sind Biolebensmittel nicht nur gut fürs Klima, sondern auch gut für das Wohlbefinden der Konsumenten selbst. Biolebensmittel werden nämlich nicht nur gekauft, um die Umwelt und das Klima zu retten, sondern auch aus ganz egoistischen Gründen. Biolebensmittel gelten als gesünder, frischer und geschmackvoller als konventionelle Lebensmittel. Der geringe Marktanteil für Biolebensmittel steht im krassen Gegensatz zu dem, was Personen sagen, wenn sie nach ihrem Konsum von Biolebensmitteln gefragt werden. Bei einer Umfrage des *Öko-Barometer 2021* vom Bundesministerium für Ernährung und Landwirtschaft gaben 38 Prozent der Befragten an, ausschließlich oder häufig Biolebensmittel zu kaufen.[23] Wenn das stimmen würde, müsste der Marktanteil für Biolebensmittel allerdings deutlich über 6 Prozent liegen. Mit solchen Lippenbekenntnissen zum Umwelt- und Klimaschutz kommen wir nicht weiter. Den Worten müssen Taten folgen.

Es ist die Lücke zwischen dem, wie Menschen von anderen gerne gesehen werden möchten, und dem, wie sie wirklich sind.[24] Also eine Lücke zwischen Anspruch und Wirklichkeit, zwischen Worten und Taten. Obwohl gut zwei Drittel der deutschen Bevölkerung angeben, dass für sie der Umwelt- und Klimaschutz sehr wichtig ist,[25] fristen Biolebensmittel, nachhaltige Textilen, Carsharing-Angebote und weitere nachhaltige Produkte weiterhin ein Dasein in der Nische.[26] Um einen wirkungsvollen Schutz für die Umwelt und das Klima aufbauen zu können, müssen genügsame Konsumgewohnheiten aus der gesellschaftlichen Nische herauskommen und zum Mainstream werden. Ein Bekenntnis zum Umweltschutz kostet nichts und muss auch nicht nachgewiesen werden. Solche Lippenbekenntnisse haben keinen Wert. Wenn im Supermarkt wegen zu hoher Preise von Biolebensmitteln auf die billigere konventionelle Ware zugegriffen wird, schaut keiner zu. Wer wirklich seinen Worten auch Taten folgen lässt, braucht dazu eine starke Überzeugung und viel Willenskraft *(Willpower)*. Eine große Mehrheit der Bürger in Deutschland hat die finanziellen Möglichkeiten, nachhaltig zu konsumieren, auch wenn es Mehrkosten verursacht. Genügsamkeit, das heißt freiwillig vom

Zwischen dem, wie Menschen sich zur Nachhaltigkeit äußern, und dem, wie sie sich verhalten, klafft eine riesengroße Lücke.

Kauf persönlich unnötiger und nutzloser Dinge abzusehen, kostet gar nichts, sondern spart sogar Geld. Insofern muss nachhaltiger Konsum nicht zwingend zu höheren Kosten führen. Mit dem Geld, das durch Genügsamkeit gespart wird, könnten teurere nachhaltige Produkte finanziert werden.

Verschwenderische Konsumgewohnheiten fördern den Raubbau an der Natur und heizen die Atmosphäre bedrohlich auf. Menschliches Handeln ist das Umwelt- und Klimaproblem. Und nur die Menschen werden dieses Problem lösen können. Nachhaltige und genügsame Konsumstile sind ein wirksamer Lösungsansatz. Wer zum Schutze von Umwelt und Klima genügsam konsumiert, handelt ethisch. Ethisches Handeln liegt dann vor, wenn es sich nicht hauptsächlich auf die Befriedigung egoistischer Bedürfnisse richtet, sondern darauf, Gutes zu tun für andere und anderes. Letztlich kann aber auch ethisches Verhalten dem Einzelnen ein Mehr an Zufriedenheit spenden und sein »Herz erwärmen«.[27] Wer also meint, Menschen wären außerstande, aus eigenem Antrieb umwelt- und klimaschützend zu handeln, wenn es ihnen keinen finanziellen Vorteil bringt, der irrt. Menschen reagieren im Allgemeinen nicht reflexhaft wie Hunde, wenn ihnen ein Köder vor die Nase gehalten wird. Es sei denn, vergangene Erfahrungen mit der Politik haben sie schon soweit konditioniert, dass sie erst dann das von ihnen Gewollte machen, wenn sie dafür bezahlt werden.

Jeder Mensch ist eine einzigartige Persönlichkeit mit Verstand und Emotionen. Jeder Reiz, auch ein finanzieller Anreiz, durchläuft beim Menschen zuerst gedankliche und emotionale Prozesse, bevor dabei ein irgendwie geartetes, kaum vorhersagbares Verhalten herauskommt. Finanzielle Verhaltensanreize haben natürlich eine Wirkung. Sie ist aber im Voraus nicht zu beziffern und nicht zu terminieren, schwächt sich durch individuelle Anpassungsprozesse ab und wird im Allgemeinen deutlich überschätzt. Konsumverbote lösen beim Menschen psychische Reaktanz aus. Darunter wird die Motivation verstanden, sich wahrgenommenen Verhaltensbeschränkungen mit dem Ziel zu widersetzen, die verloren gegangene Freiheit wieder zurückzugewinnen.[28] Aus verhaltenswissenschaftlicher Sicht sind Voraussagen zur Wirkung finanzieller Anreize sehr vage und Verhaltensverbote nur dann erfolgreich, wenn deren Einhaltung strengstens überwacht wird.

Wer atmet, Wasser trinkt und den Sonnenschein genießt, der sollte nicht länger nach Ausreden suchen, um sich nicht am Erhalt der Erde beteiligen zu müssen.

Das Potenzial, das genügsame Konsumgewohnheiten zum Schutze von Natur und Klima leisten könnten, ist gewaltig. Dieses Potenzial zu erschließen, würde die Rettung des Planeten ein Stückchen näherbringen. Es wäre wie ein Schatz, der nur gehoben werden muss. Politik, Wirtschaft, Wissenschaft, Kultur und die Bürger sollten zusammenfinden, sich gegenseitig vertrauen und miteinander für die gemeinsame Sache, die schlimmsten Folgen eines ungebremsten Klimawandels noch verhindern zu können, eintreten. Verhaltensverbote sollten immer nur die Ultima Ratio sein. Es wäre ein guter Weg, wenn Bürger aus eigener Überzeugung freiwillig, ganz ohne Zwang und finanzielle Köder sich entschließen, bei der Rettung der Erde mitzuwirken.

Verzerrte Blicke auf den Konsumenten

Das ökonomische Bild vom Konsumenten

Der artifizielle Homo oeconomicus

An der Diskussion zur Bekämpfung des Klimawandels beteiligen sich Ökonomen. Ein Schwerpunkt der makroökonomischen Volkswirtschaftslehre liegt auf der Beschreibung, Erklärung und Einschätzung gesamtwirtschaftlicher Phänomene und Prozesse wie Konjunkturzyklen, das Inflationsgeschehen, Zinsentwicklungen und Arbeitslosigkeit. Die mikroökonomische Nachfragetheorie versucht, das Ausgabeverhalten von Haushalten zu beschreiben. Theorien, die erklären können, welche Faktoren wie stark die Nachfrage nach Gütern bestimmen, wären im Kontext der globalen Klimaerwärmung von sehr großer Bedeutung. Daraus ließen sich Erkenntnisse ableiten, wie persönliche Entscheidungen über den Kauf bzw. Nichtkauf von Produkten zustande kommen und wie sie beeinflusst werden können. Die ökonomische Haushaltstheorie leistet das nicht. Diese Theorie ersetzt reale Konsumenten durch ein konstruiertes Bild vom Menschen.

Allgemeine, schematische und verfestigte Vorstellungen vom Wesen der Menschen werden in der Wissenschaft als *Menschenbilder* bezeichnet. Menschenbilder stellen vereinfachte, stereotype und auf das Wesentliche reduzierte Vorstellungen einer Wissenschaft über den Menschen dar, die Eingang finden in deren Theorien und Methoden.[1] Menschenbilder werden von Wissenschaften als Ideologien eingesetzt, um einen Konsens über ihre, die Forschungsprogramme, Lehrinhalte und Methoden betreffenden Basisannahmen herzustellen. So könnte die Medizin beispielsweise festlegen, ob ihr Interesse hauptsächlich kranken Menschen gilt oder stärker auf die Krankheiten gerichtet ist.[2] Anstelle real existierender Menschen mit ihren sehr unterschiedlichen Charaktereigenschaften, Werthaltungen, Einstellungen, Überzeugungen, Gefühlen und Interessen werden Komplexität reduzierende Menschenbilder in der wissenschaftlichen Forschung eingesetzt.

Christus ist beispielsweise das theologische Bild vom Menschen[3] und nach der auf Aristoteles zurückgehenden philosophischen Vorstellung ist der Mensch ein vernunftbegabtes Wesen.[4] Während diese beiden Wissenschaften ein Bild vom Menschen formulieren, das zwar unvollständig ist, aber in Teilen menschliche Züge trägt (Glaube und Vernunft), definiert die Volkswirtschaftslehre den Menschen abstrakt als *Homo oeconomicus.* Diese ökonomische Vorstellung betrachtet den Menschen als ein stets rational zur Maximierung seines ökonomischen Nutzens handelndes Wesen. Die Rationalität besteht darin, immer und ausschließlich zum eigenen Vorteil zu handeln. Auch wenn sich diese Verhaltensannahme auf den ersten Blick plausibel anhören könnte, handelt es sich beim Homo oeconomicus um eine rein gedankliche Konstruktion, das heißt um das Abbild eines artifiziellen Menschen *(Artificial Human)* ohne Realitätsbezug. Jeder Mensch hat eine eigene beschränktsubjektive Rationalität, die nicht einseitig auf die Maximierung des persönlichen Wohlstands ausgerichtet ist, sondern mehrere unterschiedliche Werte anstreben kann wie beispielsweise eine glückliche Familie, persönliche Sicherheit, Macht, Unabhängigkeit, Abenteuer, Glück und Zufriedenheit, Solidarität, Tierwohl und Nachhaltigkeit.

Das ökonomische Menschenbild, das das menschliche Verhalten reduziert auf das stetige egoistische Streben nach einem finanziellen Vorteil, ist so gewählt, dass es nahtlos in die durchmathematisierte Welt der mikroökonomischen Nachfragetheorie des Haushalts passt. Die Güternachfrage ergibt sich danach als mathematische Lösung axiomatischer Gleichungssysteme. Vorausgesetzt wird, dass dem Homo oeconomicus sämtliche Informationen dazu zur Verfügung stehen (z. B. sämtliche Preisangebote aller Produkte einer Produktkategorie weltweit) und dass er bei vorhandenen Güterpräferenzen keinerlei Probleme mit der mentalen Lösung komplexer Optimierungsaufgaben hat. Diese Vorstellung vom Konsumentenverhalten ist völlig grotesk und abwegig. Man stelle sich die Aufgabe vor, abwägen zu müssen, welche Aufteilung des Einkommens zur Beschaffung von »x« Smartphones, »y« Waschmaschinen und »z« Fahrrädern zum größten persönlichen Nutzen führt. Hier wird deutlich, wie meilenweit die mikroökonomische Theorie vom tatsächlichen Konsumentenverhalten entfernt ist. Solche Erkenntnisse wären aber dringender denn je nötig, um das Ziel der Klimaneutralität noch erreichen zu können.

Die auf die Nutzenmaximierung ausgerichteten rationalen Güterabwägungen sind mental vom Menschen nicht leistbar. Menschlichen Gedächtnisprozessen der Wahrnehmung, Beurteilung und Entscheidung sind genetisch starke (kognitive) Begrenzungen auferlegt.[5] Anstelle eine generelle, auf einen ökonomischen Nutzen gerichtete Rationalität des Verhaltens zu unterstellen, ist es realistischer, von beschränkt-subjektiv, rational handelnden Menschen auszugehen. Denken und Handeln der Menschen unterliegen erheblichen psychischen Beschränkungen, die ein lückenloses Nutzen maximierendes Verhalten unmöglich machen. Durchgängig rationales Entscheiden wird beim Menschen durch viele Faktoren erschwert bzw. komplett verhindert: Die menschliche Gedächtnisleistung (u. a. selektive Wahrnehmung, Erinnern, Wissen) ist sehr begrenzt, Emotionen üben einen stetigen Einfluss aus (u. a. Freude, Spaß und Frust), Konsumentscheidungen werden nahezu immer nach sehr einfachen Regeln getroffen (u. a. Gewohnheitskäufe), eine oft mangelnde Handlungskontrolle verändert das gewünschte Entscheidungsergebnis (u. a. fehlender Wille zur Handlung) und es stehen dem Menschen nur begrenzte Zeit- und Kraftressourcen zur Verfügung. Menschen sind weder mental in der Lage, stets die optimalen Konsumalternativen zu finden, noch willens dazu.

Der Homo oeconomicus ist ein Fabelwesen, das es in der Realität nicht gibt.

Menschen streben in der Regel nicht nach dem Optimum. Sie setzen sich Konsumziele (z. B. eine Reise in den Süden), und wenn die erreicht sind, ist gut. Konsumenten orientieren sich oft an persönlichen Zufriedenheitsniveaus. Sind sie mit einem gekauften Produkt zufrieden, dann ist in der Regel die Welt für sie in Ordnung. Ob es irgendwo noch ein besseres Angebot gegeben hätte, interessiert, wenn überhaupt, nur diejenigen, die grundsätzlich Probleme haben, Entscheidungen zu treffen. Menschen streben nicht nur nach ökonomischem Nutzen und materiellen Werten, sondern auch nach Gesundheit, Sicherheit, Geborgenheit, Liebe, sozialer Anerkennung und Nachhaltigkeit. Den Menschen geht es um persönliches Glück, Zufriedenheit und Wohlbefinden. Aber was ist der ökonomische Wert von Glück, Geborgenheit und Liebe? Lassen sich diese Werte optimieren? Nein, sie haben weder einen monetären Wert noch lassen sie sich gegenseitig optimieren.

Der Konsument, der reale jedenfalls, findet in den ökonomischen Theorien nicht statt. Konsumenten mit Motiven, Erwartungen, Überzeugungen, Interessen und Emotionen kommen dort nicht vor, sie wurden schlicht wegdefiniert. Reale Konsumentscheidungen erfolgen überwiegend aus Gewohnheit (u. a. Lebensmittel, Markenprodukte), berücksichtigen selten mehr als drei Produktmerkmale (z. B. Geschmack, Preis, Bioqualität), sind emotional gefärbt (u. a. Spaß und Genuss) und oft sozial beeinflusst (z. B. Bekleidung). Kaufentscheidungen sind immer von mehreren Bedürfnissen bzw. Motiven geleitet. Es geht nicht nur darum, das preisgünstigste Angebot zu kaufen oder ein Schnäppchen machen zu können. Die Marke, die Qualität, das Aussehen oder der Geschmack spielen bei Kaufentscheidungen oft eine größere Rolle als der Produktpreis. Die Bedeutung des Preises bei Kaufentscheidungen wird weithin überschätzt. Der Konsum dient der Befriedigung von persönlichen Bedürfnissen wie z. B. solchen nach Genuss, Unterhaltung, Spaß, Information, Kontakt und Anerkennung. Daneben gibt es auch soziale und ökologische Bedürfnisse, deren Befriedigung auch das persönliche Wohlbefinden fördern können.

Auch der ökonomischen Theorie selbst legt die Annahme vom Homo oeconomicus harte Grenzen auf, insbesondere dann, wenn es um die Prognose ökonomisch relevanter Phänomene geht wie das Wirtschaftswachstum. *Zeit Online* meldet Anfang April 2023, dass führende Wirtschaftsinstitute ihre Konjunkturprognosen aus dem letzten Jahr korrigieren. Wurde im Herbst 2022 noch ein Rückgang des Wachstums des Bruttoinlandsprodukts (BIP) in 2023 um 0,4 Prozent vorhergesagt, gehen sie jetzt von einem Wachstum um 0,3 Prozent aus.[6] Es wird nicht die letzte Korrektur sein. Die ökonomischen Theorien geben präzisere Prognosen nicht her. Das liegt neben der mangelnden Kausalitätsevidenz vieler Hypothesen eben auch daran, dass sich das BIP ergibt aus einer unübersehbaren Vielzahl von in sich dynamisch verändernden Situationen getroffenen wirtschaftlichen Einzelentscheidungen »richtiger« Menschen. Wer hier annimmt, alle Akteure in der Wirtschaft verfolgen dasselbe Ziel, verfügen über die gleichen Informationen und handeln vorhersagbar nach derselben Rationalität, wird bei Prognosen scheitern, denn auch relevante Akteure der Wirtschaft (u. a. Vorstände von Konzernen, Handelsgesellschaften, Banken und Investmentfonds) entscheiden und handeln nicht wie ein Homo oeconomicus. Sie verfolgen alle mehrere Ziele, und der Gewinn liegt meistens nicht an erster Stelle. Zudem verfolgen Wirtschaftslenker auch persönliche Ziele nach hohem Einkommen, Karriere, Macht und Ansehen, die mit den Unternehmenszielen nicht übereinstimmen müssen. Rationalität wird auch bei ihnen von Emotionen gestutzt. Persönliche Eigenschaften, wie die Selbstüberschätzung *(Overconfidence)* der eigenen Fähigkeiten, führen zu Fehleinschätzungen.[7]

Da sich die Wirtschaft tragenden Faktoren und Prozesse kaum noch statisch, sondern dynamisch, teil- und zeitweise auch turbulent und disruptiv verändern, sind keine seriösen Prognosen unter der Annahme stabiler Marktbedingungen[8] möglich. Wenn Wirtschaftsprognosen falsch liegen, und das ist nahezu immer der Fall, sprechen Ökonomen gerne vom »Marktversagen«, um davon abzulenken, dass es sich eigentlich um ein Theorie- bzw. Methodenversagen handelt. Märkte konstituieren sich über eine Fülle sozialökonomischer Austauschprozesse zwischen einer Vielzahl von Akteuren (u. a. Anbieter und Nachfrager von Gütern, staatliche Institutionen) jeden Tag neu.[9] Solche marktlichen Systeme können genauso wenig »versagen«, wie das Wetter oder das Universum versagen können. Versagen kann ein einzelner Mensch, der die falsche Entscheidung getroffen hat. Auch Unternehmen können versagen, wenn sie ihre Ziele nicht erreichen und in die Insolvenz gehen. Versagen können Organisationen mit einer verantwortlichen Entscheidungsinstanz. Auf Märkten gibt es eine solche Entscheidungsinstanz nicht, es gibt immer Gewinner und Verlierer. Der Markt als Konstrukt kann nicht siegen oder versagen. Wenn sich ein Markt anders entwickelt als die ökonomischen Erwartungen, dann hat nicht der Markt versagt, sondern die Erwartungen waren falsch.

Märkte können nicht versagen, Theorien schon.

Der Homo oeconomicus ist eine wissenschaftliche Annahme ohne Wahrheitsgehalt und Realitätsbezug. Für die Volkswirtschaftslehre ist dieses Konstrukt allerdings sehr zweckmäßig, denn es unterstützt deren mathematisierte Ausrichtung. Ein Verhalten, das auf eine Maximierung finanzieller Größen hinausläuft, ist durch die Mathematik sehr leicht abzubilden. In der Wirtschaft und in den Märkten agieren dagegen Menschen mit unterschiedlichen Motiven, Interessen und Überzeugungen. Sie können nicht alle auf dasselbe Bild vom Homo oeconomicus reduziert werden. Es gibt nicht einmal einen einzigen Menschen auf der Welt, für den die Annahme des Homo oeconomicus zutrifft, nicht einmal annäherungsweise. Massenhaftes Streben einzelner Akteure nach Maximierung ihres finanziellen Vorteils läuft nicht automatisch auf eine Optimierung des Gesamtmarktes bzw. einer Verbesserung des Gemeinwohls hinaus. Auch die legendäre *Invisible Hand*, die unsichtbare Hand nach Adam Smith,[10] die das Wirtschaftsgeschehen so reguliert, dass nicht nur alle egoistischen Wirtschaftsinteressen bestmöglich erfüllt werden können, sondern auch das Gemeinwohl insgesamt gefördert wird, gibt es nicht.

Märkte konstituieren sich durch unabhängig voneinander getroffene wirtschaftliche Entscheidungen einer Vielzahl von stetig wechselnden Wirtschaftsakteuren unter sich dynamisch bis turbulent verändernden Bedingungen und Situationen Stunde für Stunde, Tag für Tag, Woche für Woche neu. Wirtschaftlich handelnde Akteure, Anbieter und Nachfrager von Produkten und Dienstleistungen sowie staatliche Stellen folgen ihren eigenen Interessen, Zielen und Strategien. Weder geht es bei Unternehmen ausschließlich um eine Gewinnmaximierung noch suchen Konsumenten immer nach dem günstigsten Angebot. Unternehmen verfolgen sehr oft primär das Ziel, ihre Marktanteile zu erhöhen. Das verschafft den Unternehmen zwar Marktmacht und reduziert häufig auch deren Stückkosten, drückt aber in der Regel auf die Rendite. Und Konsumenten kaufen neben günstigen Angeboten auch gerne mal sehr teure Marken, zu denen sie sich gefühls- und identitätsmäßig hingezogen fühlen. Staatliche Wirtschaftspolitik ist geprägt von den jeweiligen politischen Ideologien der politischen Parteien. Eine Maximierung der Steuereinnahmen kommt als politische Strategie kaum vor. Unternehmer, Konsumenten und Politiker verhalten sich in ihren jeweiligen Funktionen und Rollen nicht annähernd wie nach dem artifiziellen Bild vom Homo oeconomicus.

Alle Menschen, Unternehmenslenker, Konsumenten und Politiker verhalten sich aus Sicht der Ökonomie immer irrational.

Das Verhalten von Konsumenten wird bestimmt von einer Vielzahl individuell recht unterschiedlich ausgeprägter Faktoren. Es sind Bedürfnisse, Motive, Wünsche, Lebensziele, Erwartungen, Überzeugungen, Emotionen und Präferenzen, von denen jeder Konsument geleitet wird. Um erklären und vorhersagen zu können, was beispielsweise Entscheidungen wie zum Verzicht auf einen Pkw, zum Kauf von

Biolebensmitteln oder zum Energiesparen im Wesentlichen bestimmt, muss viel Wissen über den Menschen insgesamt und insbesondere in seiner Rolle als Konsument vorliegen. Tatsächlich liegt dieses Wissen vor. Wissenschaften wie die Ethnologie, Soziologie, Sozialpsychologie und die Psychologie stellen zur Erklärung des Verhaltens von Menschen einen imposanten Fundus wissenschaftlicher Erkenntnisse bereit, darunter zahlreiche Einsichten in kausale, also Ursache-Wirkungs-Zusammenhänge. Solche Kausalzusammenhänge können methodologisch nur im Rahmen randomisierter und kontrollierter Experimente[11] geprüft werden. Daran mangelt es der Ökonomie. Die Wissenschaft vom Konsumentenverhalten *(Consumer Behavior)* hat dieses Wissen aufgegriffen und zur Erklärung von Konsumentscheidungen in weiten Bereichen eigenständig weiterentwickelt. Ohne dieses Wissen bleiben Hypothesen und Aussagen zum Verhalten von Konsumenten spekulativ.

Ein Fabelwesen hilft im Klimaschutz nicht weiter

Der Homo oeconomicus beschreibt ein artifizielles Wesen, das umfassend über alle Marktkonditionen informiert und mit einer Rationalität ausgestattet ist, aus den jeweiligen Bedingungen für sich den maximalen ökonomischen Vorteil herauszuholen. Bei aller berechtigten Kritik an diesem Menschenbild steht die gesellschaftliche Relevanz der Makroökonomie außer Frage. Das Beschreibungs- und Erkenntnisobjekt der Makroökonomie sind gesamtwirtschaftliche Prozesse wie beispielsweise Konjunkturzyklen, Wirtschaftswachstum, Inflationsgeschehen und Arbeitslosigkeit. In diesen sehr hoch aggregierten Bereichen wirtschaftlichen Geschehens kann das Verhalten von einzelnen Akteuren, die mit ihren Entscheidungen keinen nachweisbaren Effekt auf gesamtwirtschaftliche Entwicklungen ausüben, wohl vernachlässigt werden. Allerdings nur dann, wenn nicht die Prognose, sondern nur Beschreibungen und Erklärungen zu makroökonomischen Vorgängen im Nachhinein (ex-post) Ziel der Wissenschaft ist. Zur Anfertigung zuverlässiger Prognosen wäre jedenfalls ein Rückgriff auf das reale Verhalten von Wirtschaftsakteuren nützlich, wenn nicht sogar notwendig.

Überall dort aber, wo individuelles Wirtschaftshandeln den Unterschied macht, sind Zweifel an den Prognosen von Ökonomen angebracht. Das gilt insbesondere für mächtige Marktakteure wie beispielsweise globale Konzerne, bedeutende Investmentgesellschaften und große Industrieländer. So hatte es Ex-US-Präsident Donald Trump mit einzelnen Tweets geschafft, weltweit Börsen auf Talfahrt zu schicken. Wer als Ökonom das Agieren solcher wirtschaftspolitischen Machtzentren nicht auf dem Schirm hat und wem es in der Prognose nicht gelingt, diese Gebaren »einzupreisen«, versagt. Nur solche auf das Wirtschaftsgeschehen nicht hinsichtlich ihres Eintrittszeitpunktes und Schadenpotenzials vorhersagbaren Ereignisse wie Krisen und Katastrophen (u. a. Nuklearkatastrophe 2011 in Fukushima, Corona-Virus-Pandemie ab 2020) und eruptives Entscheiden von hochrangigen Politikern lassen sich nicht in wissenschaftlichen Hypothesen und Theorien verankern. In Szenarien stellen sie sogenannte »Diskontinuitäten«[12] dar, die gerne auch als dankbare Ausreden für falsche Wirtschaftsvorhersagen bemüht werden.

Die »Irrationalität« des Konsumenten ist das Geschäftsmodell des Marketing.

Von der Erkenntnis, dass der Konsument kein Homo oeconomicus ist, lebt das Marketing recht gut. Die weltweite Bedeutung und Wertschätzung, die das Marketing bei Unternehmen genießt, ist der beste Beweis dafür, dass der Homo oeconomicus für das unternehmerische strategische Management nicht taugt.

Im Kern geht es dem Marketing darum, den subjektiv vom Kunden wahrgenommenen Wert eines Produkts oder einer Dienstleistung, den sogenannten Kundenwert *(Customer Value)*, zu steigern. Ein hoher Kundenwert schafft Wettbewerbsvorteile und steigert die Zahlungsbereitschaft von Konsumenten. Da der von Konsumenten wahrgenommene Wert eines Produkts bestimmt wird von deren jeweiligen Bedürfnissen, Einstellungen, Emotionen und Präferenzen, gibt es so viele »Customer Values« eines Produkts, wie es potenzielle Käufer dieses Produkts gibt. Kein Konsument tickt so wie ein anderer. Deshalb fasst das Marketing Konsumenten, die zumindest ähnliche Vorstellungen von bestimmten Produkten haben, zu sogenannten Zielgruppen zusammen. Das Marketing setzt dann seine Instrumente (u. a. Produkt- und Preisgestaltung, Werbung) differenziert nach Zielgruppen ein. So ist es dem Marketing auch möglich, identische bzw. ähnliche Produkte in den Augen der Konsumenten als deutlich unterschiedlich erscheinen zu lassen. Das gelingt am einfachsten durch Marken.

Marken können kommunikativ beim Kunden sehr spezifische Produktbeurteilungen und -erlebnisse kreieren. So gibt es viele Marken beispielsweise für Joghurt, Bier, Körperpflegeartikel, Tablets, Smartphones und Versicherungen, die von den Kunden trotz vergleichbarer Leistungen als verschiedene Angebote wahrgenommen werden. In der Volkswirtschaftslehre sind dagegen homogene Güter, die gegenseitig austauschbar sind, wie Strom, Gas und Benzin, der Standard. Zumindest auf Konsumgütermärkten vollziehen sich Angebots- und Nachfrageprozesse nach völlig anderen Mechanismen als denen der Rationalität, den eigenen finanziellen Vorteil zu maximieren.

Wegen der großen Wertschätzung, die Ökonomen in Deutschland (und anderen Ländern) genießen, stellt sich deshalb die Frage, welchen Beitrag diese Wissenschaft zur Erreichung des 1,5-Grad-Celsius-Klimaziels zu leisten in der Lage ist. Ein allgegenwärtiges, von der Politik gern aufgegriffenes, marktwirtschaftliches Instrument zur Ausrichtung individueller Entscheidungen auf gemeinwohlorientierte Ziele stellen finanzielle Belohnung bei Befolgung (Subventionen) bzw. finanzielle Bestrafung bei Nichtbefolgung der geforderten Verhaltensänderung dar (sogenannte finanzielle Anreizsysteme). Staatliche Subventionen zur Senkung von Marktpreisen sollen eine gewünschte Nachfrage stimulieren (z. B. Förderung des Absatzes von Elektroautos) und Preisaufschläge sollen entsprechend nachfragesenkend wirken (z. B. Erhöhung der CO_2-Steuer). Wäre der Konsument ein Homo oeconomicus, der nur auf Preise reagiert, dann könnte die Rechnung mit finanziellen Anreizen aufgehen. Tut sie aber nicht. Konsumenten berücksichtigen in ihren Konsumentscheidungen neben dem Preis noch viele weitere Faktoren, wie beispielsweise Qualität, Haltbarkeit, Marke, Mode, Geschmack, Kundendienst und Design, ja teilweise sogar Farben.

Im Produktionssektor allerdings scheinen kostensenkende Anreize für umwelt- und klimaschützende Herstellungs- und Vertriebsprozesse durchaus Wirkung zu zeigen (z. B. Emissionsrechtehandel). Der Europäische Emissionshandel (ETS)[13] ist ein Instrument zum Klimaschutz, das den in finanziellen Kategorien denkenden Ökonomen sehr nahekommt. Da vom Emissionshandel Betreiber »emissionsintensiver Anlagen« (z. B. Kohle- und Gaskraftwerke), also Unternehmen betroffen sind und die Wirkung des Preismechanismus für die frei gehandelten Emissionszertifikate plausibel von der volkswirtschaftlichen Theorie beschrieben wird, darf von diesem Instrument ein Treibhausgas reduzierender Effekt durchaus erwartet werden. Inwieweit sich daraus nachhaltige Veränderungen im Konsumverhalten infolge von auch möglichen Preisanstiegen durch die Weitergabe höherer Klimaschutzkosten bei Unternehmen auf die Endkonsumenten einstellen, ist dagegen ungewiss.

Ob direkt an Bürger gerichtete finanzielle Anreize des Staates einen Beitrag leisten können, nachhaltige Konsumstile zu fördern, ist dagegen weniger offensichtlich. Das zeigt sich beispielsweise an der finanziellen Förderung abgasarmer Pkws und von Elektroautos. Die Höhe der Kfz-Steuer ist in Abhängigkeit der Menge an CO_2-Emission des Pkw gestaffelt. Je weniger CO_2 ein Pkw ausstößt, desto geringer die Steuer. Zudem sind Pkws mit reinem Elektroantrieb zeitlich befristet von der Kfz-Steuer befreit[14] und werden bei der Anschaffung subventioniert. Die verhaltenssteuernde Wirkung dieser finanziellen Anreize lässt sich allerdings nicht zweifelsfrei an den Bestands- und Zulassungsdaten für Pkws herauslesen. Die SUVs haben bei den Neuzulassungen im Februar 2023 im Vergleich zum Vorjahreswert um 11,5 Prozent zugelegt, Geländewagen um 17,3 Prozent und Großraum-Vans um 25,1 Prozent. Dagegen schrumpften die Neuzulassungen bei den verbrauchsärmeren Minis und Kleinwagen jeweils um knapp 10 Prozent des Vorjahreswertes, sodass sie gerade mal auf einen Anteil von 15,9 Prozent aller zugelassenen Pkws kommen. SUVs und Geländewagen kommen auf einen Anteil von 41,2 Prozent. Der Anteil voll elektrisch angetriebener Autos lag im Februar 2023 bei nur 13,1 Prozent.[15]

Auch wenn unter den neu zugelassenen SUVs[16] und Geländewagen einige mit Elektroantrieb ausgestattet sind, lässt sich aus diesen Daten noch keine erkennbare Wirkung der anreizgesteuerten Förderung emissionsarmer Pkws erkennen. Große Pkws mit hohem Ressourcenverbrauch in der Herstellung werden weiterhin mit hohen Zuwachsraten gekauft. Kleine Autos kommen dagegen bei den Bürgern immer weniger an, und die voll elektrisch angetriebenen Pkws tun sich weiterhin schwer dabei, sich im Markt durchzusetzen.

Letztlich ist die kaum zu erkennende Wirkung finanzieller Förderungen klimafreundlicherer Autos leicht zu erklären. Für den Autokauf spielen oft ganz andere Gründe eine Rolle als die Höhe der Kfz-Steuer, der Kaufpreis oder die Unterhaltungskosten. Von Autoverkäufern hört man oft, dass der Kauf eines Autos zu 50 Prozent emotional erfolgt, jedenfalls in den oberen Preissegmenten. Der Homo oeconomicus dagegen würde sich aus der Gemengelage aus Kaufpreisen und Unterhaltungskosten den Schlitten auswählen, der mit dem geringsten finanziellen Einsatz gerade mal in der Lage ist, die notwendige Fahrleistung erbringen zu können. Emotionen wie Spaß, Freude, Abenteuer und Genuss finden beim Homo oeconomicus keine Beachtung.

Sehr oft sind Preise nicht einmal das wichtigste Merkmal beim Einkauf. Zudem werden Preise subjektiv von Konsumenten bewertet. Nur diese subjektive Bewertung beeinflusst das Verhalten, nicht der Preis, der auf dem Preisschild steht. So hat ein Preis von 500 Euro für ein neues Smartphone nicht auf alle die gleiche Wirkung. Viele werden nicht bereit sein, 500 Euro zu bezahlen, andere sehen darin einen fairen Preis, und den verbleibenden Konsumenten ist die Höhe des Preises völlig egal, die bezahlen jeden Preis für ein Smartphone, das sie haben wollen. Diese unterschiedliche Wirkung des Preises auf das Nachfrageverhalten bedeutet auch, dass finanzielle Anreize immer einen sozial diskriminierenden Effekt entfalten. Wollte die Politik beispielsweise den Verzehr von Fleisch aus Umweltschutzgründen über höhere Preise verringern, dann trifft diese Maßnahme vor allem Leute mit geringeren Einkommen. Andererseits ist es auch möglich, dass höhere Preise gar keine negative Wirkung auf die Nachfrage entfalten. Im Juli letzten Jahres titelte beispielsweise das RedaktionsNetzwerk Deutschland »Das Spritparadoxon: Warum Autofahrer trotz hoher Preise weiter Gas geben«.[17] Gemeldet wurde, dass trotz drastisch gestiegener Preise für Benzin und Diesel keine Veränderungen im Fahrverhalten bewirkt wurden. Das Potenzial von Preisen, Konsumverhalten zu verändern, ist begrenzt und wird im Allgemeinen deutlich überschätzt. Aktuell meldete auch das ZDF, dass trotz gestiegener Preise 2022 mehr Benzin verbraucht wurde als in den Vorjahren.[18]

Auf die Eignung finanzieller Anreize des Staates zur Nachfragelenkung ist kein Verlass. Die Wirkung solcher Anreize kann nicht präzise beziffert und auch nicht verlässlich prognostiziert werden. Die Annahme, das Verhalten von Konsumenten kann einfach und treffsicher über finanzielle Anreize gesteuert werden, ist falsch. Diese Annahme hat keinen Wahrheitsgehalt und ist seit Jahrhunderten empirisch widerlegt. Insofern kann ein Instrument, das auf falschen Annahmen beruht, auch nicht das bewirken, wozu es eingesetzt wird. Die Absicht, die Konsumnachfrage ausschließlich über finanzielle Anreize steuern zu können, muss scheitern. Auch die schon nahezu triviale Aussage nach dem Gesetz der Nachfrage, dass mit steigenden Preisen eines Gutes die Nachfrage danach sinkt, reicht für einen begründeten

Einsatz finanzieller Anreize bei Weitem nicht aus. Sie ist viel zu ungenau, um als Argument gelten zu können.

Die Verhaltensökonomie *(Behavioral Economics)* ist in der Frage der Verhaltenssteuerung allerdings schon deutlich weiter als die neoklassische Theorie. Der Verhaltensökonom Armin Falk[19] hat in der Argumentation für ein neues, kooperatives (reziprokes) wirtschaftspolitisches Leitbild formuliert, dass »das Modell des Homo oeconomicus wesentliche Determinanten menschlichen Verhaltens unberücksichtigt lässt und dadurch Gefahr läuft, falsche oder zumindest unvollständige Politikempfehlungen zu fundieren«. Diese Einsicht ist völlig korrekt. Verhaltensökonomen beschäftigen sich mit den Abweichungen realen menschlichen Verhaltens von der unterstellten Rationalitätsannahme des Homo oeconomicus. Allerdings ist es in der Psychologie und in der Sozialpsychologie schon längst bekannt und gängige Gewissheit, dass Menschen einer eigenen, subjektiv-begrenzten Rationalität folgen und Emotionen eine große Rolle spielen. Verhaltensökonomen bezeichnen Abweichungen von der ausschließlich auf die Steigerung des persönlichen Vorteils gerichteten Rationalität als »Irrationalitäten« und Entscheidungsanomalien«. Oder verständlicher ausgedrückt: Konsumenten verhalten sich (immer) irrational und abnormal. Keine schöne Vorstellung vom menschlichen Wesen. Begrenzt-rationales, habituelles, emotionales und moralisch motiviertes Verhalten von Konsumenten ist die alltägliche Realität.[20] Der Homo oeconomicus bleibt auch bei den Verhaltensökonomen in seiner Bedeutung erhalten. Ihnen geht es darum, den realen Konsumenten auf den »rechten« Pfad der Rationalität zu bringen. Verhaltensökonomen favorisieren verhaltensbeeinflussende Maßnahmen, die die menschlichen Irrationalitäten und Anomalien beseitigen sollen. Dazu gehört beispielsweise der Einsatz von Feedbackinformationen als Maßnahme zur Senkung persönlicher Energieverbräuche.

Allerdings ist es hinlänglich gut bekannt, dass das menschliche Vermögen, Informationen aufzunehmen und damit zu arbeiten, biologisch begrenzt ist. Zudem kann das Verhalten von Konsumenten auch von ethischen Motiven geleitet sein. Aber gerade dort, wo ethische und nachhaltige Motive vonnöten sind, wie beim Umwelt- und Klimaschutz, macht der Homo oeconomicus den Platz frei für alle Arten des Opportunismus. Für einen Opportunisten kann es schlichtweg rational sein, sich zulasten des Umwelt- und Klimaschutzes persönlich zu bereichern. Er passt sich den Bedingungen stets so an, dass er den größten Nutzen davon hat. Unternehmen, die ihre Investitionen in Umwelt- und Klimaschutz auf das niedrigste Niveau der gesetzlichen Vorgaben begrenzen, können ihre Produkte aufgrund geringerer Kosten unterhalb der Preise von verantwortungsvoll nachhaltig handelnden Unternehmen anbieten. Wer verantwortungsbewusst handelt, erfährt dadurch Nachteile, dass andere opportunistisch, mit rationalem Egoismus ihren eigenen Vorteil maximieren.

Der Homo oeconomicus hat kein Gewissen und kennt keine Moral, der Konsument schon.

Welt oder Wirtschaft?

Die Politik lässt sich von Experten beraten, wenn es um die Lösung gesellschaftlicher und ökologischer Probleme geht. Die Umwelt- und Klimakrise, in der sich die Menschheit befindet, zeichnet sich durch drei wichtige Merkmale aus: Sie ist von Menschen verursacht *(anthropogen)*, naturwissenschaftlich zu erklären und nur interdisziplinär zu lösen. Nahezu alle Probleme, mit denen die Politik zu tun hat, haben einen interdisziplinären Charakter. Erfolgversprechende Maßnahmen zur Eindämmung des Klimawandels und zur Erreichung des 1,5-Grad-Celsius-Zieles erfordern die Mitarbeit zahlreicher Wissenschaften, darunter Naturwissenschaften, Ingenieurwissenschaften, Betriebswirtschaftslehre, Medizin, Agrar- und Forstwissenschaften, Städtebau und Landschaftsplanung, Psychologie, Ethnologie, Soziologie und Konsumentenverhaltensforschung. Auch das Wissen der Ökonomie ist zur Lösung der Klimakrise nötig, aber nicht im disziplinären, sondern auch nur im interdisziplinären Kontext. Nur mit ökonomischen Theorien allein lassen sich keine brauchbaren Maßnahmen zur Beherrschung des Klimawandels ableiten. Notwendig sind Verhaltenswissenschaften, da die Ökonomie selbst auf die anthropogenen Ursachen des Klimawandels keine professionellen Antworten finden kann.

Politisches Handeln ist stark geprägt von den jeweiligen parteipolitischen Ideologien. Ideologien sind »Glaubenssätze«, also in einer Partei geteilte »Gewissheiten«, die als gültig gelten und nicht hinterfragt werden. Letztlich stellen Ideologien Denkverbote dar, die einen Diskurs über mögliche alternative Lösungsansätze, wie zur Eindämmung des globalen Klimawandels, erschweren oder sogar blockieren können. Dass gesellschaftlicher Wohlstand nicht ohne wirtschaftliches Wachstum möglich sein soll, ist eine solche Ideologie, denn in die Zukunft geschaut, wird gesellschaftlicher Wohlstand mit stetigem Wirtschaftswachstum nicht mehr möglich sein. Das würden die Natur und das Klima nicht überleben. Es ist an der Zeit, endlich einen ideologiefreien, pragmatischen und ergebnisoffenen Diskurs darüber zu führen, wie ein nicht auf Ausbeutung und Zerstörung von Erde und Klima angelegtes Wirtschaftssystem aussehen kann, das auf das Wohlbefinden und die Zufriedenheit der Menschen ausgerichtet ist.

In einer Welt begrenzter Ressourcen kann es kein unbegrenztes Wirtschaftswachstum geben.

Nicht Meinungen und Ideologien zählen in der Debatte, sondern die Evidenz. Wer in dieser Debatte keine Evidenz für seine Aussagen liefern kann, sollte sich nicht zu Wort melden. Evidenz ist nicht zu verwechseln mit einer mathematischen Lösung. Die Mathematik ist eine Formalwissenschaft ohne ein reales Erkenntnisobjekt. Nur Hypothesen und Theorien, die falsifiziert, deren Falschheit also prinzipiell nachgewiesen werden könnte, sollten im Diskurs um ein dem menschlichen Wohlbefinden dienendes natur- und klimaverträgliches Wirtschaftssystem Eingang finden.

In der Wachstumsdebatte sollte auch präzisiert werden, was unter dem Begriff »Wohlstand« eigentlich zu verstehen ist. Wohlstand wird oft gleichgesetzt mit Vermögen, Besitz, Reichtum und Macht. Im Allgemeinen gilt das Bruttoinlandsprodukt (BIP), also die jährliche Wirtschaftsleistung eines Landes, als »Stellvertretergröße« (Proxy) für den Wohlstand. Wohlstand im Sinne des BIP beschreibt die finanzielle bzw. materielle Situation eines Landes oder einer Person. Glück, Lebenszufriedenheit und das Wohlbefinden von Menschen werden damit nicht erfasst. Für die Lebensqualität von Menschen wichtige Faktoren wie Gesundheit, Familie, soziale Beziehungen, Wertschätzung und eine intakte Natur werden vom BIP nicht abgebildet.

Der Zusammenhang zwischen dem Wohlstand (gemessen am Pro-Kopf-Einkommen) und dem empfundenen persönlichen Glück *(Happiness)* wird in der Ökonomie strittig diskutiert.[21] Im reichen Industrieland Deutschland wuchs das BIP seit 1950 mit nur zwei Ausnahmen (2009 und 2020) Jahr für Jahr. Die Lebenszufriedenheit der Bürger blieb allerdings während dieser Zeit nahezu unverändert und hat während der Coronapandemie noch abgenommen.[22] Nach dem sogenannten *Easterlin-Paradoxon*[23] ist in den wohlhabenden Ländern ein positiver Zusammenhang zwischen dem Wirtschaftswachstum und der Lebenszufriedenheit der Bürger nicht erkennbar. Auf einer Skala von 1 (ganz und gar unzufrieden) bis 10 (ganz und gar zufrieden) liegt der Zufriedenheitswert in Deutschland schon seit vielen Jahren mit kleinen Schwankungen relativ konstant bei einem Wert von 7.[24] In diesem Zeitraum ist die deutsche Wirtschaft aber stetig gewachsen. Trotz wachsender Wirtschaft erhöht sich in nahezu allen reichen Ländern die Zufriedenheit der Bürger nicht.[25] Da eine stetig wachsende Wirtschaft natürliche Ressourcen ausbeutet, die Atmosphäre bedrohlich aufheizt und nicht einmal dazu beiträgt, dass Menschen glücklicher werden, stellt sich schon die Frage, wofür oder für wen dieses Wirtschaftssystem letztlich da ist. Wem schadet es und wer profitiert davon? Letztlich sollte ein Wirtschaftssystem den Menschen dienen, ihnen zu Glück und Wohlbefinden verhelfen. Wird das gewollt, dann müsste sich die gesamte Wirtschaftspolitik neu ausrichten.

Letztlich ist die ökonomische Verhaltensannahme des Homo oeconomicus irreführend, missdeutend und sogar schädlich, wenn es darum geht, nachhaltigen Konsum zu fördern. Der Homo oeconomicus wird nur vom persönlichen Wohlstand angetrieben. Ethisches und nachhaltiges Verhalten, das finanzielle Verluste zugunsten der Umwelt beinhalten könnte, ist ihm fremd. Mit dieser Sicht der Ökonomie auf den Menschen ist es schwer vorstellbar, dass von dieser Wissenschaft brauchbare Impulse zum Umwelt- und Klimaschutz ausgehen werden.

Menschen reagieren eben nicht reflexhaft auf finanzielle Anreize, als ginge es um die Wurst. Menschen können auch dann zu einem persönlichen Beitrag zum Umwelt- und Klimaschutz bereit sein, wenn sich dieses Engagement für sie nicht finanziell auszahlt. Es sind Bedürfnisse, Motive, Wünsche, Interessen und Leidenschaften, die Menschen zu einzigartigen Persönlichkeiten werden lassen. Wertschätzungen für eine intakte Natur und ein menschenfreundliches Klima werden von ihnen nicht in Geldeinheiten ausgedrückt. In der Ökonomie schon. Dort wird beispielsweise ausgerechnet, wie hoch der wirtschaftliche Nutzen eines Moores ist.[26] Der Nutzen, den Pflanzen und Tiere von einem Moor haben, geht wohl kaum in diese Berechnungen ein. Wer den wirtschaftlichen Wert eines Moores berechnet, wird keine Probleme haben, mit derselben Methodik den wirtschaftlichen Wert von Partnern, Kindern und Freunden zu berechnen. Weil nur der wirtschaftliche Wert im Fokus der Ökonomie steht, muss diese Wissenschaft zwangsläufig daran scheitern, einen signifikanten Beitrag zum Umwelt- und Klimaschutz sowie zum Wohlbefinden der Menschen leisten zu können. Es geht nicht vordringlich um Wirtschaft, sondern ums Überleben.

Das politische Bild vom Konsumenten

Die Mitglieder der jeweiligen Bundesregierung legen nach Artikel 56 des Grundgesetzes im Amtseid den Schwur ab, die ganze Kraft dem Wohle des deutschen Volkes zu widmen. Das Wohl des Volkes hat sicherlich viele Facetten, wie die Gesundheitsversorgung, Bildungs- und Ausbildungschancen, Infrastruktur, Mobilität, Kultur und wirtschaftlicher Wohlstand. Auch wenn die Politik versucht, alle Bereiche abzudecken, so liegt der Fokus auf dem wirtschaftlichen Wohlstand. Die Schaffung von Wirtschaftswachstum ist die alles umfassende, dominante Zielgröße der deutschen Politik. Umwelt- und Klimaschutz ist nicht die Nr. 1 politischen Handelns, obwohl Wirtschaftswachstum in einer aus den Fugen geratenen Natur mit katastrophalen Schadensereignissen kaum vorstellbar ist. Wer Wirtschaftswachstum dauerhaft sichern möchte, muss sich vordringlich um den Erhalt von Natur und Klima kümmern, nicht umgekehrt.

In der aktuellen Situation der Gefährdung der Lebensgrundlagen der Menschen durch den Klimawandel wäre ein Umdenken in der Politik zwingend erforderlich. Weg von der einseitigen politischen Fokussierung auf das Wirtschaftswachstum, hin zu einem engagierten und beherzten Schutz und Erhalt der natürlichen und klimatischen Lebensgrundlagen. Wenn es nicht gelingt, für den Erhalt von Umwelt und Klima zu sorgen, dann erübrigt sich alles andere. Das »Magische Viereck der Wirtschaftspolitik«, das nach dem Stabilitätsgesetz von 1967 die Größen Beschäftigung, Preisniveau, Wachstum und außenwirtschaftliches Gleichgewicht als Ziele politischen Handelns nennt, lässt ebenso wenig Raum für Umwelt- und Klimaschutz, wie für das Wohlbefinden der Bürger zu sorgen. Eine Neuausrichtung der staatlichen Wirtschaftspolitik mit Fokus auf Umwelt- und Klimaschutz erfordert einen ernsthaften, ideologiefreien Diskurs über alternative Wirtschaftssysteme, die auch das Wohlbefinden der Bürger besser als bisher mit einfangen.

Ob die Bundesregierung das selbst gesteckte Ziel der Klimaneutralität bis 2045 tatsächlich erreichen wird, ist alles andere als sicher. Falls nicht, ist aber ziemlich sicher, dass das aufgeheizte Klima ungeheure zerstörerische Kräfte freisetzen wird. Politiker reden vieles gerne schön, was sie machen. So vertrauen viele darauf, dass technologische Innovationen (z. B. grüner Wasserstoff) die Menschheit noch rechtzeitig vor den Gefahren des Klimawandels retten werden. Doch weder das »Wann« noch das »Wie gut« klimaschützender Innovationen ist heute hinlänglich gut bekannt. Auch die Wirkungen marktwirtschaftlicher Anreize zum klimafreundlichen Handeln, wie die CO_2-Bepreisung,[27] sind nur sehr unsicher über Jahre hinweg einzuschätzen.

Der politische Fokus auf technologische Lösungen, Ordnungspolitik und Anreiz schaffende Instrumente wird kaum ausreichen, bis 2045 die Klimaneutralität zu erreichen. Zudem werden alternative und ergänzende Maßnahmen zum Klimaschutz ausgeblendet. Übersehen, marginalisiert oder bewusst ignoriert wird das Potenzial klimaschützender Beiträge von Bürgern, die freiwillig und aus eigener Überzeugung nachhaltig handeln. Souveräne und selbstbestimmte Bürger stehen bestenfalls zu Wahlzeiten auf der politischen Agenda. Auf die Idee, diese Bürger mit geeigneten, professionell designten Kampagnen zur Förderung klimaschützender Einstellungen und Verhaltensweisen anzusprechen und zu motivieren, beim Klimaschutz mitzumachen, ist bisher noch kein Politiker gekommen. Dem Bürger wird zugetraut, auf Wahlzettel Kreuzchen zu hinterlassen, nicht aber die Bereitschaft aufzubringen, persönlich für den Klimaschutz einzutreten.

Die grundsätzliche Haltung der Politik, auf eine aktive Mitwirkung der Bürger bei Problemlösungen verzichten zu können, zeigte sich während der Coronapandemie. Durch Kontaktbeschränkungen sowie Geschäfts- und Schulschließungen sind Freiheitsrechte der Bürger in drastischer Weise eingeschränkt worden. Nun könnte man zumindest für das erste Coronajahr argumentieren, der Zweck heiligte das Mittel, aber spätestens mit der Verfügbarkeit an hoch wirksamen Impfstoffen galt das nicht mehr. Statt den Plan einer allgemeinen Impfpflicht bis zu ihrem bitteren parlamentarischen Aus unverdrossen weiterzuverfolgen, hätten öffentliche Kampagnen zur Weckung und Förderung einer Bereitschaft in der Bevölkerung, sich freiwillig impfen zu lassen, eingesetzt werden können.

Dass solche Kampagnen wirksam sein können, zeigt das Beispiel der Anti-AIDS-Kampagne »Gib Aids keine Chance«, die 1987 in der Verantwortung der damaligen Gesundheitsministerin Rita Süssmuth auf den Weg gebracht wurde. Sie setzte auf Aufklärung und eigenverantwortliches Handeln und lehnte Konzepte von Zwangstests für an AIDS erkrankte Personen ab.[28] Naheliegend ist deshalb, dass die immer im öffentlichen Raum gestandene allgemeine Impfpflicht viele davon abgehalten hat, sich impfen zu lassen. In der Sozialpsychologie wird das als *Reaktanz* bezeichnet. Es sind der Wille und die Motivation, sich einem empfundenen Druck zur Verhaltensänderung zu widersetzen.

Letztlich ist auch das politische Menschenbild nur unzureichend geeignet, Bürger bei der Lösung der Klimakrise aktiv mit einzubeziehen. Das politische Bild vom Bürger sind Menschen, die politische Fürsorge und Alltagshilfe benötigen. Politiker sehen ihre Aufgabe darin, sich um die Bürger zu kümmern und ihnen die Risiken und Lasten des Lebens abzunehmen. Das ist grundsätzlich ein ehrwürdiges und richtiges Unterfangen sozialstaatlicher Politik, allen zu helfen, die Probleme haben, für sich selbst zu sorgen. Die große Mehrheit in Deutschland kommt aber recht gut mit der Bewältigung ihres Lebens klar und benötigt keine staatlichen Unterstützungsleistungen. Diese Bürger lehnen es eher ab, wenn sich der Staat in ihr Privatleben einmischt und ihnen Vorschriften machen will. Sie erwarten grundsätzlich nicht, dass der Staat ihre persönlichen Bedürfnisse befriedigt und ihre Rechnungen bezahlt, sondern die Schaffung von Rahmenbedingungen, die es ihnen ermöglichen, sich selbst darum zu kümmern. Diese Bürger handeln selbstbestimmt mit hoher Selbstwirksamkeit und könnten überzeugt werden mitzuhelfen, die Welt zu retten. Im Notfall als Ultima Ratio kann ein staatlicher Durchgriff auf die Freiheitsrechte kurzfristig durchaus gerechtfertigt sein. Verbote funktionieren aber nur, wenn die überwiegende Mehrheit der Bürger sie unterstützt und auch einhält.

Konsumenten, wie sie wirklich sind

Vom Denken, Fühlen und Handeln der Konsumenten

Um verstehen und erklären zu können, warum so viele Menschen in Deutschland und anderen reichen Ländern so maßlos und verschwenderisch konsumieren und damit das Klima zerstören und warum immer noch viel zu wenige sich genügsam verhalten, sind wissenschaftliche Erkenntnisse darüber nötig, wie Konsumenten »ticken«. Simple Definitionen, Mutmaßungen und Spekulationen zum Verhalten von Menschen helfen da nicht weiter, sie führen in die Irre. Das Bild vom Homo oeconomicus erfüllt zwar seinen Zweck – die ökonomische Theorie durchgängig zu mathematisieren, ist aber völlig ungeeignet zur Erklärung und Förderung nachhaltiger Konsumstile. Es ist notwendig zu wissen, welche Bedürfnisse, Motive, Gefühle, Stimmungen, Erwartungen, Überzeugungen und Einstellungen Konsumenten antreiben und wie sie entstehen, welche Ziele sie mit ihrem Konsum verfolgen und wie es möglich ist, Menschen zu ermutigen, genügsamer zu sein.

Der Homo oeconomicus der ökonomischen Theorie wäre noch von einem Hauch an Realitätsbezug umgeben, wenn Konsumenten wirklich Güter bevorzugt nach ihrem Preis auswählten. Dann würden Konsumenten immer das Produkt einer Produktkategorie mit dem günstigsten Preis auswählen. Das ist aber nicht der Fall. In der Regel sind die einem Konsumenten zur Auswahl stehenden Güter einer Produktkategorie nicht homogen, das heißt, sie sind nicht von gleicher Qualität. Beispielsweise angebotene Smartphones, Tablets und Pkws unterscheiden sich u. a. in der Marke, im Design, in der Leistung und in den Funktionen. In diesen Fällen hat die Marke oder die Qualität eine viel größere Bedeutung beim Kauf als der Produktpreis. Der Nutzen eines Produkts für den Konsumenten leitet sich eben nicht nur aus dem Preis ab (finanzieller Nutzen), sondern u. a. auch von der Marke (psychologischer Nutzen), den sozialen Erwartungen, die mit dem Produkt verbunden sind (sozialer Nutzen), und der Wirkung auf den Klima- und Tierschutz (ethischer Nutzen). Für präferierte Marken, fair gehandelte sowie klima- und tierfreundliche Produkte bezahlen Konsumenten oft einen deutlich höheren Preis, als sie für vergleichbare Produkte hätten ausgeben müssen.

Marken werden in Luxussegmenten oftmals gerade deshalb gekauft, weil sie einen hohen Preis haben. Konsumenten greifen auch gerne zu höherpreisigen Produkten, wenn sie sich hinsichtlich der Qualität eines Produkts unsicher sind. Dahinter liegt die Vermutung, dass die Herstellung von qualitativ hochwertigen Produkten höhere Kosten verursacht, die über höhere Preise gedeckt werden müssen. Diese Vermutung trifft allerdings in der Regel nicht zu. Unternehmen mit professionellem Marketing verlangen den Preis, den die Kunden bereit sind zu zahlen.

Die Herstellkosten spielen bei der Preisgestaltung oft nur eine untergeordnete Rolle. Bei den Ökonomen wird das Phänomen einer mit steigenden Preisen zunehmenden Nachfrage als *Giffen-Paradoxon* oder *Snob-Effekt* bezeichnet. Dieses Verhalten von Konsumenten ist aber weder paradox noch snobistisch, es ist schlichtweg der normale Alltag. Weder hat der Preis immer den größten Einfluss auf eine Kaufentscheidung noch wählt sich der Kunde immer das günstigste Produkt aus. Wer aber unterstellt oder davon ausgeht, dass für Konsumenten nur der finanzielle Nutzen zählt, der liegt falsch. Diese irrige Verhaltensannahme veranlasst Urteile und Schlussfolgerungen, die für Maßnahmen zur Förderung nachhaltiger Konsumgewohnheiten völlig ungeeignet sind.

Kenntnisse zur Erklärung menschlichen Verhaltens stellen unterschiedliche Wissenschaften bereit. Dazu gehören die Psychologie, die Soziologie, die Sozialpsychologie, die Ethnologie und die Verhaltensbiologie (Ethologie). Die Wissenschaft vom Konsumentenverhalten *(Consumer Behavior Research)* verdichtet und fokussiert dieses vorhandene Wissen auf die Erklärung des Verhaltens von Menschen in ihrer Rolle als Konsumenten und ergänzt es durch eigene theoretische Entwicklungen. Die Wissenschaft vom Konsumenten befasst sich mit der Erklärung und dem Verstehen aller mit der Bewertung, dem Kauf, der Nutzung und der Nutzungsaufgabe von Produkten und Dienstleistungen verbundenen mentalen Prozesse und Entscheidungen. Insbesondere geht es dieser Forschung darum, die Wirkung psychischer Prozesse des Denkens, Fühlens und Wahrnehmens auf das Verhalten von Konsumenten zu erklären. Nur mit diesem Wissen lässt sich Konsumentenverhalten auch prognostizieren und gezielt beeinflussen.[1]

Das Verhalten von Konsumenten wird gelenkt von einem Zusammenspiel von psychischen, sozialen, kulturellen und situativen Einflüssen. Die Rolle von psychischen, also gedanklichen, bewertenden und emotionalen Vorgängen steht im Fokus der Forschung.[2] Konsumenten sehen sich alltäglich einer Vielzahl von Reizen akustischer, visueller, olfaktorischer, gustatorischer und haptischer Art ausgesetzt. Die Reiz- bzw. Informationsüberflutung hat infolge des Internets und der sozialen Medien heute eine unermessliche Größenordnung erreicht, die vielfach den Menschen mehr Probleme bereitet, als sie ihnen guttut. Allerdings schützt sich der Mensch vor einer belastenden Reizüberflutung durch selektive Wahrnehmung. Aus der gewaltig großen Menge an Informationen, die die Sinnesorgane Minute für Minute physisch kurzzeitig aufnehmen, schafft es nur ein extrem geringer Anteil, bis ins Bewusstsein der Menschen vorzudringen. Nur solche Reize, die aufgrund einer bestimmten Relevanz für das Individuum Aufmerksamkeit finden (u. a. Schlüsselreize[3]), werden aufgenommen und bemerkt. Die selektive Wahrnehmung verläuft reizgesteuert, beiläufig und selten willentlich kontrolliert. Menschliche Sinnesorgane scannen automatisch alle Umgebungsreize und »melden« dem Individuum solche mit »Relevanz«. Dazu gehören beispielsweise »Brandgerüche«, »der eigene Name«, »die Kulleraugen eines Babys«, »ungewohnte Geschmacks- und Tasterlebnisse«. Sie haben eine Chance, vom Individuum bemerkt zu werden. Nur bewusst gewordene Informationen können mentale und physische Reaktionen auslösen.

Informationen werden durch selektive Wahrnehmung zuerst gefiltert, dann im Gedächtnis abgelegt, subjektiv interpretiert und bewertet sowie gegebenenfalls verhaltenssteuernd in Kombination mit situativen Faktoren eingesetzt. Jede Information muss beim Menschen diesen Prozess durchlaufen und überstehen, um am Ende in ein bestimmtes Konsumverhalten münden zu können. Dieses Schema verdeutlicht, dass die meisten Informationen beim Konsumenten gar nicht erst ankommen und die relativ wenigen, die Beachtung finden, werden subjektiv interpretiert und bewertet, bevor sie eine Wirkung auf das Verhalten ausüben können. Insofern gibt es objektive Informationen nur dort, wo sie physikalisch gemessen (z. B. Mengenangaben), intersubjektiv einheitliche Sinneseindrücke hinterlassen (z. B. Preisschilder) oder wo sie wissenschaftlichen Prüfungen standhalten (z. B. Statistiken). Beispielsweise wird ein Preis für einen Liter Biomilch in einem Supermarkt von 1,20 Euro (objektive Information) von den Kunden sehr unterschiedlich interpretiert werden – u. a. als »unverschämt teuer«, »eher teuer«, »fair«, »sehr günstig« oder als »Schnäppchenpreis«. Erst die Interpretationen objektiver Daten sind verhaltenswirksam, nicht die Daten bzw. Informationen selbst.

Eine »objektive Information« wie beispielsweise die Aussage, dass die Erderwärmung nur um maximal 1,5 Grad Celsius ansteigen darf, um existenzbedrohende Katastrophen noch vermeiden zu können, bleibt wegen der selektiven Wahrnehmung bei vielen unbekannt. Diejenigen, die davon gehört haben, interpretieren und bewerten diese Information subjektiv und bilden sich daraus ein persönliches Urteil, das die gesamte Meinungsbreite von »geht mich nichts an«, »alles Quatsch«, »muss mal drüber nachdenken« bis hin zu »ich werde sofort aktiv« einnehmen kann. Maßnahmen zur klimafreundlichen Veränderung von Verhaltensweisen sollten sich deshalb nicht nur auf die Präsentation von Informationen und deren vermeintliche Überzeugungskraft verlassen, sondern Informationen durch kurze, interpretationsrelevante Geschichten, sogenannte Narrative, ergänzen. Wer glaubt, es reiche aus, Menschen nur richtig zu informieren, um sie zu Verhaltensänderungen zu bewegen, der irrt gewaltig.

Es sind nicht Fakten, die das Verhalten von Konsumenten bestimmen, sondern deren subjektive Interpretationen.

Das kommerzielle Marketing nutzt die Erkenntnisse der Konsumentenforschung für Zwecke einer profitorientierten Stimulierung und Steigerung der Nachfrage von Gütern und Dienstleistungen. Marketing dient im Kern dazu, den wahrgenommenen Nutzen einer Leistung in der jeweiligen Ziel- bzw. Kundengruppe zu erhöhen. Die Schaffung und Steigerung des Kundennutzens (Customer Value) ist der Dreh- und Angelpunkt des Marketing. Kunden, die von einem Produkt einen hohen persönlichen Nutzen erwarten, sind bereit, einen hohen Preis dafür zu bezahlen. Marketing ist aber nicht auf den kommerziellen Bereich beschränkt, wie viele glauben.

Marketing ist eine international hoch angesehene Wissenschaft und kein Werkzeugkasten zur Profitmaximierung.

Marketing kann als universelles Managementkonzept auch von zivilgesellschaftlichen Organisationen erfolgreich eingesetzt werden. Aus der Unterstützung von Organisationen zum Klimaschutz, zur weltweiten Einhaltung von Menschenrechten oder zum Tierwohl können Menschen einen persönlichen Nutzen ziehen. Es ist das schöne Gefühl, etwas Gutes und Richtiges zu tun. Marketing folgt insofern keiner Ideologie. Es ist eine Wissenschaft. Betrachtet werden Transaktionen zwischen zwei Akteuren, den Anbietern von Leistungen und den Nachfragern dieser Leistungen. Diese Betrachtung kann völlig unabhängig davon erfolgen, ob Anbieter profitorientierte Ziele verfolgen oder nicht. Leistungen können materieller (u. a. Rohstoffe, Produkte) oder immaterieller (Dienstleistungen wie z. B. Theateraufführungen, Gesundheits-, Betreuungs- und Beratungsdienste) Art sein. Marketing kann deshalb problemlos von Non-Profit- und zivilgesellschaftlichen Organisationen wirkungsvoll eingesetzt werden. Solche Organisationen bieten häufig Leistungen an, die dem Gemeinwohl und dem Umwelt- und Klimaschutz zugutekommen sollen. Wer sie unterstützt, kann sich belohnt fühlen durch erreichte soziale und ökologische Verbesserungen. Mit dem Wissen der Konsumentenverhaltensforschung können erfolgreiche Kampagnen entwickelt werden, um Menschen zu ermutigen, für das Gemeinwohl und den Umwelt- und Klimaschutz persönlich einzutreten.[4]

Die Ethik des Konsums

Die Kultur, in der jemand aufwächst, vermittelt über Generationen hinweg den Menschen schon in frühester Kindheit Werte, die als anstrebenswert gelten (u. a. Wohlstand, Familie, Anerkennung), und Normen, deren Befolgung gesellschaftlich erwartet wird (u. a. Pünktlichkeit, Disziplin und Umgangsformen). Kulturen dienen den Menschen als soziale Ordnungs- und Interpretationssysteme, die ein friedliches Zusammenleben von Menschen auf der Basis geteilter Werte und des Befolgens von Normen ermöglichen. Die Kultur ist der »Klebstoff«, der eine Gemeinschaft zusammenhalten soll. Kultur wird sichtbar im Verhalten der Menschen (Sitten, Gebräuche, Rituale), in der Kommunikation (z. B. Sprache), in Symbolen (z. B. Statussymbolen, Insignien der Macht) und ihrer Architektur und Kunst (Literatur, Artefakte).[5] Das Konsumentenverhalten ist ebenfalls kulturell geprägt. Der kulturelle Einfluss ist dort stark, wo ein Zusammenhang zwischen Werten (z. B. Besitz, Macht) und einem bestimmten Konsumstil hergestellt werden kann (z. B. Luxuskonsum). Wer nach

Macht und Einfluss strebt, kauft und umgibt sich mit Produkten, die innerhalb seiner Kultur als Machtsymbole gelten (z. B. Markenkleidung, teure Accessoires, Luxuslimousinen). Die kulturellen Einflüsse sind aber auch überall dort erkennbar, wo es um Geschmack (z. B. Essgewohnheiten) und Tradition (z. B. Bekleidung) geht.

Auch der Konsum findet immer im Kontext kultureller und sozialer Zusammenhänge statt. Kulturell geprägte Präferenzen (z. B. Ernährungs-, Bekleidungs- und Musikpräferenzen) und die Berücksichtigung sozialer Erwartungen bei Kaufentscheidungen (z. B. Konsumwünsche von Kindern) sind Beispiele für solche Einflüsse. Im engen (u. a. Familie und Freunde) und weiteren sozialen Umfeld (u. a. Vereine, Medien) werden Erwartungen an den Einzelnen herangetragen, die seinen Konsum betreffen. Diese an jedes Mitglied einer Gesellschaft gerichteten Erwartungen, in einer sozial gewünschten Weise zu konsumieren, werden auch als soziale Normen bezeichnet. Soziale Normen regeln das Zusammenleben von Menschen, und wer sie befolgt, vermeidet Konflikte. Sie üben insbesondere dann einen Einfluss auf das Konsumentenverhalten aus, wenn sie innerhalb von Freundeskreisen *(Peer Groups)* eingefordert (z. B. Kauf nur bestimmter Marken) und bei Missachtung sanktioniert werden können (z. B. Ausgrenzung). Soziale Normen sind auch mit der Ausübung bestimmter gesellschaftlicher Positionen durch Rollenerwartungen verbunden (z. B. Erwartungen, wie Ärzte oder Professoren angezogen sein sollten). Aus dem Befolgen dieser Rollenerwartungen leiten sich statusbewusste und demonstrative Konsumstile ab, die auf Prestige, soziale Anerkennung und Demonstration von Macht durch öffentliche Zurschaustellung teurer Markenprodukte abzielen. Da die Befolgung sozialer Normen Konflikte vermeidet, bevorzugen viele Menschen das zu kaufen und zu nutzen, was die mutmaßlich große Mehrheit im Lande konsumiert.

Auch ethische bzw. moralische Normen werden über Generationen hinweg innerhalb von Kulturen weitergegeben und helfen dem Einzelnen dabei, das zu tun, was von der Gesellschaft als gut und richtig angesehen wird. Insofern können Moralvorstellungen auch zur Beurteilung des eigenen Konsums in den Kategorien »gut/schlecht« bzw. »richtig/falsch« herangezogen werden. Moralische Urteile sind dann getragen von den negativen Folgen persönlicher Konsumgewohnheiten auf andere Menschen, auf die Natur und das Klima. Ethisch bzw. moralisch sind Konsumentscheidungen dann, wenn sie geleitet sind von der Beachtung ethischer Werte wie soziale Gerechtigkeit, Fairness, Klimaschutz und Tierwohl. Immer dann, wenn Konsumenten sich nicht nur von persönlichen Vorteilen leiten lassen *(anthropozentrische Sichtweise)*, sondern auch der Natur einen eigenen, zu deren Schutz verpflichtenden Wert beimessen *(physiozentristische Sichtweise)*, wird vom ethischen Konsum gesprochen.[6]

»Ethischer Konsum« ist der Oberbegriff für sämtliche Konsumhandlungen, die von der Verpflichtung motiviert sind, Natur, Gesellschaft und anderen Menschen keinen Schaden zuzufügen. Insofern ist ein nachhaltiger Konsum ethisch. Nachhaltig konsumierende Menschen beachten die schädlichen Konsequenzen ihres Konsums sowohl für Umwelt, Klima und Arten als auch für andere Menschen (z. B. fragwürdige Arbeitsbedingungen) und soziale Gemeinschaften (z. B. Abbau sozialer Gerechtigkeit) bei ihren Konsumentscheidungen. Das Empfinden einer moralischen Verpflichtung, Konsumentscheidungen unter Berücksichtigung sozialer und ökologischer Konsequenzen eigenen Handelns zu treffen, offenbart die Anerkennung von Verantwortung für den Schutz von Natur, Klima und Gesellschaft.[7]

Nachhaltiger Konsum

Junge Generationen geraten ins Blickfeld

In Anlehnung an die allgemeine Definition einer nachhaltigen Entwicklung *(Sustainable Development)* der UN Weltkommission für Umwelt und Entwicklung[1] verhalten sich Konsumenten dann nachhaltig, wenn sie ihre eigenen Bedürfnisse so befriedigen, dass dadurch die Lebens- und Entfaltungsmöglichkeiten anderer Menschen *(Prinzip der intragenerativen Gerechtigkeit)* und zukünftiger Generationen *(Prinzip der intergenerativen Gerechtigkeit)* nicht beeinträchtigt bzw. gefährdet werden.[2] Hierbei handelt es sich um ein sehr theoretisches, abstraktes Verständnis vom nachhaltigen Konsumentenverhalten. Bestenfalls taugt diese Definition als Vision oder als allgemeine Richtschnur für einen nachhaltigen Konsum. Praktikabel und alltagstauglich ist diese Definition vom nachhaltigen Konsum jedoch nicht.

Kaum jemand kann die negativen ökologischen Folgen des Kaufes und der Nutzung einzelner Produkte (z. B. Tomaten, Notebook oder Staubsauger) oder der Inanspruchnahme von Dienstleistungen (z. B. Maniküre, Pauschalurlaub) auf die Lebenschancen zukünftiger Generationen in 20 bis 50 Jahren und weit darüber hinaus auch nur annähernd genau abschätzen. Das würde sehr viel Expertenwissen, valide Daten und geeignete Methoden erfordern. Dieses allgemeine Konzept zur nachhaltigen Entwicklung und zum nachhaltigen Konsum eignet sich insofern nicht als praktikable Verhaltensregel. Was Nachhaltigkeit im Konsum bedeutet, muss soweit konkretisiert werden, dass der Einzelne bei jeder Konsumentscheidung gut genug einschätzen kann, welche Produkte oder welche Dienstleistungen umwelt- und klimafreundlich sind und welche nicht.

Der gesamte Konsum weltweit, Tag für Tag, hat das Potenzial, der Jugend und den folgenden Generationen ihre Lebensgrundlage unter den Füßen wegzuziehen. Das sollte jeder in Verantwortung verinnerlichen. Eine konkrete Ausrichtung des persönlichen Konsums auf den Erhalt der Lebenschancen zukünftiger Generationen ist allerdings nicht nur unpraktikabel, sondern auch seriös nicht umsetzbar. Als Entscheidungsunterstützung benötigen Konsumenten bei ihren täglichen Einkäufen praktikable und verständliche Kriterien, Regeln und Maßstäbe nachhaltigen Handelns.

Wer das Klima schützen möchte, kann sich in seinen Konsumentscheidungen an die jeweiligen CO_2-Emissionen von Produkten (z. B. bei Obst gering und bei Milchprodukten hoch) und Dienstleistungen (z. B. Bahnreisen gering und Flugreisen hoch) halten. Allerdings sind solche Informationen für Konsumenten in der Regel nicht leicht zugänglich. Die Berechnung von produktspezifischen CO_2-Emissionen ist sehr aufwendig und kann für die Vielzahl einzelner Produkte nahezu nicht lückenlos und aktuell bereitgestellt werden. So weisen beispielsweise Tomaten je nach Art, Herstellung, Anbauregion, Verpackung und Transport recht unterschiedliche CO_2-Emissionen auf. Solche detaillierten und immer wieder zu aktualisierenden Daten liegen nur Experten vor und sind für die täglichen Einkaufstrips kaum verfügbar. Einfacher und praktikabler ist es für Konsumenten, Ergebnisse von Ökoprodukttests und zertifizierte Ökolabels (z. B. EU Ecolabel oder die Marke Neuland) beim Einkauf zu Rate zu ziehen. Auch wenn ökologische Labels, Kennzeichen und Signets oft nur eine grobe Einschätzung über die Nachhaltigkeit bestimmter Produkte zulassen, so bieten sie den Konsumenten im Alltag einfache, verständliche und nützliche Hinweise zum Kauf nachhaltiger Güter.[3]

Auch wenn Biolabels eine sinnvolle und praktikable Grundlage im Alltag sind, nachhaltige Konsumentscheidungen treffen zu können, reichen Kenntnisse darüber, welche Produkte nachhaltig sind und welche nicht, nicht aus, um Konsumenten zu mehr Nachhaltigkeit zu bewegen. Darüber hinaus ist eine Motivation erforderlich, dieses Wissen bei Konsumentscheidungen zu berücksichtigen, und ein fester Willen, sich davon nicht abbringen zu lassen. Gerade die oft fehlende Handlungskontrolle, das heißt die mangelnde psychische Kraft, getroffene Entscheidung auch umzusetzen, ist eine Ursache für die sogenannte Einstellungs-Verhaltens-Lücke. Die geäußerte Einstellung zum Umweltschutz stimmt oft nicht mit dem tatsächlichen Konsumverhalten überein.

Aus dem praktischen Problem einer fehlenden Verhaltenskonkretisierung der UN-Auffassung von einer nachhaltigen Entwicklung bzw. einem nachhaltigen Konsum, leitet sich noch ein anderes, nicht weniger gewichtiges Problem ab. Das formulierte Ziel nachhaltigen Konsums, die Lebens- und Entwicklungschancen heutiger Generationen für zukünftige Generationen zu erhalten, ist so wenig greifbar und in der Umsetzung so unbestimmt, dass viele Konsumenten dazu neigen, ihre eigenen Möglichkeiten, einen Beitrag zum Umwelt- und Klimaschutz leisten zu können, kleinreden. Sie vermuten, dass ihr persönlicher Einsatz wirkungslos bleibt und rechtfertigen damit, die Hände in den Schoß zu legen und nichts zu tun. Insofern ermutigt diese abstrakte Definition nachhaltigen Konsums geradezu, eigene Untätigkeit sich selbst und anderen gegenüber zu rechtfertigen.

Aus freiem Willen werden Menschen nur dann bewusst nachhaltig konsumieren, wenn sie sich persönlich bedroht fühlen von der globalen Klimaerwärmung, wenn sie überzeugt sind, dass nachhaltiges Konsumieren ein geeignetes Mittel zur Bekämpfung der Erderwärmung ist, und wenn sie befähigt sind, diese Überzeugung auch täglich beim Einkaufen umsetzen zu können (Selbstwirksamkeitswahrnehmung).[4]

Facetten nachhaltigen Konsums

Nachhaltiges Konsumentenverhalten *(Sustainable Consumer Behavior)* folgt aus dem Wissen über die negativen Konsequenzen persönlicher Konsumgewohnheiten auf Umwelt und Klima und der Überzeugung, dass es zur Schadensabwehr notwendig und verantwortungsvoll ist, den persönlichen Konsum nachhaltig auszurichten. Beim Kauf von Produkten geht es dann nicht nur darum, den persönlichen Vorteil zu suchen. Auch die schädlichen Auswirkungen dieser Produkte auf Umwelt und Klima (u. a. Treibhausgasemissionen) sollten Berücksichtigung finden.[5] Eine Konsumentscheidung ist dann nachhaltig, wenn nicht nur der persönliche Nutzen, sondern auch ökologische und soziale Belange berücksichtigt wurden.[6] Wer nachhaltig konsumiert, folgt ethischen Prinzipien der Verantwortung und Generationengerechtigkeit.

Das Verhalten von Konsumenten kann mehr oder weniger nachhaltig sein, je nachdem, in welcher Intensität bzw. mit welchem Gewicht der Schutz von Umwelt und Klima dabei zum Tragen kommt. Zu beachten ist allerdings, dass Ressourcenverbräuche und Treibhausgasemissionen auch beim Kauf und der Nutzung nachhaltiger Güter nie auf null zu bekommen sind. Das funktioniert nur beim Konsumverzicht. Insofern weist ökologisch nachhaltiger Konsum viele Facetten auf. In Bezug auf Ressourcenverbräuche und Treibhausgasemissionen bei der Herstellung und dem Konsum von Produkten und Dienstleistungen lassen sich vier nachhaltige Konsumformen unterscheiden:

1) **Der Kauf und die Nutzung ressourceneffizienter Produkte einer Produktkategorie** (z. B. Kauf von Wäschetrocknern der Energieeffizienzklasse A+++). Ressourceneffiziente Güter verbrauchen je Leistungseinheit (z. B. ein Liter Limonade) weniger Ressourcen und emittieren weniger Treibhausgase als vergleichbare Güter mit

einer geringeren Ressourceneffizienz. So ist die CO_2-Emission von einem Liter Kuhmilch ungefähr um den Faktor 5,5 höher im Vergleich zur Hafermilch[7] und die Herstellung von 100 Gramm frischem Gemüse verursacht nur ein Drittel der CO_2-Emissionen vom Gemüse in Konserven.[8] Mobilitätsangebote sind hinsichtlich der Ressourceneffizienz und der Treibhausgasemissionen sehr unterschiedlich. Flugzeuge und private Pkws (Verbrenner) blasen auf den Personenkilometer bezogen sehr große Mengen an CO_2 in die Atmosphäre. Busse und Bahnen schneiden dagegen deutlich klimafreundlicher ab.[9]

2) **Eine Reduktion der Kauf- bzw. Nutzungsintensität von Produkten** (z. B. Wäschetrockner nur im Winter verwenden). Lange Verwendungs- und Nutzungsdauern von Produkten sind ökologisch sehr vorteilhaft, weil dadurch Ressourcen gespart und Abfall vermieden werden kann. Für eine hohe Haltbarkeit sind die Qualität und die Reparaturfähigkeit von Produkten entscheidend. Doch oft werden noch funktionsfähige Produkte frühzeitig weggeworfen und durch neuere ersetzt, weil sie für den Nutzer zu altmodisch geworden sind (z. B. Bekleidung) oder nicht mehr dem neuesten technologischen Standard genügen (z. B. Smartphone). In diesen Fällen liegt der Grund für einen Neukauf in einer subjektiven Abwertung des alten Produkts durch den Nutzer. Diese psychologische Produktalterung *(Obsoleszenz)* treibt die Verschwendung und die Vermüllung der Ozeane voran.

3) **Ein vollständiger Verzicht auf bestimmte Güter und Dienstleistungen** (z. B. auf einen Wäschetrockner verzichten). Der größte ökologische Nutzen geht von einem vollständigen Verzicht subjektiv nicht nötiger oder unnützer Produkte und Dienstleistungen aus. Weniger gekaufte Produkte werden (manchmal etwas zeitverzögert) in geringeren Mengen hergestellt, sodass der Verbrauch an

Ressourcen und die in den Produkten freigesetzten Treibhausgase abnehmen. Auch der vollständige Wegfall einer Produktnutzung beim Verzicht wirkt ökologisch sehr positiv. Unter den Lebensmitteln hält Rindfleisch den CO_2-Negativ-Rekord mit circa 19 Kilogramm CO_2e je Kilogramm Fleisch (verpackt in Folie). Das Einsparungspotenzial an schädlichen CO_2-Emissionen ist bei einem Verzicht auf Rindfleisch demnach beträchtlich.

4) **Kauf von Produkten mit ökologisch vorteilhaften Eigenschaften.** Umweltschützend sind Produkte, die keine für Natur, Arten und Klima gefährlichen Stoffe enthalten und deren Materialien vollständig wiederverwertbar sind, sowie unverpackte, regionale Produkte. Verpackungsmüll tötet nicht nur Meeresbewohner, sondern kommt auch in Form von Mikroplastik wieder zurück auf unsere Teller. Biolebensmittel haben ebenfalls erhebliche ökologische Vorteile. Nach der EG-Öko-Basisverordnung muss beim Anbau und der Herstellung von Biolebensmitteln auf »chemisch-synthetische Pflanzenschutzmittel und auf leicht lösliche mineralische Düngemittel« verzichtet und müssen Tiere artgerecht gehalten werden.[10]

Alles, was die Verschwendung an natürlichen Rohstoffen reduziert, ist gut für die Natur und das Klima. Dennoch werden auch für ressourceneffiziente Produkte weiterhin Rohstoffe und Energie verbraucht und schädliche Treibhausgase in die Atmosphäre gepustet. Nur weniger als bei den nicht nachhaltigen Alternativen. Zudem können Effizienzgewinne durch sogenannte Reboundeffekte reduziert oder sogar vollständig zunichte gemacht werden. Ein Reboundeffekt kann auftreten, wenn eine durch technologische Entwicklungen erhöhte Ressourceneffizienz eines Produkts zu Kostensenkungen beim Konsumenten führt. Der Konsument bekommt dann das Produkt billiger oder die Nutzung des Produkts wird günstiger. Wenn dieses »gesparte Geld« in eine intensivere Produktnutzung bzw. in den Kauf anderer Dinge gesteckt wird, werden zusätzlich Ressourcen verbraucht und zusätzliche Treibhausgase emittiert. Wer heute von einem Verbrenner-Pkw auf ein voll elektrisch angetriebenes Auto umsteigt, spart beim Tanken etwas Geld.[11] Wenn diese Ersparnis genutzt wird, um zusätzliche Kilometer mit dem E-Auto zu fahren, dann verschlechtert sich der Vorteil von E-Autos bei den Treibhausgasemissionen im Vergleich zu Verbrennern. Auch bei genügsamen Konsumstilen können Reboundeffekte auftreten. Dann nämlich, wenn das durch vollständigen oder partiellen Verzicht eingesparte Geld für andere Ressourcen verbrauchende Konsumzwecke verwendet wird.

Verbrauchssenkungen durch höhere Ressourceneffizienz reichen allein nicht aus, die gesteckten Klimaziele zu erreichen. Effizienz senkt nur relativ auf die Leistungseinheit bezogen den Ressourceneinsatz, nicht im absoluten Maßstab. Auch deshalb rückt der *Earth Overshoot Day (Erdüberlastungstag)* immer weiter dem Jahresanfang entgegen. Bei einem »weiter so« ist absehbar, dass die weiter zunehmende Weltbevölkerung nachwachsende Rohstoffe in einer Größenordnung benötigt, für die zwei oder sogar drei Erden erforderlich wären. Bei allem Fortschritt in der Raumfahrt ist aber auch klar: Es gibt nur eine Erde, die alle ernähren muss. Das Streben nach höherer Ressourceneffizienz muss ergänzt werden durch Strategien zur Verringerung der absoluten Mengen weltweit verbrauchter Rohstoffe *(Suffizienzstrategien)*.

Effizienzgewinne werden das Klimaproblem allein nicht lösen. Ergänzende Suffizienzstrategien müssen den weltweiten Ressourcenverbrauch drastisch verringern.

Neben Maßnahmen der Industrie, einzusetzende Ressourcen in absoluten Einheiten zu reduzieren, stellt die Senkung individueller Konsumniveaus in hoher Skalierung ein wirkungsvolles Vorgehen dar, dem globalen Klimawandel etwas entgegenzusetzen. Dazu müssten viele Konsumenten freiwillig vom Kauf persönlich verzichtbarer Produkte absehen. Für die persönlich nötigen und nützlichen Güter bieten sich die jeweiligen ressourceneffizienten Alternativen an. Eine politische Strategie, die ausschließlich auf technologische Innovationen zur Verbesserung der Ressourceneffizienz von Produkten und Prozessen (z. B. höhere Wirkungsgrade) und zur Förderung klimaneutraler Herstellungsprozesse (z. B. Einsatz von grünem Wasserstoff) setzt, ist riskant. Ob die damit einhergehenden Hoffnungen erfüllt werden, ist heute wohl kaum abzuschätzen. Auf das Potenzial, das eine Vielzahl von Konsumenten zum Erreichen der Klimaneutralität leisten könnten, sollte deshalb nicht verzichtet werden.

Konsumstile, die darauf gerichtet sind, das persönliche Konsumniveau durch Verzicht nachhaltig zu senken, werden als suffizient oder genügsam bezeichnet. Genügsam ist ein Konsumstil dann, wenn Konsumenten aus freien Stücken und ohne finanzielle Zwänge nur solche Produkte kaufen, die für sie persönlich notwendig und nützlich sind *(Lifestyle of Voluntary Simplicity)*. Die mit ihrem Konsum verbrauchten Mengen an Rohstoffen und Energie liegen bei genügsamen Konsumenten signifikant unter dem Bevölkerungsdurchschnitt.[12] Genügsame Menschen bleiben mit ihrem Konsum deutlich unter ihren finanziellen Möglichkeiten. Wissenschaftliche Studien zeigen, dass freiwilliger Konsumverzicht nicht als persönliches Opfer, Verlust oder Entbehrung empfunden wird. Im Gegenteil, genügsame Konsumenten sind nicht weniger zufrieden und nicht weniger glücklich als diejenigen, die gerne und viel einkaufen. Es gibt in diesen Studien auch Hinweise, dass Genügsamkeit glücklicher machen kann als munter drauflos zu konsumieren.[13]

Genügsame Konsumenten schöpfen Glück und Zufriedenheit aus dem selbstbestimmten Verzicht auf verschwenderischen Konsum.

Durch den Konsumverzicht geht ihnen nichts verloren. Im Gegenteil, sie erfahren einen zusätzlichen Nutzen aus diesem Verhalten. Nicht nur Konsumgüter können persönliche Bedürfnisse befriedigen. Gemeinsam mit Freunden Spaß zu haben, gute Gespräche zu führen und mit Kindern und Enkelkindern zu spielen, kann sehr glücklich machen. Auch etwas Gutes zu tun für andere Menschen, für Umwelt und Klima sowie für Tiere, kann sehr beglückend und erfüllend wirken. Diesen Menschen wird aus ihrem ethisch begründeten Verhalten etwas wieder zurückgegeben: ein gutes Gefühl, etwas Sinnvolles und Notwendiges zu machen. »Altruismus« ist für ein gemeinnütziges, solidarisches und ökologisches Engagement insofern nicht der richtige Begriff. Wer ethisch handelt, wird zu Recht belohnt durch die Gewissheit, gebraucht zu werden.

In diesen Beispielen werden keine materiellen oder gar finanziellen Bedürfnisse befriedigt, sondern psychologische Bedürfnisse *(Psychological need satisfaction)*. Wer sich einsetzt für den Umwelt-, Arten- und Klimaschutz, für das Wohl von Tieren, für einen gesellschaftlichen Zusammenhalt und soziale Gerechtigkeit, empfindet dadurch Erfüllung und Zufriedenheit. Konsumverzicht ist kein Opfer, das für andere oder anderes erbracht wird. Genügsamkeit setzt positive Gefühle frei und stärkt das Streben nach Selbstbestimmung und Unabhängigkeit von gesellschaftlichen Konsumzwängen. Die wissenschaftliche Forschung unterstreicht diese Argumentation. In einer Studie von 2020 konnte gezeigt werden, dass genügsame Konsumenten nicht weniger glücklich sind mit ihrem Leben als andere, die den Konsum als Lebenszweck auffassen. Im Gegenteil, oft empfinden Menschen, die Verschwendung ablehnen, mehr Glück, Erfüllung und persönliches Wohlbefinden.[14]

Neben dem Umwelt- und Klimaschutz umfasst nachhaltiger Konsum auch die Berücksichtigung von sozialen Belangen bei der Herstellung und dem Handel von Produkten. Dazu gehören Konsumentscheidungen, die unter Beachtung der Einhaltung von Menschenrechten, humanen und fairen Arbeitsbedingungen sowie der Verbote von Diskriminierung und unerlaubter Kinder- und Zwangsarbeit erfolgen. Sozial nachhaltig konsumierende Personen bevorzugen solche Produkte, die entlang der Lieferketten bis zum Endverbraucher unter Beachtung der Einhaltung der Menschenrechte und internationaler Arbeitsstandards verantwortungsvoll hergestellt und vertrieben werden.[15] Sozial nachhaltiger Konsum trägt dazu bei, die soziale Wohlfahrt und den gesellschaftlichen Zusammenhalt zu fördern sowie Armut, Ausbeutung und Unterdrückung in den globalen Lieferketten zu bekämpfen. Der Kauf fair hergestellter und gehandelter Produkte ist genauso ein Beispiel für soziale Nachhaltigkeit wie die Teilnahme an Produkt- oder Markenboykotts von Unternehmen, deren Geschäftsgebaren als unverantwortlich und gesellschaftlich schädlich wahrgenommen wird.[16] Oft wird in diesem Zusammenhang auch von einem politisch motivierten Konsumentenverhalten gesprochen, das darauf zielt, sozial wünschenswerte gesellschaftliche und wirtschaftliche Veränderungen herbeizuführen. Kassenbons bekommen so die Funktion einer politischen »Abstimmung« gegen sozial und ökologisch unverantwortliches Geschäftsgebaren von Unternehmen.

Eine Vielfalt persönlicher Konsummuster

Nachhaltig zu konsumieren ist keine Alles-oder-nichts-Frage. Die empirische Forschung hat gezeigt, dass es verschiedene nachhaltige Konsumstile gibt. Auf den Extrempositionen nachhaltigen Konsumentenverhaltens stehen auf der einen Seite Menschen, die ihren ganzen Alltag auf Nachhaltigkeit ausgerichtet haben, und auf der anderen Seite diejenigen, für die nachhaltiger Konsum keinerlei Bedeutung hat. Zwischen diesen beiden konträren Extremen existieren weitere Konsummuster, die sich aus einem Puzzle nachhaltiger und weniger nachhaltiger Verhaltensaspekte zusammensetzen.

In einer für Deutschland repräsentativen Studie von 2018 konnten hinsichtlich der Intensität und der Facetten des Konsums von Lebensmitteln und Bekleidungsartikeln vier Gruppen mit unterschiedlichen Konsumstilen identifiziert werden:[17]

1) **Konsumgenießer:** Ungefähr 26 Prozent der deutschen Bevölkerung haben, was einen Konsumverzicht anbetrifft, eine völlig ablehnende Haltung. Auf Konsum verzichten zu müssen ist für diese

Konsumenten nahezu ausgeschlossen. Sie äußern zwar, am nachhaltigen Konsum interessiert zu sein, beobachten lässt sich das an ihrem Verhalten allerdings kaum. Ihre Lust auf den Verzehr von Bio- und Fairtrade-Lebensmitteln hält sich in Grenzen. Beim Kauf ökologischer Bekleidung teilt sich diese Gruppe in zwei Untergruppen auf. Die eine Untergruppe (16 Prozent) kauft selten, die andere Untergruppe (10 Prozent) häufiger ökologische Bekleidung. Die Vermutung liegt nahe, dass die kleinere Gruppe eher Interesse an teurer und hochwertiger Bekleidung hat, die – quasi als Zugabe *(Add-on)* – oft ökologisch bzw. fair gelabelt war. Konsumgenießer sind relativ jung, bestens ausgebildet und verfügen über ein überdurchschnittlich hohes Einkommen. Alte Gewissheiten, dass jüngere und gut ausgebildete Menschen über ein hohes Umweltbewusstsein verfügen, gelten heute nicht mehr. Ehemals stabile Lebens- und Konsumgewohnheiten fragmentarisieren sich zunehmend.

2) **Sparsame Konsumenten:** Bei diesem Bevölkerungssegment von rund 13 Prozent ist ein Bewusstsein für einen ökologischen und sozialen Konsum kaum erkennbar, eigentlich nicht vorhanden. Aufgrund einer angespannten finanziellen Situation sehen sich diese Konsumenten allerdings gezwungen, sparsam einzukaufen. Auch wenn Sparsamkeit grundsätzlich sehr nachhaltig ist, folgt in dieser Gruppe das Verhalten nicht dem Bewusstsein, sondern den mangelnden finanziellen Möglichkeiten. Hier handelt es sich um relativ junge Menschen mit geringen Einkünften.

3) **Nachhaltigkeit vortäuschende Konsumenten:** Dieses Bevölkerungssegment (ungefähr 14 Prozent) äußert sich sehr positiv sowohl zum nachhaltigen Konsum als auch zum freiwilligen Konsumverzicht. Dieses hohe Bewusstsein für einen nachhaltigen Konsum scheint aber mehr ein Lippenbekenntnis zu sein und weniger Ausdruck

einer ehrlichen Haltung, denn diese Konsumenten kaufen wenig nachhaltig ein, und auch ein auf Konsum verzichtendes Verhalten ist bei ihnen nicht erkennbar. Im Gegenteil, für Bekleidung gibt dieses Segment von allen Gruppen am meisten Geld aus.

4) **Nachhaltige Konsumenten:** Ungefähr 47 Prozent, also rund die Hälfte der deutschen Bevölkerung, heben sich von den anderen Gruppen durch ein durchgängig sehr hohes Bewusstsein für einen nachhaltigen Konsum ab, inklusive des Konsumverzichts. Dieses Bewusstsein spiegelt sich auch in ihrem tatsächlichen Einkaufsverhalten wider. Interessant ist, dass sich diese große Gruppe nachhaltig bewusster Konsumenten in zwei demografisch unterschiedliche Untergruppen aufteilt. Während Konsumenten der einen Untergruppe (21 Prozent) über ein recht hohes Einkommen verfügen, steht den Konsumenten der anderen Untergruppe (26 Prozent) nur ein sehr geringes Einkommen, das geringste aller vier Gruppen, zur Verfügung.[18] Dieses Ergebnis zeigt, dass nachhaltiger Konsum nicht nur etwas für Betuchte ist, sondern auch für Personen mit einem schmalen Geldbeutel. Finanzielle Reserven können in dieser Untergruppe einkommensschwacher Konsumenten durch gezielten Verzicht auf unnötige Produkte erschlossen werden.

Ein Blick auf diese repräsentative Studie von 2018 zeigt, dass bei knapp der Hälfte der deutschen Bevölkerung (vierte Gruppe) ein ausgeprägtes Bewusstsein nicht nur für den Kauf nachhaltiger Produkte, sondern auch für den Verzicht auf unnötige Produkte festzustellen ist. Allerdings ist diese genügsame Haltung in keiner der beiden Untergruppen zu erkennen. Die finanzstarke Untergruppe (21 Prozent) hat in der Studie von allen anderen Gruppen sogar das meiste Geld für Lebensmittel und Bekleidung ausgegeben.

Nachhaltiger Konsum ist weniger eine Frage von Status und Einkommen, sondern eine Frage des Bewusstseins.

Die Absicht zum Konsumverzicht ist vielfach zwar ein ernst gemeintes Bekenntnis, das sich allerdings gegen andere widerstrebende Motivationen bisher kaum durchsetzen konnte. Nur die Gruppe der »sparsamen Konsumenten« hat sich beim Geldausgeben zurückgehalten – allerdings nicht, um Umwelt und Klima zu schützen, sondern aus finanziellen Gründen. Nachhaltiger Konsum wird in Deutschland überwiegend noch mit dem Kauf und der Nutzung nachhaltiger Produkte gleichgesetzt.

Der ökologisch wirksamere Konsumverzicht ist in den meisten Köpfen noch nicht angekommen.

Die Studie von 2018 fokussierte sich auf den Kauf nachhaltiger Lebensmittel und nachhaltiger Bekleidung. Auf andere Bedarfsfelder, z. B. die Nachfrage nach Energie (u. a. Strom und Gas), Mobilität und Urlaubsreisen, lassen sich diese Erkenntnisse nicht eins zu eins übertragen. In einer anderen empirischen Studie von 2017[19] zeigte sich beispielsweise, dass in Bezug auf den Kauf von Haushaltsgroßgeräten (u. a. Waschmaschinen) circa 14 Prozent der deutschen Bevölkerung als genügsam konsumierend eingestuft werden können. Diese Konsumenten verfügen über ein überdurchschnittlich hohes Einkommen, weisen aber im Vergleich zu anderen finanziell gut gestellten Bevölkerungsschichten eine deutlich geringere Ausstattung mit hochwertigen Gebrauchsgütern auf. Im Vergleich beider Studien von 2017 und 2018 wird deutlich, dass Menschen oft nicht durchgängig im gesamten Bedarfsspektrum nachhaltig konsumieren, sondern Schwerpunkte setzen. Es gibt viele unterschiedliche persönliche Konsumprofile, beispielsweise Konsumenten, die Biolebensmittel bevorzugen, aber nur ungern auf das eigene Auto verzichten wollen. Es gibt andere, die auf vieles verzichten können, nicht aber darauf, immer modisch und abwechslungsreich gekleidet zu sein. Die psychischen und sozialen Hintergründe nachhaltigen Verhaltens von Konsumenten sind sehr unterschiedlich. Darauf ist zu achten, wenn

Menschen verfügen über persönliche Muster nachhaltigen Konsumverhaltens mit Schwerpunkten und Randbereichen.

Maßnahmen zur Förderung nachhaltigen Konsums entwickelt werden sollen. Eine öffentliche Kampagne, die Konsumenten zum Kauf von Biolebensmitteln ermutigen soll, muss anders konzipiert und gestaltet sein als eine, die den Umstieg auf den öffentlichen Nahverkehr voranbringen will.

Freiwilliger Konsumverzicht

Selbstbestimmung anstelle von Verboten

Individuelle Konsumentscheidungen, die die Nachhaltigkeit berücksichtigen, z. B. durch den Kauf CO_2-ärmerer Güter, den Kauf von Biolebensmitteln oder das Einsparen von Energie, leisten einen notwendigen Beitrag zum Klimaschutz. Allerdings ist mit jeglichem Güterverzehr, ob nachhaltig oder nicht, immer auch ein Ressourcenverbrauch verbunden. Deshalb ist es sehr wichtig, neben dem Kauf nachhaltiger Güter einen Blick auf den Nichtkauf, den Konsumverzicht, zu werfen. Verzicht auf persönlich nicht notwendige und entbehrliche Produkte und Dienstleistungen ist der wirkungsvollste Beitrag, den ein Konsument persönlich zum Umwelt- und Klimaschutz leisten kann. Konsumverzicht bedeutet nicht zwingend, gänzlich, also für immer vom Kauf eines Produkts abzusehen. Eine sehr lange Nutzungsdauer eines Produkts, die schnelle und mehrere Wiederbeschaffungskäufe vermeidet, ist ebenfalls Teil des Konsumverzichts.

Das bedeutet, dass Entscheidungen darüber, welche Produkte notwendig und nützlich sind und auf welche verzichtet werden kann, jeder Einzelne aus freien Stücken für sich trifft. Ein gesetzlich erzwungener Konsumverzicht ist ein Konsumverbot. Die einzige Erklärung, warum jemand bei einem Verbot ein Produkt nicht kauft, ist das Verbot. Mehr Wissen ist dazu auch dann nicht erforderlich, wenn es Konsumenten gibt, die auch ohne Verbot ein bestimmtes Produkt nicht kaufen würden. Ein Verbot erfordert insofern keine verhaltenswissenschaftliche Erklärung. Verhaltensverbote sind normative Setzungen ohne Komplexität, die jeder versteht.

Zum Konzept des Konsumverzichts gehört die Freiwilligkeit.

Es lohnt sich nicht, über Konsumverbote ein wissenschaftsorientiertes Buch zu schreiben.

Verzichtsentscheidungen in Form von Konsumverboten sollten nur in Ausnahmefällen der Politik überlassen werden (z. B. bei harten Drogen). Welches Gremium, welche Arbeitsgruppe oder welcher Zirkel könnte schon für alle entscheiden, welche Produkte gekauft und genutzt werden dürfen und welche verboten sind? Vielen wird es sicherlich leichtfallen, ein Verbot solcher Produkte hinzunehmen oder gar zu fordern, die sie selbst nicht nutzen. Daraus lassen sich aber keine rechtsstaatlichen, demokratisch legitimierten Konsumverbote rechtfertigen. Ein Vergleich von Konsumverboten mit den im Straßenverkehr üblichen Verboten, wie beispielsweise das Verbot, eine Kreuzung bei Rot zu überfahren, greift zu kurz. Verkehrsregeln dienen der unmittelbaren Gefahrenabwehr aller am Straßenverkehr teilnehmenden Personen. Alle diejenigen, die nicht in den nächsten Tagen im Straßenverkehr verletzt oder sogar totgefahren werden wollen, akzeptieren und befolgen diese Regeln auch freiwillig zum eigenen Vorteil. Durch den Verzehr einer Forelle beispielsweise gerät aber kein anderer Mensch in Gefahr.

Dennoch gibt es immer wieder Appelle, auch nachdrückliche Forderungen an die Politik, bestimmte Güter aus Gründen des Umwelt- und Klimaschutzes zu verbieten. Konsumverbote sollten allerdings nur die Ultima Ratio sein, wenn sonst keine anderen Mittel mehr greifen, die Welt noch vor dem Untergang zu bewahren, denn letztlich kann jeder für sich selbst entscheiden, auf welche Produkte verzichtet werden kann. Und jeder Verzicht, egal welches Produkt, kommt der Umwelt und dem Klima zugute. Jeder hat die Möglichkeit, sofort auf Fleisch zu verzichten oder den Verzehr davon zumindest deutlich einzuschränken. Das gleiche gilt für den Kauf von SUVs. Es gibt keinen Zwang, diese Produkte zu kaufen.

Konsumverbote greifen unmittelbar in die Freiheit der persönlichen Lebensgestaltung ein. Solche Eingriffe sollten, wenn überhaupt, nur mit Bedacht und großer Verantwortung erwogen und diskutiert werden. Menschen sind in der Lage, sich selbstbestimmt, die eigenen Interessen und die der Gesellschaft abwägend, für den Schutz von Umwelt und Klima zu entscheiden. Diese Menschen gesetzlich dazu zu zwingen, umwelt- und klimaverträglich zu konsumieren, würde mit hoher Wahrscheinlichkeit kontraproduktiv wirken. Zwang aktiviert Reaktanz beim Menschen, also die Motivation, sich gegen diese Zwangseinwirkung zu stellen.[1] Bevor an Verbote gedacht wird, sollte zuerst der Versuch gestartet werden, dieses Potenzial vernünftigen Handelns von Menschen zu erschließen. Jedes Konsumverbot entmündigt den Menschen ein Stück weit und entlässt ihn aus seiner persönlichen Verantwortung. Dennoch, letztlich entscheiden über Konsumverbote parlamentarische Mehrheiten, und das ist gut so.

Es ist immer ein anmaßender und vielleicht sogar übergriffiger Ansatz, die eigene Lebensweise zum Vorbild für alle anderen machen zu wollen.

Viele derjenigen, die Konsumverbote fordern, argumentieren, dass es in der Vergangenheit mit der menschlichen Vernunft nicht weit her gewesen sein kann. Schließlich ist die globale Klimaerwärmung durch menschliches Handeln verursacht (anthropogen). Auch infolge unersättlicher Konsumgewohnheiten schreitet die Zerstörung von Ökosystemen und des Klimas weiter voran. Dieser Argumentation kann man sich kaum verschließen, sie stimmt. Daraus sollte aber nicht der irrige Schluss gezogen werden, dass von Konsumenten auch weiterhin keine oder zu geringe Beiträge zum Umwelt- und Klimaschutz zu erwarten sind. Auf das Verhalten von Konsumenten kann in einer Weise eingewirkt werden, dass der Umwelt- und Klimaschutz im Vergleich zu egoistischen Interessen mehr Gewicht bei individuellen Konsumentscheidungen bekommt. Das Wissen darüber, wie Konsumenten angeregt werden können, ihre verschwenderischen Konsumgewohnheiten freiwillig in Richtung Nachhaltigkeit zu verändern, liegt vor.

Vom Wert, etwas nicht zu besitzen

Welchen persönlichen Wert hat ein Produkt, und welchen Wert hat es, auf dieses Produkt zu verzichten? Die Marketingwissenschaft kann darauf Antworten geben. Die international renommierte Marketingwissenschaft verfügt über sehr viel Wissen und Erfahrung zu den psychischen und sozialen Mechanismen des Konsumverhaltens.[2] Das vordringliche Ziel der Marketingwissenschaft ist es, das Kauf- und Nutzungsverhalten von Konsumenten erklären, prognostizieren und beeinflussen zu können. In der Öffentlichkeit dominiert das Bild eines kommerziellen Marketing, das sich mit Werbung und Rabattaktionen täglich bemerkbar macht. Dass Marketing eine Wissenschaft ist, wird vielen neu sein. Insofern gibt es zwei Wahrnehmungen von Marketing: die einer renommierten Wissenschaft zum einen und zum anderen die von einer Marketingpraxis, der man als Konsument täglich nicht nur zur eigenen Erbauung ausgesetzt ist. Oft wird in der Öffentlichkeit auch vermutet bzw. unterstellt, dass Marketing den Konsumenten zu manipulieren versucht. Das, was in der Öffentlichkeit als Marketing verstanden wird, ist aber nur ein Teil dessen, was das Marketing als Wissenschaft insgesamt ausmacht.

Marketing umfasst Tätigkeiten von Unternehmen und Organisationen zur Schaffung, Kommunikation, Bereitstellung und zum Austausch von Leistungsangeboten, die für Kunden, Klienten, Partner und für die Gesellschaft insgesamt von Wert sind.[3] Für diese Aufgaben stellt die Marketingwissenschaft das nötige Wissen bereit. Diese Definition verdeutlicht, dass Marketing nicht auf kommerzielle, profitorientierte Geschäftsmodelle festgelegt ist. Dem Marketing geht es grundsätzlich um die Schaffung von Werten: Wertvolles schaffen nicht nur für Kunden *(Customer Value)*, sondern auch für die Gesellschaft *(Society Value)*. Insofern findet Marketing nicht nur in profitorientierten Unternehmen statt, sondern auch in gesellschaftlichen, Non-Profit-Bereichen. Dazu gehören u. a. das Gesundheits- und das Bildungswesen (DRK, Universitäten), die Kultur (Museen, Theater) und auch der Umwelt- und Klimaschutz (NGOs[4] wie BUND und NABU). Professionelles Non-Profit- bzw. Social Marketing kann helfen, erfolgreiche soziale Kampagnen zur Förderung nachhaltiger Lebens- und Konsumstile zu kreieren. Das nötige Marketingwissen dafür liegt vor. Auch politische Parteien bedienen sich oft des Marketing. Erfolgreich und kreativ sind sie damit aber eher nicht, wie an den immer wiederkehrenden, stereotypen, verwechselbaren und teils sinnentleerten Plakaten zu Wahlzeiten zu erkennen ist.

Die Konsumentenverhaltensforschung – auch eine Wissenschaftsdisziplin – liefert dem Marketing grundlegende Theorien und Konzepte zum Verständnis darüber, wie Konsumenten ticken. Der Fokus der Forschung lag und liegt aber immer noch darauf, Erkenntnisse zu gewinnen, wie die Produktnachfrage stimuliert werden kann. Erklärungsansätze zum Konsumverzicht sind im 20. Jahrhundert dagegen nur vereinzelt in speziellen Bereichen entwickelt worden. Die Mainstream-Marketingforschung hat den Nichtkauf einfach als Ausbleiben eines Kaufs, eines ungewünschten Ereignisses, interpretiert. In diesen Fällen hat das Produkt nicht überzeugt. Konsumverzicht ist aber ein eigenständiges Phänomen, das durch spezifische, das Verzichtsverhalten beeinflussende Faktoren bestimmt wird. Entscheidungen werden getroffen für einen Verzicht, nicht gegen einen Produktkauf. Bei der Forschung zum Konsumverzicht geht es darum, den klassischen Fokus des Marketing auf den Produktkauf umzukehren und das Augenmerk auf den Verzicht zu lenken.

Das methodische Problem, den Konsumverzicht wissenschaftlich zu erforschen, liegt nun darin begründet, dass ein Verzicht im Gegensatz zum Kauf eines Produkts nicht beobachtet werden kann. Eine Verzichtsentscheidung findet nur in den Köpfen von Konsumenten statt, die sich so nutzloser Produkte entledigen. Die Ergebnisse von Kaufentscheidungen sind dagegen sehr gut zu erkennen. Zum Beispiel im

Einkaufswagen oder auf den Kassenbons. Nur ein Vergleich von Konsummengen bzw. Konsumausgaben von genügsamen mit denen von verschwenderischen Konsumenten kann Aufschlüsse zu den Verzichtsgründen liefern. Auf der individuellen Ebene ist der Konsumverzicht ein latenter, also nicht direkt beobachtbarer Lebensstil, der sich in der Psyche des Einzelnen in Form von spezifischen Mustern aus Werten, Überzeugungen, Emotionen und Einstellungen realisiert.

Freiwillig werden Konsumenten nur dann auf Produkte verzichten, wenn sie sich vom Verzicht einen höheren Nutzen versprechen im Vergleich zum Produktbesitz. Doch was könnte als »psychische Belohnung« dafür infrage kommen, auf ein bestimmtes Produkt zu verzichten? Ohne eine Belohnung zu bekommen, ohne einen Nutzen oder einen Vorteil zu haben, wird kein Konsument auf irgendetwas verzichten. Der Verzicht muss dem Konsumenten einen höheren Wert vermitteln als der Produktbesitz. Forschungsansätze zum Verzicht auf gesundheitsgefährdende Produkte wie Zigaretten und Alkohol sowie zum sparsamen Umgang mit Energie haben eine lange Tradition im Marketing. Der persönliche Nutzen des Verzichts gesundheitsgefährdender Produkte ist klar erkennbar, das Krankheits- und Sterberisiko sinkt beträchtlich. Und wer Energie spart, spart nicht nur Geld, sondern schützt zudem die Umwelt und das Klima. Aber wie kann man sich den persönlichen Nutzen vorstellen, beispielsweise auf eine Mikrowelle oder einen Kaffeeautomaten zu verzichten? Und worin könnte der Mehrwert liegen, statt vier Paar Schuhe im Jahr nur noch ein Paar zu kaufen? In einer empirischen Studie von 2020[5] konnte festgestellt werden, dass genügsame Konsumstile nicht als ein Opfer empfunden werden, auch nicht als Entbehrung oder Verlust, sondern als ein Zugewinn persönlichen Wohlbefindens. Danach werden Konsumenten dann auf bisher gekaufte und genutzte Produkte verzichten, wenn sie sich ohne diese Produkte besser fühlen.

Erst mit Beginn des 21. Jahrhunderts hat sich innerhalb der Konsumentenverhaltensforschung ein neues Paradigma etabliert, die Konsumverzichtsforschung *(Anti-Consumption Approach).*[6] Das geschah unter dem Eindruck einer zunehmenden Ausbeutung von natürlichen Rohstoffen und des globalen Klimawandels, verbunden mit der Einsicht, dass der private Konsum dabei eine unrühmliche Rolle spielt. Die dominante Ausrichtung des kommerziellen Marketing auf die Bedürfnisse einer wachsenden Weltwirtschaft und die Schaffung materiellen Wohlstands erfährt durch das Anti-Konsum-Paradigma eine kritische, auf die ökologische Notwendigkeit einer schrumpfenden Wirtschaft gerichtete Gegenposition. Im Hinblick auf das ökonomische Wohlstandsmodell hat sich auch in Deutschland ein kritischer gesellschaftlicher Diskurs entwickelt, der die vorherrschende Dominanz des Bruttoinlandsprodukts (BIP) als alleiniger Wohlstandsindikator infrage stellt und durch eine Fokussierung auf das allgemeine Wohlbefinden, die Lebensqualität und die Lebenszufriedenheit der Menschen als Ziel des gesellschaftlichen und wirtschaftlichen Handelns ergänzt sehen möchte.

Ablehnung verschwenderischen Konsums

In einer Welt begrenzter Ressourcen kann es kein unbegrenztes Wirtschaftswachstum geben. Vielmehr ist eigentlich nicht zu sagen, um darauf hinzuweisen, dass Verschwendung für Natur und Klima Gift ist. Auch die nachwachsenden Rohstoffe auf der Erde sind begrenzt und nur auf ihrer höchsten Biokapazität zu halten, wenn nachhaltig gewirtschaftet wird. In reichen Ländern konsumieren zu viele viel zu verschwenderisch. Den Blick auf eine Vermeidung unersättlicher Konsumstile zu lenken, ist dringend erforderlich, will die Menschheit noch die Kurve kriegen. Wichtig wäre, dass auch reiche Menschen sich beim Konsum auf das wirklich Nötige und Nützliche beschränken. Ein durchgreifender Verzicht auf den Konsum nutzloser Dinge ist angesagt.

Konsumverzicht umfasst nach der internationalen Literatur zum Antikonsum *(Anti-Consumption*[7]*)* unterschiedliche, einen verschwenderischen Konsum ablehnende Einstellungen und Lebensstile.[8] Die Gründe für einen Konsumverzicht sind sehr vielfältig. Dazu gehören individuelle Motive nach Autonomie, Selbstbestimmung und Selbstverwirklichung sowie eine Stärkung des Selbstwertgefühls und der persönlichen Identität.[9] Aber auch soziale (z. B. politische Veränderungen herbeizuführen[10]) und ökologische (z. B. dem Klimawandel Einhalt zu gebieten) Motive spielen dabei eine bedeutende Rolle. Freiwillig auf Konsum zu verzichten, ist ein Lebensstil, der sich in der Ablehnung und im Widerstand des Individuums gegen dominante Werte und Normen einer Konsumgesellschaft als Ganzes ausdrückt sowie auf die Verteidigung, Aufrechterhaltung und Entfaltung persönlicher Selbstbestimmung, Selbstwirksamkeit und Autonomie gerichtet ist.

Hinsichtlich der Gründe, auf Konsum zu verzichten, können grob zwei Gruppen unterschieden werden: Die eine Gruppe umfasst Menschen, zu deren Lebenszufriedenheit und Glück der Konsum keinen Beitrag liefert. Diese Personen konsumieren genügsam, ohne aber den Konsum gänzlich infrage zu stellen. Güter, die für das Leben notwendig und nützlich sind werden weiterhin gekauft. Auf alles andere wird ohne jegliche Verlust- oder Entbehrungsgefühle problemlos verzichtet. Im Gegensatz dazu stellen Personen der anderen Gruppe grundsätzlich das kapitalistische Wirtschaftssystem infrage, da es aus ihrer Sicht verantwortlich ist für soziale Ungerechtigkeit, Armut und die Ausbeutung der Natur. Die mit dem kapitalistischen Wirtschaftssystem[11] einhergehende Kultur des Konsumierens wird von ihnen aus ideologischen Gesichtspunkten grundsätzlich abgelehnt.[12] Dieses Buch konzentriert sich auf die erste, größere der beiden Gruppen, auf die genügsamen Konsumenten.

Genügsame Konsumenten lehnen verschwenderischen Konsum ab und verzichten freiwillig auf den Kauf und die Nutzung von solchen Gütern, die sie persönlich als entbehrlich, nutzlos, unnötig oder sogar als schädlich einschätzen. Gebrauchsgüter, die weiterhin benötigt werden, nutzen genügsame Konsumenten so lange wie nur möglich, um unnötige Wiederbeschaffungen zu vermeiden. Der Konsum wird von diesen Personen nicht grundsätzlich abgelehnt, aber auf das Notwendige und Nützliche beschränkt. Der genügsame Konsumstil wird international als *Lifestyle of Voluntary Simplicity* (freiwillige Einfachheit) bezeichnet.[13] Genügsame Menschen verzichten freiwillig auf potenziell finanzierbare Konsummöglichkeiten.

In der deutschen Sprache ist Verzicht negativ konnotiert und mit Begriffen wie »Opfer«, »Entbehrung«, »Verlust«, »Einbuße« und »Askese« verbunden. Für genügsame Konsumenten trifft dieses Verständnis nicht zu. Sie entbehren nichts und machen beim Konsum keine Abstriche. Sie kaufen und nutzen einfach keine Dinge, die sie nicht wirklich benötigen. Dass viele um sie herum deutlich mehr als sie konsumieren und dass die Werbung täglich in den Medien psychischen Druck zum Kauf von Gütern erzeugt, prallt an ihnen ab. Zudem ist es den genügsamen Konsumenten sehr fremd, über den Besitz von Konsumgütern Macht, Status und Einfluss zu demonstrieren.

Konsumverzicht bedeutet, freiwillig weniger zu konsumieren, als es die persönliche finanzielle Situation ermöglichen würde.

Grundsätzlich spielt im Leben dieser Personen der Konsum nur eine untergeordnete Rolle und ist für deren Selbstwertempfinden und Zufriedenheit nur von geringer Relevanz. Genügsam zu leben, bedeutet für sie kein Verzicht. Es ist aus der Perspektive dieser Konsumenten eine völlig rationale, mit ihrem Weltbild übereinstimmende Entscheidung, nutzloses, überflüssiges und natur- und klimaschädigendes Zeug nicht zu kaufen. Die Entscheidung darüber, was persönlich unnötig, überflüssig und nutzlos ist, trifft jeder für sich in freier Selbstbestimmung. Entscheidungen gegen den Kauf und die Nutzung bestimmter Güter sind nur bei Personen möglich, die auch objektiv auf etwas verzichten können. Dazu ist ein entsprechender finanzieller Spielraum erforderlich, der es ermöglicht, ohne persönliche Notlagen auf Güter verzichten zu können. Freiwillig genügsam lebende Menschen bleiben mit ihrem Konsum deutlich unter ihren finanziellen Möglichkeiten. Personen allerdings, die mit ihrem Einkommen gerade so über die Runden kommen, haben nichts, worauf sie verzichten könnten. Genügsamkeit ist ein freiwilliger Lebens- und Konsumstil, der auf eine substanzielle Reduzierung des persönlichen Konsumniveaus ausgerichtet ist. Erreicht wird das durch einen vollständigen Verzicht persönlich unnötiger Produkte sowie durch Verbrauchssenkung und lange Nutzungsdauern bei nötigen und nützlichen Produkten.[14]

In einer für Deutschland repräsentativen Studie von 2017 konnten hinsichtlich der Konsumhöhe bzw. -intensität fünf unterschiedliche Bevölkerungssegmente empirisch identifiziert werden.[15] In dieser Studie wurde das jeweilig verfügbare Haushaltseinkommen[16] der Anzahl im Haushalt verfügbarer hochwertiger Gebrauchsgüter[17] gegenübergestellt. Die Analyse zeigte, dass circa 14 Prozent der deutschen Haushalte mit überdurchschnittlich hohem Einkommen eine vergleichsweise geringe Ausstattung mit diesen Gebrauchsgütern aufwiesen. Diese Gruppe der *Voluntary Simplifier* bleibt also im Konsum deutlich unter ihren finanziellen Möglichkeiten. Ein anderes Segment von circa 13 Prozent der Bevölkerung, ebenfalls ausgestattet mit überdurchschnittlichem Einkommen, konsumiert erkennbar maßlos viel. Diese Haushalte verfügen über die mit deutlichem Abstand zu den anderen Gruppen höchste Ausstattung mit Gebrauchsgütern. Es macht den Eindruck, dass diese Personen alles, was sie finanziell aufbringen können (eventuell auch darüber hinaus), in den Konsum stecken. Die verbleibenden drei Segmente liegen auf einer Linie der Proportionalität zwischen Güterausstattung und Einkommen, zwei davon mit unterdurchschnittlichen Einkommen. Diese Studie macht deutlich, dass genügsamer Konsum keine romantisierende, die Wirklichkeit verklärende gedankliche Konstruktion ist, sondern Realität.

Selbstbestimmt auf Konsum verzichten

... eine Frage der Motivation

Motive sind die Gründe menschlichen Handelns. Sie geben Menschen Kraft, Antrieb und den Willen, eigene Bedürfnisse zu befriedigen. Bedürfnisse äußern sich in Wünschen und Ansprüchen sowie im Verlangen nach etwas. Ursachen dafür sind u. a. akute persönliche Mangelsituationen (u. a. Hunger) und Bedrohungen (u. a. Ängste), selbst empfundene persönliche Schwächen (u. a. Mathe) und Unzufriedenheit mit bestimmten Zuständen (u. a. Wohnsituation). Allgemein entsteht ein Bedürfnis aus dem Wunsch, eine Situation des Mangels bzw. der Entbehrung selbst zum eigenen Wohle zu beenden. Wer Hunger hat, kann sich ein gutes Essen wünschen und wer einsam ist, könnte sich gute soziale Kontakte wünschen. Je dringlicher und wichtiger ein Bedürfnis ist, desto stärker die Motivation, durch eigene Aktivitäten den Mangel bzw. die Entbehrung zu beseitigen und das Bedürfnis zu befriedigen. Mit der Befriedigung von Bedürfnissen stellen sich Glücks- und Zufriedenheitsgefühle ein.

Menschen, die sich auch für die Zukunft eine lebenswerte Welt wünschen, diese aber durch die globale Klimaerwärmung und das Artensterben bedroht sehen, werden motiviert sein, nach Wegen und Möglichkeiten zu suchen, durch eigenes, selbstbestimmtes Handeln zum Erhalt der Lebensgrundlagen beizutragen. Eine dieser persönlichen Handlungsoptionen, dabei mitzumachen, gemeinsam den Planeten zu retten, ist auf unnötigen Konsum zu verzichten. Dieser Lebens- und Konsumstil reduziert die Verschwendung natürlicher Ressourcen und leistet so einen wichtigen Beitrag zum Natur- und Klimaschutz. Die Motivation zum selbstbestimmten Konsumverzicht folgt diesem Bedürfnis nach Erhalt der Lebensgrundlagen für zukünftige Generationen.

Menschen haben eine Vielzahl von sehr unterschiedlichen Bedürfnissen, die je nach Situation unterschiedlich dringlich erscheinen können. Sie haben u. a. existenzielle Bedürfnisse nach ausreichender und gesunder Ernährung und bezahlbarem Wohnraum, soziale Bedürfnisse nach Teilhabe, Kontakten und Anerkennung, psychologische Bedürfnisse nach Selbstbestimmung, Kompetenz und Autonomie sowie Bedürfnisse hinsichtlich der Entwicklung und Entfaltung der eigenen Persönlichkeit und Talente.

Alle Bedürfnisse, egal, ob sie sich auf das eigene Glück oder den Schutz von Natur und Klima richten, steigern immer das persönliche Wohlbefinden, wenn sie befriedigt werden. Insofern handeln Menschen grundsätzlich eigennützig, auch dann, wenn sie ethisch motiviert sind und sich persönlich beispielsweise für mehr Tierwohl, soziale Gerechtigkeit und Umweltschutz engagieren. Mit der Befriedigung von ethischen Bedürfnissen, beispielsweise durch eine Mitgliedschaft in einer Tier- oder Umweltschutzorganisation, entfalten sich nicht nur Zufriedenheitsempfindungen bezüglich der beseitigten Mängel bzw. Entbehrungen. Nicht nur das Resultat, sondern auch der persönliche Einsatz kann angelagerte psychologische Bedürfnisse nach Selbstbestimmung und Zugehörigkeit befriedigen und für Wohlbefinden sorgen.

Ethisches Verhalten kann zu mehr Glück und Zufriedenheit beitragen, als rein auf den persönlichen Egoismus angelegte Bedürfnisbefriedigung.

Die Motivation von Menschen, selbstbestimmt, kompetent und engagiert Umwelt und Klima durch einen Verschwendung ablehnenden Konsumstil zu schützen, befriedigt nicht nur die Umwelt und Klima schützenden Bedürfnisse, sondern auch Bedürfnisse nach Selbstbestimmung und Selbstwirksamkeit. Die Motivation, durch freiwilligen Konsumverzicht einen eigenen Beitrag zum Umwelt- und Klimaschutz zu leisten, befriedigt sowohl ökologische als auch psychologische Bedürfnisse.

... eine Frage der Einstellung

Die Entstehung, Wirkung und Beeinflussung von Konsumeinstellungen ist seit den 1970er-Jahren sehr intensiv und umfassend wissenschaftlich untersucht worden.[18] Einstellung wird definiert als eine auf Wissen und Erfahrung beruhende psychische Bestrebung, wiederholt kontaktierte Personen und Objekte (u. a. bestimmte Marken) bzw. vielfach auszuübende Verhaltensweisen (u. a. nachhaltig einzukaufen) im Zeitablauf möglichst unverändert in gleicher Weise einzuschätzen bzw. zu beurteilen. In Einstellungen fassen Menschen ihr Wissen, ihre Erfahrungen und Überzeugungen sowie ihre Gefühlsempfindungen zu bestimmten Personen, Verhaltensweisen und Objekten im Gedächtnis komprimiert und schematisch zusammen. Eine Sportlerin kann beispielsweise als leistungsstark und sehr sympathisch, ein Politiker als unfähig und arrogant, eine Zeitung als informativ und anregend, Fußball als das Wichtigste auf der Welt und eine Produktmarke als passend zur eigenen Identität beurteilt werden. Einstellungen sind relativ stabil und andauernd, können aber durch neues Wissen und neue Erfahrungen vom Individuum verändert werden. Der Prozess der Einstellungsbildung und -änderung findet überwiegend unbewusst, beiläufig und dynamisch in der menschlichen Psyche statt.

Durch Einstellungen geben Menschen nicht nur zum Ausdruck, ob sie etwas gut oder schlecht finden. Auch Erwartungen darüber, ob bestimmte Personen, Objekte oder Verhaltensweisen dazu geeignet sind, eigene Bedürfnisse zu befriedigen, werden von Einstellungen erfasst. Ist die Erwartung hoch, dass persönliche Bedürfnisse befriedigt werden, dann ist auch die Einstellung zu diesen Personen, Objekten und Verhaltensweisen positiv. Wer Umwelt und Klima schützen möchte (Bedürfnis), hat eine positive Einstellung zum Kauf nachhaltiger Produkte und zum Verzicht auf unnützes Zeug.

Einstellungen sind für Menschen sehr wichtig, da sie die Alltagskomplexität reduzieren. Sie vereinfachen das Leben erheblich und entlasten bei vielen Entscheidungen. Haben Menschen sich eine Einstellung zu einer Person gebildet, dann können sie in der Folgezeit immer in gleicher Weise auf diese Person beispielsweise freundlich, desinteressiert oder abweisend reagieren, ohne sie bei jeder Begegnung immer wieder neu beurteilen zu müssen. Das wäre sehr mühsam und zeitintensiv und würde auch die sozialen Beziehungen belasten. Das Gleiche kann bei Marken beobachtet werden. Ist eine Einstellung zu einer bestimmten Marke vorhanden, dann ist vor einem Kauf dieser Marke keine zeitaufwendige Abwägung von Vor- und Nachteilen mehr nötig. Ist die Einstellung zu dieser Marke positiv, dann wird sie ausgewählt, ist sie negativ, dann bleibt sie im Regal liegen. Einstellungen sind sehr stabil und können auch von der Einstellung abweichende Erfahrungen abfedern. Letztlich werden durch stabile Einstellungen Gewohnheiten herausgebildet, die das Verhalten der Menschen sehr verfestigen und nur mit Mühe durch Maßnahmen der Aufklärung und Überzeugung geändert werden können. Gewohnheitsmäßiger Konsum erfolgt dann nahezu gedankenlos und reflexartig.

Einstellungen zum nachhaltigen Konsum sind auch schon recht lange Gegenstand der wissenschaftlichen Forschung.[19] Der Einfluss von Einstellungen auf Konsum im Allgemeinen und auf nachhaltigen Konsum im Speziellen, das zeigt die Forschung, ist relativ gering. Einstellungen erklären kaum mehr als 10 Prozent des Verhaltens von Menschen – oft sogar deutlich weniger. Werden Menschen nach ihrer Einstellung zu bestimmten Themen befragt, dann kann nicht davon ausgegangen werden, dass sie das auch ernst meinen, was sie geantwortet haben. Auf Fragen antworten Menschen auch immer strategisch. Vor jeder Antwort überlegen sie, welche die geschickteste ist. Das sind dann oft Antworten, die soziale Erwartungen aufnehmen und keine weiteren Begründungen oder Rechtfertigungen von ihnen verlangen. Bei Themen, die gesellschaftlich sehr hoch angesehen sind, wie der Umwelt und Klimaschutz in Deutschland, werden Antworten zur eigenen Einstellung dazu nahezu immer positiver ausfallen, als sie wirklich sind. Befragte verspüren in solchen Situationen einen sozialen Druck, konform zu antworten. Ähnlich verläuft der psychische Mechanismus bei Themen, über die in den Medien zeitweise sehr einheitlich berichtet wird. Umfragen dazu spiegeln dann weniger stabile Einstellungen der Befragten zu diesen Themen wider, sondern nur ein undifferenziertes Echo auf die jeweilige Berichterstattung.

Empfinden Menschen einen sozialen Druck durch geäußerte Erwartungen im Familien- und Freundeskreis, eine bestimmte Meinung anzunehmen oder ein bestimmtes Verhalten auszuüben, dann reagieren Menschen überwiegend mit Konformität. Sie passen sich diesen Erwartungen an. Das ist bequem, vermeidet Konflikte und ist stressfrei. Eine Minderheit aber sucht in solchen Situationen die Konfrontation und den Konflikt mit den sozialen Meinungsbildnern und machen genau das Gegenteil dessen, was von ihnen erwartet wird. Beide Verhaltensreaktionen, Konformität und Nonkonformität, entstehen durch Abhängigkeit von einer sozialen Norm bzw. einen sozialen Druck. Zwischen diesen beiden Reaktionspolen Konformität und Konfrontation befindet sich ein Bereich eigenständiger, sozial unabhängiger Meinungsbildung. Insofern sind auf Fragen geäußerte Einstellungen oft wenig nützlich, um daraus auf ein bestimmtes Verhalten schließen zu können. In der Wissenschaft wird dieses Phänomen als *Einstellungs-Verhaltens-Lücke* bezeichnet.

Menschen haben nicht nur einige wenige Einstellungen, sondern in der Regel sehr viele Einstellungen zu sehr unterschiedlichen Themen. Darüber hinaus ist der Mensch auch in der Lage, sehr kurzfristig zur Beantwortung einer ihm gestellten Frage eine eigentlich nicht vorhandene stabile Einstellung ad hoc zu konstruieren. Kaum einer will sich die Blöße geben zuzugeben, von dem Thema keine Ahnung zu haben. Aus solchen spontan geäußerten Einstellungen werden auch keine Taten folgen. Die Vielzahl von unterschiedlichsten persönlichen Einstellungen befin-

Viele Menschen lassen ihren Worten keine Taten folgen. They don't walk their talk.

det sich nicht immer in einem harmonischen Zustand. Sie können in bestimmten Situationen in Konflikt geraten und sich teilweise sogar widersprechen. So kann eine positive Einstellung zum Kauf von Biolebensmitteln im Supermarkt in Konflikt geraten mit der Einstellung, immer preisgünstig einkaufen zu wollen. Einstellungs- bzw. Entscheidungskonflikte wie diese, bei denen es um die Abwägung zwischen einem persönlichen Vorteil (z. B. Geld sparen) einerseits und einem sozialen oder ökologischen Vorteil (z. B. Artenschutz) andererseits geht, werden als *soziales Dilemma* bezeichnet. Viele Studien zeigen, dass persönliche Vorteile in solchen Situationen oft dominant sind und den Konflikt für sich entscheiden. Bei der Abwägung zwischen egoistischen und ethischen Einstellungen setzen sich in der Regel die egoistischen durch. Eigennutz geht oft vor Umweltschutz.

So konnte in einer sehr aufschlussreichen Studie von Diekmann gezeigt werden, dass eine positive Einstellung zum umweltbewussten Verhalten nur dann dazu beitrug, weniger Heizungsenergie zu verbrauchen, wenn es sich finanziell lohnte.[20] Ein Spareffekt war nur bei Haushalten mit individueller Heizkostenabrechnung erkennbar und nicht bei denjenigen, die pauschal nach der Wohnfläche veranlagt wurden. Der persönliche Vorteil, Geld sparen zu können, hatte in dieser Studie also einen deutlich höheren umweltfreundlichen Effekt als die Einstellung, die Umwelt schützen zu wollen.

Nur dann, wenn umweltfreundlicher Konsum nichts oder nur wenig kostet, zeigt eine positive Einstellung zum Umweltschutz Wirkung.

Oft sind es höhere Preise für nachhaltige Produkte, die auf eine relativ geringe Bereitschaft stoßen, diese zugunsten von Umwelt und Klima zu zahlen. Es sind aber nicht nur höhere Preise nachhaltiger Angebote, sondern auch die oft damit verbundenen Änderungen persönlicher Gewohnheiten, die den Kauf bzw. die Nutzung dieser Güter erschweren oder sogar verhindern. Unabhängig von der Kostenersparnis wird sich eine Person, die immer schon gerne Fleisch gegessen hat, schwertun, auf Fleisch zu verzichten. Die zwangsläufigen Änderungen von lieb gewordenen Gewohnheiten sind auch ein ganz wesentlicher Grund dafür, nicht vom eigenen Pkw auf den öffentlichen Nahverkehr zu wechseln. Um die eigene Bequemlichkeit nicht als Grund umwelt- und klimaschädigenden Konsums zugeben zu müssen, legen sich Konsumenten gerne Ausreden zurecht, um dieses Verhalten »rational« zu rechtfertigen. Sehr beliebt ist die Rechtfertigung, dass der persönliche Beitrag zum Umwelt- und Klimaschutz durch einen nachhaltigen Konsum vernachlässigbar gering ist und schon deshalb keinen Sinn macht. Die Formulierung »Bringt doch nichts! « ist oft zu hören.[21] Misstrauen und Zweifel darüber, ob andere nachhaltig konsumieren, stellt eine weitere Rechtfertigungsvariante dar. Wenn die meisten nicht nachhaltig handeln, so die Argumentation, dann gibt es für den Einzelnen auch keinen Grund, das zu machen.

Ein Konsumverzicht kann nur stattfinden, wenn bewusst Entscheidungen gegen den Kauf bestimmter Güter getroffen werden. Das setzt voraus, dass abgewogen werden muss zwischen den Vorteilen eines Produktkaufs und den Vorteilen, auf ein Produkt zu verzichten. Liegt eine positive Einstellung für ein Produkt bzw. für eine Marke vor, dann finden solche Abwägungen zwischen Kauf und Verzicht gar nicht erst statt. Bei Gewohnheitskäufen wird nur noch diese Einstellung abgerufen und automatisch im Kauf des Produkts umgesetzt, ohne die Notwendigkeit eines Kaufes zu hinterfragen. Diejenigen, die aus Gewohnheit verschwenderisch konsumieren, werden nicht oder nur sehr bedingt fähig und willens sein, freiwillig auf diese Gewohnheiten zu verzichten. Positive Einstellungen zum Konsum und die daraus folgenden Konsumgewohnheiten machen es sehr schwierig, Menschen, die gerne einkaufen gehen, Spaß daran haben und Konsum genießen, davon zu überzeugen, dass ein erfülltes Leben auch mit weniger Konsum möglich ist.

Nachhaltig ist eine gesellschaftliche Entwicklung *(Sustainable Development)*, die zukünftigen Generationen die gleichen Lebenschancen und Entfaltungsmöglichkeiten bietet, wie diejenigen, die aktuell lebende Generationen vorgefunden haben (Prinzip der *intergenerativen Gerechtigkeit*). Darüber hinaus muss eine nachhaltige Entwicklung auch für einen Wohlstandsausgleich zwischen armen und reichen Ländern Sorge tragen (Prinzip der *intragenerativen Gerechtigkeit*). Beide Gerechtigkeitsprinzipien sind verständlich und gut nachvollziehbar in ihrem Anliegen. Als Richtschnur für konkrete Maßnahmen und Konsumaktivitäten eignen sie sich jedoch nicht. Dazu sind die Prinzipien der *Generationengerechtigkeit* viel zu abstrakt. Um eine nachhaltige Entwicklung durch auf Ziele gerichtete konkrete Maßnahmen und Aktivitäten umsetzen zu können, wurden 2015 in New York von den Mitgliedstaaten der Vereinten Nationen 17 Nachhaltigkeitsziele mit jeweils konkreten Unterzielen und Maßnahmen beschlossen (*Sustainable Development Goals*, SDG).[22] Das zwölfte SDG fordert nachhaltige Produktionsprozesse und Konsumstile.

In Anlehnung an das allgemeine Verständnis einer nachhaltigen Entwicklung wurde 2013 von einer Forschergruppe ein konzeptuelles Modell des Bewusstseins für einen nachhaltigen Konsum entwickelt (sogenanntes *CSC-Modell*), das die Aspekte ökologischer *(Planet)*, sozialer *(People)* und ökonomischer *(Prosperity)* Nachhaltigkeit aufnimmt.[23] Dieses Modell ist inzwischen international anerkannt und in sehr vielen Studien weltweit mit Erfolg zur Analyse nachhaltigen Konsums eingesetzt worden. Nach diesem Modell erfasst das CSC-Bewusstsein die Stärke der Bereitschaft eines Individuums, im Einklang mit dem Wohlbefinden von Umwelt und Gesellschaft verantwortungsvoll zu konsumieren. Im Unterschied zu Konsumeinstellungen, die auch emotional und bewertend geprägt sind, fußt das Konsumbewusstsein auf Überzeugungen und Präferenzen nachhaltiger Konsumformen und hat insofern eine starke Handlungsorientierung.[24] Die Ausführungen in diesem Buch fokussieren sich auf die ökonomische Dimension nachhaltigen Konsumverhaltens. Darunter wird die Einschätzung von Konsumenten verstanden, ob sie es für nötig halten, ein Produkt zu kaufen und dafür Geld auszugeben, oder ob sie auf dieses Produkt verzichten wollen, weil es ihnen zu wenig oder nichts wert ist, um dafür etwas zu bezahlen. Es ist also das Bewusstsein zum Konsumverzicht. Der Verzicht bezieht sich auf unnötige und finanziell stark belastende Produkte sowie auf einen Verzicht auf Eigentumserwerb. Ein so verstandener Konsumverzicht trägt durch die Befriedigung von Bedürfnissen nach Unabhängigkeit und finanzieller Sicherheit zu mehr persönlichem Wohlbefinden bei.[25] Das Bewusstsein, auf Konsum verzichten zu können, umfasst drei spezielle Aspekte:[26]

- **Bewusstsein für einen genügsamen Konsum** *(Voluntary Simplicity)*: Genügsamkeit bezeichnet einen die Verschwendung ablehnenden Konsumstil. Gekauft und konsumiert werden nur solche Güter, die persönlich nützlich und notwendig sind.[27] Es ist der bekannteste und am häufigsten wissenschaftlich untersuchte, auf Konsum freiwillig verzichtende Lebensstil. Genügsame Konsumenten kaufen bewusst freiwillig signifikant weniger Produkte als der Bevölkerungsdurchschnitt, gekaufte Produkte werden überdurchschnittlich lange verwendet und nach der Nutzung möglichst einer Weiterverwendung zugeführt. In der deutschen Bevölkerung ist das Bewusstsein für Genügsamkeit über ein Nischendasein hinausgewachsen.[28]

- **Bewusstsein für einen schuldenfreien Konsum:** Dieser Konsumstil dient der Erhaltung und Sicherung der persönlichen finanziellen Stabilität und Unabhängigkeit. Diese Konsumenten leben nicht über ihre finanziellen Verhältnisse hinaus. Das bedeutet nicht, dass grundsätzlich keine Schulden gemacht werden. Eingegangene

Schulden müssen über gesicherte zukünftige Einkünfte gedeckt werden können. Für Konsumzwecke Schulden zu machen, wird generell abgelehnt. Grundsätzlich heizt Geld das Klima auf. Je mehr Geld Personen zum persönlichen Gebrauch zur Verfügung haben, desto wahrscheinlicher werden verschwenderische Konsumstile.

- **Bewusstsein für geteilten Konsum:** Dieser Konsumstil beschreibt eine mit anderen Personen gemeinsame Nutzung von Gütern, ohne dass persönliches Eigentum an diesen Gütern erworben wird. Dazu gehören Formen wie das Leihen, Leasen oder Mieten von Produkten. Neben kommerziellen Sharingangeboten gibt es im privaten Bereich vielfältige Formen des gegenseitigen Teilens. Statt um Eigentum geht es beim kollaborativen Konsum um Rechte an der Nutzung bzw. Erlaubnis zur Nutzung von Produkten. Geteilter Konsum senkt den personenspezifischen CO_2-Fußabdruck und ist insofern grundsätzlich nachhaltiger als eigentumsbasierter Konsum.

Genügsamer, kollaborativer und schuldenfreier Konsum ist *suffizient*, das heißt in absoluten Mengeneinheiten ressourcensparend. Hingegen handelt es sich bei der *Ökoeffizienz* immer um eine in Bezug auf die bezogene Leistungseinheit relative Einsparung an Ressourcen. Durch einen vollständigen und dauerhaften Verzicht auf den Kauf bestimmter Produkte fallen die für die Herstellung dieser Produkte benötigten Ressourcen nicht an oder machen bei einer geteilten Nutzung nur noch einen Bruchteil dessen aus, was mit einem Eigentumserwerb verbunden wäre. Bei einem partiellen Verzicht, wenn ein Produkt in geringeren als allgemein üblichen Mengen oder in größeren Zeitabständen gekauft und länger genutzt wird, kann die Ressourceneinsparung weiterhin beachtlich sein. Sie ist allerdings geringer als bei einem vollständigen Kaufverzicht. So können Personen beispielsweise auf Flugreisen vollständig oder teilweise verzichten, Bekleidungsstücke und das Smartphone länger nutzen und einen kaputten Staubsauger nicht gleich zum Recyclinghof bringen und einen neuen kaufen, sondern reparieren lassen.

Diese drei Konsum reduzierenden Verhaltensstile werden durch das CSC-Bewusstseinskonzept abgedeckt. Aussagen über die Verbreitung und Wirkung dieses Bewusstseins werden dadurch ermöglicht. In einer Studie von 2016 konnte empirisch gezeigt werden, dass das Bewusstsein für einen einfachen, genügsamen Konsumstil *(Voluntary Simplicity)* vor impulsiven, unüberlegten Einkäufen schützt und den Wunsch, möglichst viele Gebrauchsgüter zu besitzen, deutlich abschwächt.[29] Zudem zeigte sich auch, dass genügsame Personen Konsum auf Pump ablehnen. In Deutschland gibt es ein Bevölkerungssegment, das auf unnötige und nutzlose Produkte verzichtet, obwohl es über ein überdurchschnittlich hohes Einkommen verfügt. Eine Analyse von 2017 einer für Deutschland repräsentativen Stichprobe kommt zum Ergebnis, dass gut 14 Prozent der Bevölkerung einem auf Genügsamkeit ausgerichteten Konsumstil folgen.[30] In dieser Studie wurde das persönliche Haushaltseinkommen mit der Anzahl im Haushaltsbesitz befindlicher langlebiger Gebrauchsgüter (u. a. Pkws, Tablets, Smartphones) in Relation gesetzt. Ein anderes Segment der Bevölkerung scheffelt dagegen mit seinem auch sehr hohen Einkommen alles ein, was ihm die Konsumwelt zu bieten hat. Diese beiden sehr gegensätzlichen Gruppen sind der Studie zufolge etwa gleich groß und umfassen jeweils rund 14 Prozent der Bevölkerung. Dazwischen gibt es noch weitere Bevölkerungssegmente in Deutschland, bei denen die Konsumausgaben proportional mit dem Einkommen steigen. Dort gibt es eine gewisse Balance zwischen Konsum und Einkommen. Hierzu gehört auch eine Gruppe von rund 12 Prozent einkommensschwache Bürger in Deutschland, für die Verzicht nicht immer möglich ist.[31] Die große Mehrheit von 73 Pro-

Auf Konsum zu verzichten ist die finanziell günstigste Form, nachhaltig zu handeln.

zent der Bevölkerung sind Zu-viel-Konsumierer. Sie kennzeichnet verschwenderische, nicht klimafreundliche Konsumgewohnheiten. Die Entscheidung zum freiwilligen Verzicht auf persönlich unnötige und nutzlose Güter hängt nach der Studie weniger von der Höhe des Einkommens ab, sondern es ist eine Frage der Haltung. Wenn man etwas zum Verzichten hat, wie rund 80 Prozent der Bevölkerung, dann kostet Verzicht kein Geld, sondern spart Geld.

... eine Frage der persönlichen Werte

In Werten *(Human Values)* äußern sich Wünsche und Vorstellungen darüber, was Menschen für ihr Leben anstreben, was ihnen wichtig ist und was sie gerne erreichen möchten. Dazu gehören Wünsche nach einer Familie, guten Freunden, Karriere, Wohlstand und einer intakten Natur genauso wie solche, in Freiheit, Frieden und Unabhängigkeit zu leben. Werte dienen den Menschen als Leitprinzipien für die Lebensplanung und bei wichtigen persönlichen Entscheidungen.[32] Werte werden innerhalb von menschlichen Gemeinschaften bzw. Kulturen von Generation zu Generation weitergegeben. Kulturen können aufgefasst werden als soziale Ordnungs- und Deutungssysteme, die das Denken und Handeln der Menschen grundlegend ausrichten. In Kulturen finden sich Menschen zusammen, die dieselben Werte teilen *(Shared Values)*. Sie haben ähnliche, miteinander kompatible Lebensvorstellungen und erwarten, dass diese als Grundlage des gesellschaftlichen Zusammenhalts von allen eingehalten werden. Eine Grundübereinstimmung in den Wertvorstellungen ist für ein friedvolles Zusammenleben von Menschen in einer Gemeinschaft zwingend erforderlich.

Die Wissenschaft geht davon aus, dass es nur relativ wenige Werte gibt, die in allen Kulturen weltweit nachweisbar sind. Unterschiede gibt es nur in den Prioritäten einzelner Werte, die sich allerdings im Laufe der Zeit verändern können. In diesem Zusammenhang wird vom Wertewandel gesprochen. Der Wissenschaftler Geert Hofstede hat beispielsweise herausgefunden, dass sich Menschen bestimmter Kulturen u. a. hinsichtlich der Akzeptanz von Machtausübung und Individualismus unterscheiden.[33] Die auf das Verhalten von Mitgliedern einer Kultur gerichteten gesellschaftlichen Erwartungen werden als soziale Normen bezeichnet. Dazu gehören u. a. Umgangsformen, Bekleidungsnormen und Rollenerwartungen.[34]

Werte, als tragende Säulen von persönlichen Lebensentwürfen und Zukunftsvorstellungen, geben dem Leben von Menschen einen Halt, einen Sinn, Perspektiven und Orientierung bei wichtigen Fragestellungen und Problemen. Es sind quasi die Leitplanken auf dem Weg zum erhofften persönlichen Glück. Einflüsse von Werten auf das Verhalten erfolgen weniger direkt, sondern mittelbar über die Einwirkung auf andere verhaltensbestimmende Faktoren wie Motive, Überzeugungen und Einstellungen. Insofern ist ihr Einfluss weniger in alltäglichen Kaufentscheidungen zu bemerken, sondern in der Herausbildung von dauerhaften Konsummustern und Lebensstilen erkennbar. So kann ein sportlicher Lebensstil an den Ernährungsgewohnheiten, an der Bekleidung, dem Güterbesitz und an den persönlichen Sport- und Freizeitaktivitäten erkannt werden. Genügsame Konsumstile, geleitet von Werten nach Selbstbestimmung, Unabhängigkeit, nach einer intakten Natur sowie einem erfüllten und sinnhaften Leben, können sich ausdrücken im Besitzstand (z. B. Lastenrad statt Pkw), an der Art gekaufter und genutzter Produkte (z. B. langlebige Bekleidung statt billige Massenware), an der Ablehnung bestimmter Produkte (z. B. Fleischkonsum) und in der Nutzung von Produkten (z. B. reparieren statt wegwerfen).

Eine sehr häufig zur Wirkung von Werten auf menschliches Verhalten genutzte Theorie ist das Modell universeller menschlicher Werte von Shalom Schwartz.[35] Dieses Wertemodell unterscheidet zehn Basiswerte, die in einem kreisförmigen Zusammenhang angeordnet sind und in vier Gruppen eingeteilt werden. In jeweils zwei dieser vier Wertegruppen befinden sich gegensätzliche Werte. Es sind zum einen

Werte, die auf eine Selbsterhöhung fokussieren (persönliche Leistung erbringen und Macht anstreben), zum anderen solche, die das Wohl anderer Menschen und das der Umwelt im Blick haben (Universalismus und Benevolenz). Andererseits stehen sich konservative Werte (Sicherheit, Konformität und Tradition) und Werte nach Ausloten persönlicher Veränderungen und Überwindung von Einschränkungen (Selbstbestimmung, Stimulation und Hedonismus) gegenüber.

In einer Analyse von 2019[36] auf der Basis einer repräsentativen Onlineumfrage unter 1.833 Konsumenten in Deutschland wurde untersucht, welche dieser zehn Schwartz'schen Werte die drei Aspekte der Ablehnung verschwenderischen Konsums nach dem CSC-Modell[37] – genügsamer, schuldenfreier und kollaborativer Konsum – beeinflussen. Danach fördern die Werte Universalismus, Sicherheit und Selbstbestimmung das Bewusstsein für einen genügsamen und schuldenfreien Konsum signifikant. Die Werte Macht und Stimulation begünstigen dagegen verschwenderischen Konsum. Universalismus ist ein das Selbst überschreitender, ethischer Wert, der dem Einzelnen darin Sinn gibt, Teil einer in Frieden, Solidarität und in Harmonie mit der Natur lebenden Menschheit zu sein. Universalismus, das zeigen viele wissenschaftliche Studien, spielt nicht nur für die Ablehnung von Verschwendung, sondern insgesamt für die breite Palette nachhaltigen Konsumentenverhaltens eine zentrale und dominante Rolle.

Universalismus ist die zentrale Werthaltung nachhaltigen Konsumentenverhaltens.

Selbstbestimmung ist ein Wert, der stark assoziiert ist mit dem Streben nach persönlicher Autonomie (Eigenverantwortung) und Unabhängigkeit (Entscheidungssouveränität). Im Mittelpunkt des Strebens nach Selbstbestimmung steht die grundsätzliche Ablehnung von Fremdbestimmung und nicht gewünschten sozialen, medialen und kommerziellen Beeinflussungsversuchen. Menschen, die ein selbstbestimmtes Leben führen, lehnen häufiger als andere ver-

Selbstbestimmung befähigt zum Konsumverzicht.

schwenderischen Konsum ab. Zum einen deshalb, weil sie befähigt sind, bedürfnisgerechte Produkte für sich auszuwählen, und zum anderen, weil sie sich weniger von sozialen Konsumerwartungen leiten lassen.

Eine Werthaltung, die auf persönliche Sicherheit setzt, unterstützt das Bestreben, finanziell nicht in Turbulenzen zu geraten. Diese Personen achten darauf, möglichst keine Güter auf Pump zu kaufen. Das Verlangen nach Stimulation fördert dagegen die Lust, neue Dinge zu entdecken und auszuprobieren. Diese Werthaltung puscht den Konsum hoch. Das Streben nach Macht, also die Möglichkeit zu haben, andere Personen auch gegen ihren Willen zu einem bestimmten Verhalten zu bewegen, das im Interesse des Machtausübenden liegt, steigert ebenso den persönlichen Konsum. Personen in Machtpositionen umgeben sich gerne mit luxuriösen Marken und Accessoires, die ihre Position und ihren Status sichtbar machen und unterstreichen sollen.

Ein freiwillig auf unnötige und nutzlose Güter verzichtendes Verhalten leitet sich nach dieser Studie ab aus einem ausbalancierten Wechselspiel zwischen egoistischen (Selbstbestimmung und persönliche Sicherheit) Werten einerseits und der ethischen, universalistischen Werthaltung andererseits. Der einem freiwilligen Konsumverzicht zugrunde liegende Universalismus ist gekoppelt mit dem Streben nach persönlicher Selbstbestimmung. Konsumverzicht findet seine psychischen Ursachen in den Werten, Motiven, Einstellungen und im Bewusstsein der Menschen. Es sind sowohl egoistische als auch ethische Motive, die Konsum verzichtende Verhaltensweisen bestimmen. Die neuere Forschung zeigt, dass freiwilliger Konsumverzicht die Menschen nicht unglücklich macht. Sie können sogar zufriedener sein als Personen, die maßlos konsumieren.[38] Der Verzicht auf unnötige und entbehrliche Güter wird vielfach als Zugewinn an Lebenserfüllung empfunden und nicht als Opfer, Entbehrung oder Verlust.

Das Entscheidungsverhalten von Konsumenten orientiert sich an Bedürfnissen (z. B. weniger Energie verbrauchen, Geld sparen), den damit gedanklich verbundenen Konsequenzen (z. B. geringere CO_2-Emissionen, keine Schulden haben) und den verhaltensleitenden Werten (u. a. Nachhaltigkeit, finanzielle Sicherheit). Bedürfnisse, Konsequenzen und Werte sind im Gedächtnis der Menschen assoziativ verbunden. So kann das Bedürfnis, sparsam zu wirtschaften, mental verknüpft sein mit der Überzeugung, mit dem Geld auszukommen, und der Vorstellung, ohne finanzielle Sorgen leben zu können. Die Vermeidung von Geldsorgen und finanziellem Stress steigert das persönliche Wohlbefinden. Diese gedanklichen Verknüpfungen von Bedürfnissen, Verhaltenskonsequenzen und Werten bzw. Lebenszielen im Gedächtnis werden als kognitive Zweck-Mittel-Ketten *(Means-End-Chains)*[39] bezeichnet.

Am Anfang dieser gedanklichen Verbindungen (Ketten) steht ein Bedürfnis, aus dessen Befriedigung Konsequenzen folgen. Stehen diese Konsequenzen im Einklang mit den Lebenszielen (Werten), dann werden die Menschen glücklich und zufrieden. Mit einer speziellen Erhebungsmethode können derartige individuellen gedanklichen Assoziationsketten erfasst und detailliert analysiert werden. Die psychischen Mechanismen individuellen Konsumverhaltens können so transparent gemacht und erklärt werden. Beispielsweise kann das Bedürfnis nach Konsumverzicht bewirken (Konsequenzen), das Klima zu schützen und das Selbstbewusstsein zu stärken, was sich wiederum deckt mit Werten nach einer intakten Umwelt und persönlicher Selbstbestimmung.[40]

In einer Studie aus dem Jahr 2018 wurden solche gedanklichen Zweck-Mittel-Zusammenhänge sowohl für die drei Konsumverzichtsstile nach dem CSC-Modell (genügsamer, kollaborativer und schuldenfreier Konsum) als auch für die drei dazu jeweils gegensätzlichen

Verhaltensweisen (maßloser, auf Eigentum fixierter und schuldenmachender Konsum) untersucht.[41] Die Studie zeigt, dass auf Konsum verzichtende Personen in der Hauptsache Glück und Wohlbefinden, Selbstbestimmung, persönliche Sicherheit, Umweltschutz und Verantwortungsübernahme für ihr Leben anstreben. Motiviert werden diese Personen zum Konsumverzicht durch die Absicht, Güter- und Geldverschwendung, Stress und Unordnung zu vermeiden und dem Konsum insgesamt weniger Raum in ihrem Leben zu geben. Im Vergleich dazu fällt bei den hemmungslos Konsumierenden auf, dass für sie Werte als Leitlinien der Lebensgestaltung und Zukunftsorientierung nur eine untergeordnete Rolle spielen. Während der Konsumverzicht in dieser Studie von einem recht differenzierten Spektrum an Werten hinterlegt ist, wird maßloser Konsum nahezu ausschließlich befeuert von der Vorstellung, Spaß, Vergnügen und Freude im Leben haben zu wollen. Übereinstimmend für beide Konsumstile ist der Wunsch nach Glück und Wohlbefinden. Die Wege dahin werden allerdings sehr unterschiedlich gesehen. Die einen sehnen sich nach einem erfüllten Leben in Selbstbestimmung und in Harmonie mit der Natur und für die anderen zählen nur die mit dem Konsum verbundenen Glücks- und Zufriedenheitsgefühle.

Eine Unterscheidung zwischen einerseits auf Konsum verzichtende und andererseits Konsum genießenden Personen ist natürlich sehr grob. Dazwischen gibt es viele Grautöne im Konsumverhalten. Die Studie von 2018 hat deshalb auch untersucht, ob diese beiden gegensätzlichen Gruppen – Konsumverweigerer und Konsumgenießer – noch differenzierter, insbesondere hinsichtlich ihrer Demografie, betrachtet werden können.[42] Es zeigte sich, dass die Gruppe der Konsumverweigerer in zwei Untergruppen aufgeteilt werden kann. In der einen Untergruppe befinden sich überwiegend ältere, gut ausgebildete Personen mit hohem Einkommen. Insbesondere wegen ihrer guten finanziellen Lage haben sie große Spielräume, freiwillig auf Güter zu verzichten, ohne sich bei den notwendigen und nützlichen Gütern einschränken zu müssen. Nur

Personen, die über ein Einkommen verfügen, das über die Deckung des Notwendigen und Nützlichen hinausgeht, können ohne Einbußen an Lebensqualität und Wohlbefinden auf andere Dinge verzichten *(finanzstarke freiwillige Konsumverzichter)*. Zu der anderen Untergruppe der Konsumverzichter gehören überwiegend junge Menschen, die über ein relativ geringes Einkommen verfügen. Das Streben nach finanzieller Sicherheit und persönlicher Vorsorge ist für diese Konsumenten das dominierende Motiv, auf Konsum zu verzichten. Die Entscheidung zum Konsumverzicht erfolgt hier nicht frei von finanziellen Zwängen. Dieser Konsumstil stellt in dieser Untergruppe eine Notwendigkeit dar, um persönlich finanziell über die Runden zu kommen *(finanziell genötigte Konsumverzichter)*.

Die Gruppe der Konsumgenießer kann auch in zwei Untergruppen aufgeteilt werden. Zur ersten Untergruppe gehören gut ausgebildete Personen, die nur über ein unterdurchschnittliches Einkommen verfügen. Auch wenn das Geld bei ihnen aktuell nicht immer ausreicht, um alle Konsumwünsche zu erfüllen, ist ihr Konsumverhalten vom Streben nach Besitz und sozialer Anerkennung geprägt *(sozial aufstrebende Verschwender)*. Zur zweiten Untergruppe der Konsumgenießer gehören ältere Personen mit hohem Einkommen. Sie konsumieren ungebremst aus Spaß, Lust, Freude und Genuss. Auf Konsum zu verzichten, ist für diese Untergruppe keine Option *(hedonistische Verschwender)*.

Freiwilliger Konsumverzicht wird nicht als Opfer, Verlust oder Einbuße an Lebensqualität empfunden, sondern als Zugewinn an persönlicher Lebenszufriedenheit.

Insgesamt zeigt die Studienlage, dass hoher Konsum nicht alle Menschen glücklich macht.[43]

In einigen Studien konnte sogar gezeigt werden, dass das Wohlbefinden bei freiwillig auf verschwenderischen Konsum verzichtenden Personen höher ist als bei den Vielkonsumierern. Verzichten Menschen auf Konsum, bleiben vielleicht einige materielle Konsumbedürfnisse auf der Strecke. Dafür sorgt aber insbesondere die

Befriedigung von psychologischen Bedürfnissen nach Selbstbestimmung, Handlungskontrolle und Unabhängigkeit durch einen Konsumverzicht für einen beachtlichen Zuwachs an persönlichem Wohlbefinden.[44]

Auf dem Weg zum freiwilligen Konsumverzicht

Die Handlungsfähigkeit ist wichtig

Nahezu jeder Einzelne kann durch persönlichen Konsumverzicht einen nützlichen Beitrag zum Schutze von Umwelt und Klima leisten. Einzelne Beiträge können klein sein, aber jeder Beitrag zählt auf dem Weg zur Klimaneutralität. Aus vielen kleinen Beiträgen ergibt sich, auf eine Bevölkerung wie in Deutschland hochgerechnet, eine beachtliche Menge an Ressourceneinsparung und Treibhausgasreduktion. Wer aus finanziellen Gründen seinen Konsum nicht weiter reduzieren kann, hat »gezwungenermaßen« schon genug zum Klimaschutz geleistet. Einsparungen im existenziell notwendigen Bereich kann keiner erwarten und fordern.

Eine positive Einstellung zum Umwelt- und Klimaschutz reicht in der Regel nicht für eine erkennbare Bereitschaft zum Konsumverzicht aus. Dazu liegen geäußerte Meinungen zum Umweltschutz und tatsächliches umweltschützendes Verhalten bei vielen Konsumenten sehr weit auseinander. In diesem Zusammenhang wird von einer Einstellungs-Verhaltens-Lücke gesprochen, die viele Ursachen haben kann.[1] Schuld daran, nicht nachhaltig zu konsumieren, sind dann beispielsweise hohe Preise für nachhaltige Produkte, Unbequemlichkeiten, die mit nachhaltigen Produkten verbunden sein können (z. B. Rückgabe von Pfandflaschen), Misstrauen, ob bestimmte Güter wirklich umweltfreundlich sind, die Annahme, dass andere sich auch nicht nachhaltig verhalten, und Zweifel daran, ob der eigene Beitrag zum Umwelt- und Klimaschutz wirklich zählt. Eine der häufigsten Ursachen für diese Lücke ist, dass Konsumenten schnell dazu neigen, ihre Möglichkeiten, durch eigenes Handeln wirkungsvoll die Umwelt- und das Klima schützen zu können, stark unterschätzen. Viele sind der Auffassung, dass mit veränderten Konsumgewohnheiten keine nennenswerte Verbesserung des Umwelt- und Klimaschutzes zu erreichen ist. Diese Vermutung rechtfertigt dann, die verschwenderischen Konsumgewohnheiten weiter zu pflegen.

Auch wenn das, was der Einzelne durch genügsamen Konsum zum Umwelt- und Klimaschutz beisteuern könnte, auf den ersten Blick vergleichsweise gering erscheinen mag, in der Masse einer Vielzahl von Konsumenten summieren sich diese Einzelbeiträge aber zu einer gewaltigen Größenordnung auf. Schon auf ein Kilogramm Rindfleisch zu verzichten, spart rund 13 Kilogramm CO_2 ein. Auf 40 Millionen Menschen hochgerechnet, würde dieser Verzicht eine Gesamtersparnis von 520.000 Tonnen CO_2 bewirken. »Kleinvieh macht auch Mist«, besagt ein deutsches Sprichwort. Wie das funktioniert, ist bei Heuschrecken sehr gut zu beobachten. Eine einzelne Heuschrecke frisst nur in einer Größenordnung von circa 23 Gramm pro Tag. Ein Schwarm von Hunderten Millionen Heuschrecken kann aber innerhalb kurzer Zeit riesengroße Anbauflächen zerstören und Ernten vernichten.

Wie das »aus wenig wird viel« funktionieren kann, ist auch in der Wirtschaft gut zu beobachten. Beispielsweise verdienen große Konzerne des Lebensmitteleinzelhandels in Deutschland an einem Euro Umsatz rund 2 bis 5 Cent (sogenannte Umsatzrendite). Das ist wahrlich nicht viel. Die hohen Umsätze allerdings sorgen trotzdem für gute Gewinne. Dieser Vergleich von Konsumentenverhalten und Unternehmensführung hinkt natürlich. Unternehmen können ihre Aktivitäten autonom steuern und kontrollieren. Sie sind dabei nicht von anderen abhängig. Der einzelne Konsument kann aber nur über sein eigenes Verhalten entscheiden, nicht über das anderer. Damit durch persönlichen Konsumverzicht der Umwelt und dem Klima nachweisbar geholfen werden kann, müssen sich sehr viele daran beteiligen, sonst funktioniert das nicht ausreichend gut. Und damit viele mitmachen, müssen sie einander vertrauen. Nur wenn Menschen sich gegenseitig vertrauen, gemeinsam ihre verschwenderischen Konsumgewohnheiten einzustellen, dann kann sich daraus eine Massenbewegung formieren. Aktuell hegen die Menschen aber eher Misstrauen anderen gegenüber. Wer nicht darauf vertraut, dass andere auf Konsum verzichten, wird selbst auch nicht verzichten.[2] Keiner will »der Dumme« sein.

Konsumverzicht erfordert also mehr als nur ein verbales Bekenntnis zum Umwelt- und Klimaschutz. Hinzukommen muss noch die Überzeugung, auch persönlich Verantwortung zum Erhalt einer intakten Natur zu tragen. Wer sich nicht selbst in der Verantwortung sieht, schiebt gerne anderen die Verantwortung dafür zu und konsumiert ungebremst weiter wie bisher. Verantwortung für die Umwelt und das Klima übernehmen und beides schützen zu wollen, sind schon gute Voraussetzungen für genügsame Konsumstile. Damit aber der persönliche Wille zum Umwelt- und Klimaschutz nicht Gefahr läuft, ins Leere zu gehen, sollten Kenntnisse über schädliche Konsequenzen des eigenen Konsums auf die Umwelt und das Klima vorhanden sein. Wer über dieses Wissen verfügt, weiß, dass eine Fahrt mit dem eigenen Pkw oder eine Urlaubsreise mit dem Flugzeug deutlich mehr CO_2-Emissionen verursacht als eine Fahrt mit der Bahn oder dem Bus. Auf Fahrten mit dem Pkw und auf Flugreisen zu verzichten, kommt dem Klima zugute.

Dennoch, eine positive Einstellung zum Umwelt- und Klimaschutz, die Übernahme der Verantwortung dafür und ein ökologisches Wissen reichen für einen auf Konsum verzichtenden Lebensstil immer noch nicht aus. Dazu fehlt noch die persönliche Handlungsfähigkeit. Die Überzeugung, selbstbestimmt und wirkungsvoll persönlich zum Umwelt- und Klimaschutz beitragen zu können, wird als wahrgenommene Selbstwirksamkeit bezeichnet *(Perceived Self-Efficacy)*. Menschen, die ihre Selbstwirksamkeit als sehr gering bis nicht vorhanden einschätzen, werden definitiv ihren Lebens- und Konsumstil nicht zugunsten von Umwelt und Klima ändern. Die Auffassung, dass eigenes Handeln zum Umwelt- und Klimaschutz wirkungslos und insofern vernachlässigbar ist, wird zur Rechtfertigung, nichts zu machen. Die grundlegende Theorie zur Selbstwirksamkeit stammt von Rotter[3] mit seinen Beiträgen zum Konzept der wahrgenommenen Verhaltenskontrolle *(Perceived Locus of Control)*.

Personen, die davon überzeugt sind, ihr eigenes Leben selbstbestimmt gestalten zu können (interne Kontrollüberzeugung), schätzen dementsprechend ihre Selbstwirksamkeit als hoch ein. Diese Personen fühlen sich in der Lage, das eigene Leben selbst in die Hand zu nehmen. Für persönliche Misserfolge machen sie keine anderen Personen oder Institutionen verantwortlich, sondern stehen zu ihren Fehlern. Diese Menschen sind befähigt, selbstbestimmt und souverän den eigenen Bedürfnissen und Interessen folgend zu handeln. Auch dort, wo sie sich sozial und ökologisch einbringen, empfinden sie eine hohe persönliche Selbstwirksamkeit.[4] Hingegen erkennen Personen mit externer Kontrollüberzeugung kaum bzw. keine Möglichkeiten, in die Geschicke ihres Lebens eingreifen zu können. Sie glauben, dass ihr Leben von »externen Kräften«, denen sie willenlos ausgesetzt sind, zufällig (z. B. Glück) oder bewusst (z. B. Politik) gelenkt wird.[5] Sie halten sich fest an der Auffassung, selbst nur ein Spielball des Schicksals oder fremder Mächte zu sein. Ihr Leben stellt sich dar als das Ergebnis zahlreicher Zufälle und Ereignisse, auf die sie keinerlei Einfluss haben. Deshalb empfinden sie für persönliche Misserfolge oder misslungene Lebensphasen keine eigene Schuld, sondern suchen sie woanders (z. B. »die da oben sind schuld«). Dementsprechend schätzen extern kontrollierte Personen auch ihre Fähigkeiten, wirksam die Umwelt und das Klima schützen zu können, als äußerst gering bzw. nicht vorhanden ein. Extern kontrollierte Menschen empfinden auch keine

Nach der Theorie der wahrgenommenen Verhaltenskontrolle sind es persönliche Charaktereigenschaften, die darüber entscheiden, ob sich eine Person als ein selbstbestimmtes oder als ein fremdbestimmtes Wesen einschätzt.

Schuld am Klimawandel. Schuld daran sind andere, beispielsweise die Politik und die Wirtschaft. Der Politik und der Wirtschaft Versagen im Umwelt- und Klimaschutz vorzuwerfen, selbst aber nichts dafür zu tun und nur zu meckern und sich zu empören, hilft dem Klima nicht.

Gefühle von Fremdbestimmung und Handlungsohnmacht hemmen bzw. blockieren jegliche Bereitschaft, genügsam zu konsumieren.

Konsumenten verfügen über ein hohes Potenzial an Handlungsfähigkeit im Klima- und Umweltschutz, wenn sie über entsprechendes Wissen verfügen und der Überzeugung sind, selbstbestimmt und effektiv agieren zu können. Die Befähigung zum selbstbestimmten, bedürfnisgerechten und souveränen Entscheiden und Handeln von Konsumenten wird als *Empowerment* bezeichnet. Allerdings ist nicht jede Entscheidung schon deshalb »selbstbestimmt«, weil ein Konsument sie persönlich trifft. Entscheidungen sind nur dann selbstbestimmt, wenn sie auf authentischen Bedürfnissen und Interessen beruhen, die nicht durch externe, kommerzielle oder soziale Einflüsse fremdgesteuert sind. Selbstbestimmte Konsumentscheidungen befriedigen entsprechende Konsumbedürfnisse in hohem Maße und fördern dadurch die Zufriedenheit und das Wohlbefinden. Insofern werden Personen, die sich aus eigenem Antrieb entschieden haben, freiwillig auf Konsum zu verzichten, glücklich und zufrieden mit dieser Entscheidung sein.

Das Streben nach Handlungsfähigkeit und Selbstbestimmung, so die Studienlage, motiviert Personen nicht nur zum Kauf und zur Nutzung nachhaltiger Produkte, sondern auch zum freiwilligen Verzicht. Aus einer für Deutschland repräsentativen empirischen Studie geht deutlich hervor, dass die Selbstwirksamkeit nach dem Konzept der internen/externen Kontrolle von Rotter[6] einen signifikanten Einfluss auf das Energiesparverhalten ausübt.[7] Intern kontrollierte, von ihrer Selbstwirksamkeit überzeugte Personen sind beim Energiesparen (u. a. Heizen) deutlich aktiver als Personen mit geringer Selbstwirksamkeit, für die Energiesparen eine Sache des Staates und der Regierung ist.

Ermächtigung zur Genügsamkeit

Selbst entscheiden und umsetzen, was richtig und gut ist

In der Abwägung zwischen den persönlichen Vorteilen bestimmter Konsumgewohnheiten einerseits und ihrem Nutzen für die Umwelt und das Klima andererseits (sogenanntes Soziales Dilemma) setzen sich die egoistischen Interessen durch. Zulasten persönlicher Bedürfnisse entscheidet sich keiner für den Umwelt- und Klimaschutz. Nur dann, wenn nachhaltige Konsumformen auch als persönlich nützlich empfunden werden, hat umwelt- und klimafreundliches Konsumverhalten eine Chance. Insofern setzt ein selbstbestimmtes, natur- und klimabewusstes Leben die Überzeugung voraus, dass nachhaltiges (ethisches) Handeln nicht nur der Gesellschaft und der Umwelt hilft, sondern auch persönlich nützlich ist, denn eine intakte Natur und ein stabiles Klima sind die notwendigen Voraussetzungen menschlichen Lebens auf der Erde. Sie dienen u. a. der persönlichen Gesundheit, der Erzeugung notwendiger Lebensmittel und dem Schutz vor Überschwemmungen, Dürren und Waldbränden. Diese Lebensgrundlagen langfristig zu erhalten, liegt in der Verantwortung und im Interesse aller Menschen. Daraus folgt, dass jeder Mensch auch das ihm Zumutbare zum Schutz der Erde leisten sollte. Sich dieser Verpflichtung zum Schutz von Umwelt und Klima zu entziehen und sie auf andere, die Politik, die Wirtschaft oder die »Superreichen«, überzuwälzen sollte mit dem eigenen Gewissen kaum zu vereinbaren sein. Persönlicher Umwelt- und Klimaschutz erfordert einen hohen Grad an persönlicher Selbstbestimmung. Erwartungshaltungen, dass andere die Klimaprobleme schon richten werden, blockieren dagegen eigenes Engagement.

Selbstbestimmte Menschen sind bestrebt, die Herausforderungen ihres Lebens möglichst eigenständig zu bewältigen. Sie vertrauen darauf, selbst am besten zu wissen, was sie wollen, was für sie gut ist und wie sie das erreichen können (Selbstwirksamkeit). Für den Eintritt persönlich misslicher Ereignisse oder Zustände fühlen sie sich zuallererst selbst verantwortlich und geben nicht dem Schicksal, den Umständen oder der Politik die Schuld daran. Selbstbestimmtes Handeln muss dennoch nicht immer erfolgreich sein. Irrtümer, Fehlentscheidungen und Fehlverhalten gehören zur menschlichen Natur. Eine Entscheidung bzw. Handlung kann dann als fehlerhaft bezeichnet werden, wenn sie im Ergebnis nicht zu dem führt, was gewollt war. Diese Erfahrung hat jeder schon mal gemacht. Allerdings können die Häufigkeit und die Tragweite von Fehlentscheidungen durch Wissen, Erfahrung, Fähigkeiten und Kompetenzen deutlich abgemildert und reduziert werden. Für ein umwelt- und klimagerechtes Konsumieren sind Kenntnisse (u. a. über CO_2-Emissionen von bestimmten Produkten), Fähigkeiten (u. a. Handlungsfähigkeit) und Kompetenzen (u. a. Entscheidungskompetenz) sehr hilfreich, denn die Herausforderungen eines nachhaltigen Konsumverhaltens sind nicht trivial. Die Bürger in diesem Land sind tagtäglich einer nahezu unübersehbaren Fülle von angepriesenen Konsummöglichkeiten ausgesetzt, der man sich nicht gänzlich entziehen kann. Um unter diesen Umständen den Durch- und Überblick zu behalten und die für sich und die Umwelt richtigen Konsumentscheidungen treffen zu können, braucht es Wissen, Fähigkeiten und Konsumkompetenzen.

Menschen so zu qualifizieren, dass sie in der Lage sind, für sich selbst bedürfnis- und interessengerechte Konsumentscheidungen treffen und durchsetzen zu können, wird als Ermächtigung *(Consumer Empowerment)* bezeichnet. Konsumenten-Empowerment wird als ein subjektiv empfundener Zustand verstanden, sowohl die Handlungskontrolle *(Consumer Action Control)* über die eigenen Konsumaktivitäten zu besitzen als auch die Willenskraft *(Willpower)* zu haben, einmal getroffene Konsumentscheidungen umzusetzen. Denn nicht immer münden gute Verhaltensvorsätze (z. B. »mehr Sport treiben«, »weniger essen«

oder »genügsamer leben«) in konkretes Verhalten. Eine gute Handlungskontrolle schützt ein persönliches Anliegen davor, von konkurrierenden Motiven, eigenen Ausreden, Einwänden und Gewohnheiten in der Umsetzung blockiert, behindert oder sogar verhindert zu werden.[8]

Gerade lieb gewordene Gewohnheiten bremsen sehr häufig gute Vorsätze aus. Im Laufe eines Lebens verfestigen sich immer mehr Verhaltensweisen zu Gewohnheiten und werden zur treibenden Kraft beim Konsum. Gewohnheiten vereinfachen die Güterauswahl erheblich, da vor dem Kauf keine Entscheidung mehr nötig ist. Sich ihnen entgegenzustellen und sie zu durchbrechen, erfordert einen starken Willen, psychische Kraft und Durchhaltevermögen. Grundsätzlich behindern und verhindern Gewohnheiten alternative Verhaltensweisen und Konsumstile. Wer beispielsweise in seinem Leben schon immer mit dem eigenen Pkw zur Arbeit gefahren ist, wird mit großer Wahrscheinlichkeit auch dann nicht auf ÖPNV-Angebote umsteigen, wenn diese preislich die deutlich bessere Alternative zum Pkw darstellen. Ist die Fahrt mit dem Auto zur Gewohnheit geworden, wird kaum einer gewillt sein, sie freiwillig wieder aufzugeben. Rechtfertigungsgründe dafür sind schnell gefunden. Autofahren, so wird dann argumentiert, ist bequemer, sicherer und zeitlich flexibler als das Reisen mit Bussen und Bahnen.

Die »psychischen Kosten«, verschwenderische Gewohnheiten aufzugeben, werden oft als viel höher empfunden als die finanzielle Entlastung durch nachhaltige Alternativen.

Empowerment kann dabei helfen, die unrühmliche Rolle von bestimmten Konsumgewohnheiten zu erkennen, die Sinnhaftigkeit dieser Gewohnheiten zu überdenken und Überzeugungen zu stärken, dass zum dauerhaften Erhalt der menschlichen Lebensgrundlagen verschwenderische Gewohnheiten aufgegeben werden sollten.

Konsumenten-Empowerment offenbart sich in drei Handlungskompetenzen: in der Befähigung, Entscheidungen treffen zu können, die

die eigenen Bedürfnisse bestmöglich befriedigen (Entscheidungs-Empowerment), in der Fähigkeit, das persönlich Gewollte gegen konkurrierende Motive durchsetzen zu können (Handlungskontrolle), und in der Kompetenz zur Durchsetzung eigener Konsuminteressen gegenüber Widerständen auf Märkten (Markt-Empowerment).[9] Damit eine getroffene Entscheidung auch in konkretes Handeln umgesetzt wird, muss sie zum einen gegenüber konkurrierenden Handlungsmotiven geschützt und zum anderen gegen Marktwiderstände durchgesetzt werden können *(Consumer Sovereignty)*. Bei Konsumenten mit geringem Empowerment fehlt oft nicht nur die Kompetenz, dem eigenen Wohlbefinden förderliche Entscheidungen zu treffen, sondern auch die Fähigkeit, getroffene Entscheidungen umzusetzen.

Wo es an Empowerment mangelt, folgt der Entscheidung kein Handeln.

Der Wunsch von Personen nach Konsumverzicht kann nicht nur von konkurrierenden Kaufmotiven abgemildert oder gänzlich verhindert, sondern auch vom Geschäftsgebaren von Herstellern und Händlern erheblich beeinträchtigt werden. So werden Lebensmittel oft in größeren Mengeneinheiten verpackt angeboten, und wer bewusst weniger Strom verbraucht, bezahlt wegen der verbrauchsunabhängigen hohen Grundpreise relativ mehr als stromintensive Nachfrager. Zudem erreichen Gebrauchsprodukte oftmals nicht die Lebensdauer, die technisch möglich wäre, und Reparaturangebote sind selten und oft teuer.

Empowerment hilft genügsamen Konsumenten dabei, sich gegen Verschwendung bei Herstellern und Händlern zu wehren. Dazu sind u. a. Kenntnisse von Verbraucherrechten, eine gute Marktübersicht, Verhandlungsgeschick und Durchhaltevermögen (z. B. Reklamationen) sehr hilfreich. Genügsame Konsumstile werden durch Empowerment unterstützt, indem nicht kommerzielle und soziale Konsumerwartungen, sondern die eigenen Bedürfnisse den Konsumbedarf bestimmen. Zudem können Bedürfnisse zum Konsumverzicht besser vor konkurrierenden Kaufmotiven geschützt und Forderungen nach verschwendungsarmen Angeboten von Herstellern und vom Handel mehr Nachdruck verliehen werden.

Eigene Bedürfnisse kennenlernen

Werte, Normen, Einstellungen, Präferenzen und Kompetenzen zum Konsumieren bilden sich beim Menschen im Rahmen sogenannter *Sozialisationsprozesse* vorwiegend in den ersten 20 Lebensjahren als Folge von unterschiedlichen Lernprozessen mit wechselnden Akteuren (u. a. Eltern, Geschwister, Freunde, Lehrer, Medien)[10] heraus. In dieser Zeit erlernen die Jugendlichen die Rolle eines Konsumenten. Damit ist gemeint, dass Jugendliche Erwartungen aus der Gesellschaft von einem »guten« Konsumenten verinnerlichen und nachkommen. Jugendliche erfahren so die Bedeutung, die der Konsum in der Gesellschaft einnimmt, und welche Vorzüge Konsum dem Einzelnen bieten kann.

Die Konsumkultur verspricht Verheißungsvolles und formt die Menschen zu »guten« Konsumenten.

Konsum wird in der Gesellschaft in Verbindung gebracht mit persönlichem Wohlstand, sozialer Anerkennung, Machtdemonstration, Individualität, schönen Erlebnissen, Freude, Spaß und Genuss. Gleichzeitig werden ihnen aber auch mutmaßliche Nachteile, nicht die allgemeine Begeisterung für Konsum zu teilen, abschreckend nahegebracht. Nach dem geläufigen Narrativ von Politik und Ökonomie drohen bei Konsumverweigerungen gesellschaftliche Wohlstandsverluste, Massenarbeitslosigkeit und eine Verarmung der Bevölkerung. Wir werden alle in die gesellschaftliche Pflicht genommen, möglichst viel Geld für Konsumgüter auszugeben, damit die Wirtschaft rundläuft. Nichts von diesem Schreckensszenario lässt sich mit Evidenz belegen. Die meisten Menschen aber konsumieren so, als ob diese ökonomischen Verwerfungen tatsächlich eintreten, wenn sie beim Konsum kürzertreten würden.

Die erlernte Konsumentenrolle zu erfüllen, entmündigt die Menschen ein Stück weit, denn eigene Bedürfnisse können zugunsten sozialer Erwartungen zurücktreten. Wenn gute Freunde auf ein bestimmtes Modelabel stehen, man selbst aber gerne andere Klamotten tragen würde, dann liegt so ein Fall vor. Der Druck der Gruppe fördert sozial konformes Konsumverhalten auch dann, wenn individuelle Bedürfnisse dem entgegenstehen. Zudem hat die Konsumentenrolle den Charakter einer Ideologie. Die allgemeine Auffassung, dass Konsumieren etwas Gutes und ökonomisch Richtiges ist, wofür es sich auch lohnt, hart zu arbeiten, wird nur von wenigen kritisch hinterfragt und zur Disposition gestellt.

Nur wenige können sich aus dem Würgegriff gesellschaftlicher Konsumnormen und ökonomischer Ideologie befreien.

Sich seiner eigenen Bedürfnisse bewusst zu sein und reflektieren zu können, wann soziale Konsumerwartungen berechtigt sein könnten und wann nicht, erfordert ein hohes Maß an Selbstreflexion, Selbstbestimmung und sozialer Unabhängigkeit, denn innerhalb einer konsumfreudigen Gesellschaft mit ihrem Streben nach Wohlstand, Reichtum, Besitz, Individualität und sozialer Anerkennung ist es nicht gerade leicht, genügsam zu leben. Die Fähigkeit zur Selbstbestimmung verschafft aber dem Einzelnen eine gewisse Autarkie von sozialen Konsumerwartungen und -zwängen. Je besser die eigenen, »authentischen« Konsumbedürfnisse und -wünsche bewusst sind, desto leichter fällt es, selbstbestimmt und unabhängig zu handeln.

Menschen können eine beachtlich hohe Anzahl an Konsumbedürfnissen in großer Vielfältigkeit entfalten, die sich dynamisch weiterentwickeln und den aktuellen Konsumangeboten und -möglichkeiten (z. B. neue Smartphones, Urlaubsreisen) mit steigendem Anspruchsniveau anpassen. Die Ansprüche für die Befriedigung der eigenen Konsumbedürfnisse schaukeln sich so immer weiter hoch. Womit jemand gestern noch zufrieden war, reicht vielleicht bereits morgen nicht mehr aus.

Bedürfnisse sind kulturell verankert, entfalten sich lebenslang, insbesondere aber in der Kindheit und Jugend. Sie werden stetig durch neue Güter der Begierde individuell weiter ausgeformt und differenziert.[11] Da die kulturelle und soziale Prägung zum Konsumenten schon in der Kindheit beginnt, sollte eine Ermächtigung zum nachhaltigen Konsumieren spätestens in der Schule beginnen. Die Notwendigkeit dazu ist bei den Schulen (u. a. Ministerien, Schulaufsicht und vielen Lehrern) immer noch nicht erkennbar angekommen. Unterrichtseinheiten und -projekte zum nachhaltigen Konsum, wie eines an der Universität Potsdam 2018 im Rahmen eines vom Bundesministerium für Bildung und Forschung geförderten Projektes entwickelt wurde,[12] sind im Schulalltag immer noch die Ausnahme und nicht die Regel.

Mit dem Güterangebot steigen auch die persönlichen Ansprüche, was den Konsum kräftig antreibt.

Konsumbedürfnisse entstehen dadurch, dass Menschen etwas vermissen, das sie gerne hätten. Sie entstehen immer aus einem subjektiv empfundenen Mangel an Konsumgütern und lösen konsumaktivierende Prozesse zur Beseitigung dieses Mangels aus.[13] Die Erfüllung von Konsumbedürfnissen befriedigt und sorgt in der Regel für spontane Glücksgefühle.

Werden Bedürfnisse als unecht, künstlich oder falsch bezeichnet, so handelt es sich um reine normative Werturteile ohne jeglichen Erkenntniswert, aber mit viel Ideologie. Allerdings können Konsumbedürfnisse hinsichtlich ihrer tatsächlichen Wirkung auf den Einzelnen, die Gesellschaft sowie auf die Umwelt und das Klima wissenschaftlich beurteilt werden. Zu viel Alkohol schädigt die Gesundheit, der Kauf billiger Massenware fördert unter Umständen die Ausbeutung von Menschen als Arbeitskräfte,[14] Konsumgüter verbrauchen knappe Ressourcen und verursachen schädliche Treibhausgasemissionen. Konsumbedürfnisse sollten dem-

Bedürfnisse sind für den Einzelnen immer real und relevant. Falsche, unechte oder künstliche menschliche Bedürfnisse gibt es nicht.

entsprechend von zwei Seiten aus betrachtet werden. Die eine Perspektive richtet sich auf die Bedeutung oder die Wertigkeit eines Bedürfnisses *(Valenz)* für den Einzelnen, und die andere Perspektive fokussiert auf die persönlichen, sozialen und ökologischen Konsequenzen von einzelnen Konsumbedürfnissen.

Jedes durch den Kauf und die Nutzung von Gütern befriedigte Konsumbedürfnis belastet die Umwelt und das Klima. Da Menschen aber nicht ohne Lebensmittel, Bekleidung, Schutz und Wärme existieren können und da für eine menschenwürdige Lebensqualität noch viele andere Güter nötig sind, wie eine Wohnung, Mobilität, Kontakt, Bildung, Gesundheit, Kultur, Sport und Unterhaltung, werden Menschen immer ein gewisses Maß an unabdingbaren Ressourcen zum Leben verbrauchen müssen. Ein Smartphone wird kaum existenziell notwendig sein und trotzdem werden sehr viele darauf niemals verzichten wollen. Nur wer nicht lebt, verbraucht keine Ressourcen. Der mit dem ökologischen Fußabdruck[15] gemessene persönliche Verbrauch an biologischen Ressourcen darf aber die biologische Kapazität zur Regeneration von Ressourcen der Erde nicht überschreiten. Alles, was über die Grenze der biologischen Kapazität hinaus verbraucht wird, treibt die Ressourcenausbeutung an und heizt das Klima weiter auf. Der Verzicht auf subjektiv unnötigen, überflüssigen und nutzlosen Konsum ist das effektivste Mittel, den persönlichen ökologischen Fußabdruck ohne einen Verlust an Lebensqualität zu senken, denn Konsumverzicht reduziert den Ressourcenverbrauch und die Treibhausgasemissionen und kann das Wohlbefinden fördern.

Welche Konsumbedürfnisse bzw. -wünsche verzichtbar oder unverzichtbar sind, kann und sollte nur jeder Einzelne für sich entscheiden. Über die eigenen Konsumbedürfnisse nachzudenken, sie zu reflektieren, kann gut dabei helfen, Spreu vom Weizen beim Konsum zu trennen. Ein Pkw kann für jemanden, der auf dem Lande wohnt, zwingend notwendig sein. Für Stadtbewohner, die gut auf den öffentlichen Nahverkehr zugreifen können, wäre dagegen ein eigener Pkw wohl verzichtbar. Empowerment kann die Bereitschaft und die Fähigkeit von Konsumenten, sich mit den eigenen Bedürfnissen, Wünschen und Sehnsüchten kritisch auseinanderzusetzen, fördern. Eigene Konsumbedürfnisse zu reflektieren, heißt auch, sich deren schädliche Konsequenzen auf Umwelt und Klima bewusst zu machen und dieses Wissen bei Konsumentscheidungen einfließen zu lassen.

Maßnahmen zur Erhöhung des Empowerment von Konsumenten fördern ein Bewusstsein und eine Bereitschaft, das eigene Konsumverhalten kritisch hinsichtlich des persönlichen Nutzens, seiner Sinnhaftigkeit und seiner Auswirkungen auf Umwelt und Klima zu reflektieren. Sich der eigenen Konsumbedürfnisse bewusst zu sein, hilft, Konsumentscheidungen zu treffen, die auch wirklich geeignet sind, genuine persönliche Bedürfnisse zu befriedigen, und nicht solche, die auf diffusen Vorstellungen, Illusionen, Frust oder sozialen Konsumerwartungen basieren. Achtsamkeit, Kenntnisse, Fähigkeiten und Konsumkompetenzen sind gute Leitplanken auf dem Weg bedürfnisgerechter Konsumentscheidungen.

Institutionen der Verbraucherpolitik haben viel Erfahrung in der Bildung, Aufklärung, Beratung und dem Rechtsschutz von Konsumenten.[16] Ein sehr wichtiger Bereich dabei ist die Finanz- und Schuldenberatung, denn zu häufig wird zu viel auf Pump konsumiert, so dass eine Privatinsolvenz droht. In Deutschland sind jährlich rund sechs Millionen Bürger überschuldet, das heißt, sie können ihre laufenden Rechnungen nicht mehr begleichen. An vierter Stelle der Ursachen für eine Überschuldung gibt das Statistische Bundesamt eine »unwirtschaftliche Haushaltsführung« an.[17] Einfacher ausgedrückt heißt das, dass diese Personen über ihre finanziellen Verhältnisse gelebt und konsumiert haben. Konsum auf Kredit kann nicht nur mies für den Einzelnen ausgehen, sondern belastet auch immer das Klima. In der Verbraucherpolitik, wie in der Politik generell, hält sich aber leider immer noch der Glaube, dass Menschen nur umfassend informiert werden müssen, damit sie ihr Konsumverhalten bedürfnisgerechter und finanzierbar gestalten. Das ist aber bestenfalls nur die halbe Wahrheit. Informationen sind grundsätzlich für Entscheidungen wichtig. Eine Verhaltenswirkung entfalten aber nicht die ursprünglichen Informationen in Form vermittelter objektiver Daten und Fakten, sondern deren individuelle Interpretationen beim Informationsempfänger. Diese Tatsache ist vielleicht das Hauptproblem in der Bekämpfung des globalen Klimawandels. Die wissenschaftlichen Fakten dazu liegen vor und lassen keinen Zweifel an der Dramatik der Entwicklung zu. Dennoch, jeder einzelne Mensch hat seine eigene Interpretation vom Klimawandel. Das Beschönigen des Klimawandels hilft scheinbar sehr vielen mehr, als der globalen Katastrophe ehrlich in die Augen zu schauen. Der Mensch hat einige Möglichkeiten im Laufe seiner stammesgeschichtlichen Entwicklung erworben, um lebensbedrohliche Zustände und Entwicklungen gedanklich »ruhigzustellen«. Bedrohungen werden so heruntergespielt oder gar komplett ignoriert.

Eine identische Information löst bei jedem einzelnen Betrachter eine andere Interpretation und andere psychische Reaktionen aus. Kostet beispielsweise ein Liter Biovollmilch 1,30 Euro, so sind individuelle Interpretationen wie »super Preis«, »angemessener Preis«, »etwas teuer«, »viel zu teuer« und »unverschämt teuer« sowie alle Grautöne dazwischen möglich. In Abhängigkeit dieser Preisinterpretation erfolgt dann die Kaufentscheidung. Insofern liefern Informationen zwar die Grundlagen für Entscheidungen, wie die Überlegungen und Entscheidungen ausfallen, ist aber kaum vorherzusagen und sehr unterschiedlich. Bei der Informationsvermittlung gilt auch nicht das Prinzip: je mehr, desto besser. Menschen sind recht beschränkt, was ihre Kapazitäten zur Informationsaufnahme, Informationsspeicherung im Gedächtnis und im gedanklichen Umgang mit Informationen anbetrifft. Hohe Informationsdichte führt schnell zu sogenannten Informationsüberlastungen, die die Konsumenten eher verwirren als irgendwo weiterbringen.

Das Verhalten folgt der Interpretation der Information, nicht der Information selbst.

Die Bereitschaft und Fähigkeit zur Bedürfnisreflexion kann durch Empowerment ebenso gefördert werden wie selbstbestimmtes Handeln. Empowerten Konsumenten fällt es leichter, Produkte auszuwählen, die ihren Bedürfnissen am besten entsprechen, und hilft auch dabei, solche Güter, die verzichtbar sind, zu erkennen und zu meiden. Empowerte Konsumenten treffen für sich selbst gute Entscheidungen, setzen sie entschlossen um und sind meistens zufrieden mit dem Ergebnis. Wissenschaftliche Studien unterstützen weitgehend diese Argumentation. Empirisch zeigt sich, dass empowerte Konsumenten, die reflektiert, kompetent und selbstwirksam handeln, in der Gruppe derjenigen, die auf Konsum freiwillig verzichten, überdurchschnittlich häufig anzutreffen sind.[18]

Die wohltuende Wirkung der Ermächtigung

Charakteristisch für das Empowerment ist die persönliche Fähigkeit, Entscheidungs- und Handlungskonsequenzen gut einschätzen zu können. Im Ergebnis tritt deshalb das, was mit einer Konsumentscheidung erreicht werden sollte, auch ein und trägt zur Zufriedenheit bei. Empowerte Konsumenten sind insofern zufriedener als andere, da sie mit ihren Entscheidungen die eigenen Bedürfnisse im erwarteten Ausmaß befriedigen. Eine mangelnde Ermächtigung führt dagegen leichter zu unbefriedigenden Konsumergebnissen, Frustration und Ärger. In solchen Situationen versuchen Konsumenten oft, ihre Unzufriedenheit dadurch zu lindern und ihre falsche Entscheidung zu rechtfertigen, indem sie ein »Fremdverschulden« dafür verantwortlich machen (u. a. beim Händler, bei der Regierung). Diese Denkhaltung kann den Einzelnen zwar mental kurzfristig entlasten,[19] hilft ihm aber auf Dauer nicht weiter. Konsumenten, die ihre Bedürfnisse gut einschätzen können, sind besser in der Lage, zwischen dem, was sie zum Leben benötigen, und dem, worauf sie auch verzichten können, zu unterscheiden. Wer seine Konsumbedürfnisse kennt, weiß auch sehr gut, wie diese befriedigt werden können. Wer das Bedürfnis hat, nachhaltig zu konsumieren, der zieht beispielsweise öffentliche Verkehrsmittel dem eigenen Pkw vor, kauft weniger Fleisch und dafür mehr Gemüse und verzichtet insgesamt auf unnützen Krempel und Gedöns. Alles dient der Förderung des eigenen Wohlbefindens.

Bei einer unklaren, eher diffusen Bedürfnislage können irrige Vorstellungen darüber vorhanden sein, wie die eigenen Bedürfnisse befriedigt werden können. Werden beispielsweise teure Markenklamotten in der vagen Hoffnung auf soziale Anerkennung gekauft, so kann das voll danebengehen. Bekleidungsstücke sind Äußerlichkeiten und austauschbar, und deren Nutzung verändert nicht die Persönlichkeit und den Charakter des Konsumenten. Menschen, die konsumieren, um ihren Reichtum und ihre gesellschaftliche Stellung zur Schau zu stellen (demonstrativer Konsum), fördern zudem die Verschwendung. Wer sozial anerkannt werden will, sollte besser Nützliches für die Gesellschaft leisten. Ein Mangel an Empowerment fördert auch impulsives Kaufverhalten.[20] Gekauft werden dann Produkte, weil sie beim Handel als »Sonderangebot« oder »Preisschlager« angeboten werden, ohne dass darüber nachgedacht wird, ob diese Angaben auch wirklich stimmen.

Empowerte Konsumenten haben ihr Verhalten gut im Griff und sind befähigt, selbstwirksam und souverän eigenen Wünschen auf Märkten Nachdruck zu verleihen. Diese Befähigung von Konsumenten macht sich sehr gut an ihrem persönlichen Wohlbefinden bemerkbar. Wissenschaftliche Studien belegen, dass Empowerment sich signifikant positiv auf das persönliche Wohlbefinden der Konsumenten auswirkt.[21] Wer befähigt ist, seine Konsumentscheidungen so zu treffen, dass die damit verbundenen Bedürfnisse und Erwartungen bestens erfüllt werden, empfindet ein hohes Maß an Glück und Zufriedenheit. So konnte in einer Studie von 2021 gezeigt werden, dass Konsumenten mit hohem Empowerment nicht nur zufriedener sind als andere, sondern auch mit ihren alltäglichen Kaufentscheidungen besser klarkommen.[22] Das liegt daran, wie diese Studie ergab, dass empowerte Konsumenten besser als andere in der Lage sind, die Folgen ihrer Konsumentscheidungen richtig einzuschätzen. Diese Fähigkeit verhindert Ärger und Frustrationen und erhöht die persönliche Zufriedenheit.

In einer empirischen Studie von 2020[23] wurde untersucht, ob genügsame Konsumstile zu mehr Zufriedenheit und Wohlbefinden beitragen und welche Rolle dabei das Empowerment von Konsumenten spielt. In dieser Studie konnte die Wirkung von Empowerment auf das Wohlbefinden von Konsumenten eindrucksvoll und sehr differenziert nachgewiesen werden. Dazu wurden vier verschiedene, in der Wissenschaft diskutierte und untersuchte Konzepte des persönlichen Wohlbefindens betrachtet.[24] Denn es gibt vielfältige Formen, wie Glück, Zufriedenheit und Wohlbefinden empfunden werden kann. Nahezu in allen Lebenssituationen und bei vielen Erlebnissen sind Glücksgefühle in vielfältiger Weise möglich – bei Sportereignissen, kulturellen Veranstaltungen, am Arbeitsplatz und natürlich auch beim Einkaufen. Die wissenschaftlichen Auffassungen dazu, was persönliches Wohlbefinden ausmacht, welche Ursachen es hat und wie es entsteht, gehen im Wesentlichen auf zwei unterschiedliche Sichtweisen zurück: die eudämonistische und die hedonistische Sichtweise vom Wohlbefinden.

Nach der *eudämonistischen Auffassung* entsteht Wohlbefinden aus dem Gefühl heraus, ein sinnhaftes, den eigenen Werten und Zielen entsprechendes Leben zu führen. Sinnstiftend sind beispielsweise die Familie, die Arbeit, Hobbys, gute Freunde, persönliche Leistungen, Religion, soziales Engagement und vieles mehr. Dieses Wohlbefinden speist sich aus Aspekten der Zufriedenheit mit der persönlichen Lebenssituation und der Lebensführung (u. a. gute Gesundheit, auskömmliches Einkommen, erfülltes Berufsleben) ebenso wie Glücksgefühle hinsichtlich der Erfüllung sinnstiftender Ziele (u. a. eine Berufsausbildung abzuschließen und eine Familie zu gründen). Eine besondere Bedeutung für das eudämonistische Wohlbefinden spielen Werte wie Selbstbestimmung, Unabhängigkeit, Kompetenz, persönliche Entfaltung und gute soziale Beziehungen. Das eudämonistische Wohlbefinden wird in der Forschung als *psychosoziales Wohlbefinden* bezeichnet.

Nach der *hedonistischen Auffassung* vom persönlichen Wohlbefinden steht nicht ein tief sitzendes Empfinden, ein erfülltes und sinnhaftes Leben zu führen, im Mittelpunkt, sondern durch einzelne Situationen, Ereignisse und Erlebnisse ausgelöste und nur relativ kurzfristig anhaltende Gefühle von Glück, Vergnügen, Spaß und Freude. Beispielsweise die Freude über einen erholsamen Urlaub, Vergnügen an einer bestimmten TV-Serie, Spaß beim Einkaufen und Glücksgefühle über einen Lottogewinn. In der Wissenschaft wird diese Art von kurzfristigen, stark emotionalen Glücksempfindungen als *subjektives Wohlbefinden* bezeichnet.

Während sich das hedonistische Wohlbefinden also stark emotional äußert, ist es im eudämonistischen Sinne von der geistigen, gedanklichen Einschätzung, ein erfülltes und lohnenswertes Leben zu führen, geprägt. Dieses auf Sinnhaftigkeit ausgerichtete eudämonistische Wohlbefinden lässt sich nicht nur in Messungen zum psychosozialen Wohlbefinden ablesen, sondern auch im Konzept der allgemeinen Lebenszufriedenheit *(Overall Life Satisfaction)*, das von der Europäischen Union genutzt wird.[25] Dazu wird eine Frage gestellt, die so oder in ähnlicher Form lautet: »Antworten Sie bitte anhand der folgenden Skala, bei der 0 ›ganz und gar unzufrieden‹, 10 ›ganz und gar zufrieden‹ bedeutet. Wie zufrieden sind Sie gegenwärtig, alles in allem, mit Ihrem Leben?«.[26] Im Jahr 2022 lag der Zufriedenheitsmittelwert aller Staaten Europas bei 7,3. In Bulgarien lag der Lebenszufriedenheitswert bei 5,4, in Deutschland bei 7,4 und in Finnland bei 8,1.[27] Dieses Glückskonzept der EU geht davon aus, dass jeder Einzelne seine persönlichen Erfahrungen in unterschiedlichen Lebensbereichen (z. B. Beruf, Familie, Konsum) gedanklich bewertet und gewichtet in die Beantwortung dieser Frage einfließen lässt.

Als viertes Konzept wurde in der Studie von 2020[28] auch das *finanzielle Wohlbefinden* mit einbezogen, also die Zufriedenheit mit der eigenen finanziellen Situation.[29] Insgesamt wurde in dieser Studie die Wirkung des Empowerments von Konsumenten auf deren psychosoziales, subjektives und finanzielles Wohlbefinden sowie auf die allgemeine Lebenszufriedenheit untersucht.[30] Die Ergebnisse der Studie zeigten klar, dass sich mit steigendem Empowerment die Zufriedenheit von Konsumenten signifikant auf allen vier Zufriedenheitsmessungen erhöhte. Empowerment stärkt die Fähigkeit zum selbstbestimmten Entscheiden, vermittelt die Kompetenz zur Handlungskontrolle und zur Ausübung von Handlungsmacht. Alle diese Faktoren fördern grundsätzlich das persönliche Wohlbefinden.

Barrieren konsumverzichtender Lebensstile

Kulturell-gesellschaftliche Barrieren

Menschen in Deutschland lernen von Kindesbeinen an, was es bedeutet, ein guter Konsument zu sein. Insbesondere in den ersten 20 Jahren, der wichtigsten Sozialisationszeit, wird Kindern und Jugendlichen die Bedeutung des Konsums für den Wohlstand einer Gesellschaft im Elternhaus, bei Freunden, in der Schule und in den Medien vermittelt. Soziale Erwartungen ermutigen Bürger geradezu, lebenslang nach Eigentum und Wohlstand zu streben, denn die Gesellschaft belohnt konsumfreudiges Verhalten mit Anerkennung, Bewunderung und Respekt. Wer diese sozialen Konsumerwartungen nicht erfüllen will oder kann, dem schlägt schon mal Verwunderung, Unverständnis oder gar Ablehnung entgegen. Rechtfertigen muss sich nicht derjenige, der verschwenderisch konsumiert, das machen und verstehen die meisten, sondern Personen, die diesem gesellschaftlichen Konsumdruck nicht folgen wollen.

Die deutsche Kultur ist ganz auf Konsum ausgerichtet. Konsum wird mit Wohlstand, Reichtum und Besitz verbunden. Alles Werte, die die Verschwendung befeuern und das Klima anheizen. Konsumieren dient vielen zudem der sozialen Anerkennung, der Förderung des Selbstwertgefühls und als Quelle der Identitätsfindung. Dagegen ist Konsumverzicht in diesem Land nicht vorgesehen, politisch unerwünscht und geradezu verpönt. Konsumverzicht gilt als nicht vereinbar mit einem stetigen Wirtschaftswachstum und grenzenlosem Wohlstand. So lautet jedenfalls das alles beherrschende politisch-ökonomische Narrativ. Konsumverzicht wird gesellschaftlich in die Ecke gestellt, damit die Bürger ohne Reue ihren konsumorientierten Lebensstil unverändert weiter genießen können. Bei Konflikten werden sich Wohlstandswerte in einer auf Konsum ausgerichteten Gesellschaft immer gegenüber Werten der Nachhaltigkeit durchsetzen. Solange Nachhaltigkeitsziele nicht den gleichen Rang wie Wirtschaftswachstum und Wohlstand im gesellschaftlichen Diskurs einnehmen, steht die Zukunft im Risiko.

Konsumenten kaufen dann, wenn sie glauben, dass die Produkte die an sie gestellten Erwartungen erfüllen. Werden diese Erwartungen auch erfüllt, dann stellen sich Gefühle von Glück und Zufriedenheit ein; wenn nicht, herrscht der Frust. Die Attraktivität von Konsum hängt insofern davon ab, ob der Konsum auch das hält, was er verspricht. Häufig macht Konsum aber nicht glücklich, z. B. wenn das gekaufte Smartphone nicht richtig funktioniert, eine Waschmaschine zwei Tage nach Garantieende ihren Dienst quittiert oder eine Versicherung nicht zahlen will. Solche negativen Erfahrungen gibt es nicht so häufig, wenn auf Konsum verzichtet wird.

Menschen, die auf Konsum verzichten, verzichten nicht auf Glück, Zufriedenheit und Lebensqualität.

Nur ist die Quelle für das Lebensglück nicht der Konsum, sondern der bewusste Verzicht darauf. Letztlich wünschen sich alle Menschen für ihr Leben Glück, Zufriedenheit, Wohlbefinden, Sinnhaftigkeit und Erfüllung im Leben. Die Forschung zeigt, dass auch Konsumverzicht diese Wünsche erfüllen kann.[1] Ein Zuwachs an freier Zeit durch den Verzicht auf lange Shoppingtrips kann der Familie, insbesondere den Kindern, zugutekommen. Auf den Besitz eines Autos zu verzichten und stattdessen Bus und Bahn zu nutzen, kann nicht nur preislich vorteilhaft sein, sondern vermeidet auch sogenannte Lasten und Pflichten eines Eigentümers *(Burdens of Ownership)*. Wer Eigentümer eines Autos ist, dem fallen die mitunter mühsame Parkplatzsuche, das Stehen im Stau, das Tanken, die Autowäsche, Reparaturen und TÜV-Abnahmen zu. Konsumgüter befriedigen Konsumbedürfnisse wie solche nach

Spaß, Genuss, Unterhaltung, Kontakt, Mobilität, gutem Aussehen und Hygiene. Der Konsumverzicht geht weit darüber hinaus und ersetzt bestimmte Konsumerlebnisse durch Bedürfnisse nach Selbstbestimmung, Unabhängigkeit, sozialen Beziehungen und Selbstverwirklichung. Insofern zahlt dieser verschwendungsarme Lebensstil auf den Alltag überdauernde Bedürfnisse nach einem sinnhaften und erfüllten Leben ein. Konsum dagegen ist stärker getrieben von einer kurzfristigen Lust am Genuss.

Dass grenzenloser Konsum einen hohen Anteil daran hat, dass die Ressourcen der Erde ausgebeutet und das Klima aufgeheizt werden, wird im allgemeinen gesellschaftlichen Diskurs negiert, marginalisiert oder einfach ignoriert. Die Gesellschaft in Deutschland ist auf Wirtschaftswachstum und Wohlstand getrimmt. Diese staatspolitischen Ziele werden kaum hinterfragt und haben insofern den Status einer Ideologie. Eine Ideologie ist ein Glaubenssatz, der hinsichtlich seines Wahrheitsgehaltes nicht hinterfragt wird und auch nicht hinterfragt werden soll. Wer Kritik äußert, wird belächelt und nicht ernst genommen. Grundlage dieser kulturell geteilten Überzeugung, dass Wirtschaftswachstum und Wohlstand einander bedingen, ist ein gängiges Narrativ der Ökonomen. Danach rutscht die Wirtschaft bei einer durch Konsumzurückhaltung sinkenden Nachfrage in eine Rezession, was in der Folge Wohlstandsverluste, Massenarbeitslosigkeit und Armut nach sich zieht. Dieses Schreckensszenario hat die Funktion, jegliche Kritik an der herrschenden Wachstumsideologie abzuschmettern. Verschwenderische Konsumgewohnheiten werden gesellschaftlich mit Verweis auf diese schädlichen Wirkungen gegen Kritik immunisiert. Keine der genannten angsteinflößenden Konsequenzen negativen Wirtschaftswachstums besitzt wissenschaftliche Evidenz. Prognosen sind im makroökonomischen Bereich schwerlich möglich, da es dazu an experimentell gewonnenen kausalen Hypothesen mangelt. Das Wirtschaftsgeschehen konstituiert sich aus einer Vielzahl von unabhängigen, in ihren Wirkungen kaum abschätzbaren und zum großen Teil unbekannten, sich ständig verändernden Faktoren. So bilden sich Märkte aus einer Vielzahl weltweit getroffener Entscheidungen von unabhängigen Wirtschaftsakteuren. Unter diesen Bedingungen sind seriöse Prognosen über die Zukunft der Wirtschaft kaum möglich.

Politisch-ökonomische Barrieren

Die Politik verspricht den Bürgern, sich um ihr Wohlergehen zu kümmern. Das ist auch ihre verfassungsgemäße Aufgabe, zu der es keine Einwände geben sollte. Allerdings kann diese politisch gut gemeinte Fürsorge dazu beitragen, dass Eigeninitiative und Selbstverantwortung bei den Bürgern unter den Tisch fallen. Persönliches Engagement zum Klimaschutz setzt aber genau das voraus: Selbstbestimmung und Selbstverantwortung. Abwarten, dass es der Staat schon richten wird, beruhigt bei einigen vielleicht das Gewissen, dem Klima hilft es aber wenig. Werden Bürger mit dem Hinweis, der Staat kümmert sich schon um den Klimaschutz, nicht zu mehr Selbstverantwortung ermutigt, dann kann es nicht überraschen, wenn viele Bürger sich erst dann persönlich klimaschützend verhalten, wenn es dafür Geld vom Staat gibt.

Als Ende Juni 2022 das Erdgas knapp zu werden drohte, forderte Bundeswirtschaftsminister Robert Habeck die Bevölkerung auf, Energie zu sparen. Er lehnte es aber in einem ZDF-Interview ab, dieses Verhalten durch eine staatliche Prämie zu fördern und äußerte sich wie folgt: »Und wenn da einer sagt, ich mach nur mit, wenn ich 50 Euro kriege, würde ich sagen: Die kriegst du nicht, Alter.«[2] Diese etwas flapsige Formulierung zeigt, dass zumindest der Wirtschaftsminister diesen Gemütszustand in der Bevölkerung korrekt einschätzt. Wenn Bürger durch Herunterdrehen ihrer Heizung eine Menge Geld sparen können, ist es schon etwas irritierend, wenn dafür auch noch zusätzliches Geld vom Staat erwartet wird. Politisch Verantwortliche behaupten gerne, dass sie mit ihren Maßnahmen die Klimaziele erreichen werden und kein Bürger seine Lebens- und Konsumgewohnheiten ändern muss. Im Ergebnis nimmt die Mehrheit in diesem Land die Politik beim Wort und beteiligt sich persönlich nicht am Klimaschutz. Diese politische Haltung, für alle sorgen zu wollen, damit keiner Kosten und Unbequemlichkeiten fürchten muss, ist kurzsichtig. Sie missachtet und ignoriert das enorme Potenzial, das ein freiwilliges Engagement vieler Bürger zugunsten der Gesellschaft, der Umwelt und des Klimas leisten könnte.

Bürger zu ermutigen, freiwillig Beiträge zum Klimaschutz zu leisten, beispielsweise durch Sparen von Heizenergie, setzt an der Bereitschaft an, sich persönlich für den Klimaschutz verantwortlich zu fühlen. Doch nicht der mündige, selbstbestimmte Bürger steht im Mittelpunkt politischen Handelns im Klimaschutz, sondern Bürger, die vor den Lasten des Klimaschutzes bewahrt werden wollen. Der mündige Bürger ist nicht Gegenstand der Politik. Denn wer selbstverantwortlich handelt, kümmert sich persönlich um die eigenen Belange und ist weniger politikbedürftig. Politisches Handeln rechtfertigt sich allerdings erst aus einer allgemeinen gesellschaftlichen Bedürftigkeit.

Im Klimaschutz sollten Bürger gefordert, nicht aber überfordert werden.

Mitte 2022 gaben angesichts einer drohenden Gasmangellage zwar sehr viele Bürger an – z. B. 85 Prozent bei einer Befragung der Verbraucherzentrale Bundesverband e. V.[3] –, weniger Energie verbrauchen zu wollen. Ende 2022 lagen die Einsparungen aber gerade mal bei mageren 13 Prozent.[4] Viele haben offenbar keinerlei Probleme damit, sich freimütig zum Klimaschutz zu bekennen, ohne sich daran zu beteiligen. Sie bekennen sich zum Klimaschutz aber nur unter dem Vorbehalt, dass Klimaschutz für sie nichts kosten und zu keinen Verhaltensveränderungen führen darf. Nur eine Minderheit in der deutschen Bevölkerung folgt auch dem, was sie zum Klimaschutz sagen.

Für die Politik ist es tatsächlich auch nicht trivial, Bürger zum freiwilligen Klimaschutz zu bewegen. Dabei würde helfen, wenn die Politik die Bürger zu mehr Selbstverantwortung und Eigeninitiative im Kampf gegen den Klimawandel aufrufen und auffordern würde. Aber statt die Bürger beim Klimaschutz mitzunehmen, setzt sie weiter auf den Einsatz ordnungspolitischer Maßnahmen. Diese legen den Rahmen wirtschaftlichen Handelns fest (z. B. Europäischer Emissionshandel). Zum Klimaschutz wird beispielsweise das marktwirtschaftliche Instrument der CO_2-Bepreisung zur Senkung von CO_2-Emissionen eingesetzt.[5] Wer CO_2-Emissionen verursacht, wird durch das Emissionshandelssystem in Zukunft immer mehr zur Kasse gebeten. Unternehmen geben diese Kostenerhöhungen infolge des Erwerbs von Emissionszertifikaten unter den Bedingungen des Marktes an die Endverbraucher weiter. Die Politik erhofft sich von diesem System, dass klimafreundliche Güter und klimafreundliches Verhalten für die Bürger preislich attraktiver werden.

Bekenntnisse zum Umwelt- und Klimaschutz kosten den Einzelnen nichts, danach zu handeln aber schon.

Die Bundesregierung lässt auf ihrer Website verlauten, dass infolge der CO_2-Bepreisung »fossile Brennstoffe im Verkehr und für Wärme teurer (werden). Das setzt Anreize für sparsameren Energieverbrauch und Klimaschutz«.[6] Dem mag man kaum widersprechen wollen, ist es doch eine Binsenweisheit, dass im Allgemeinen die Nachfrage sinkt, wenn Preise steigen.[7] Doch weder die Entwicklung der Endverbraucherpreise für Energien infolge des CO_2-Preises noch die Nachfragewirkung dieser Maßnahme kann verlässlich vorhergesagt werden. Die Preise für Benzin, Heizöl, Erdgas und Strom werden in einer Marktwirtschaft nicht nur vom aktuellen CO_2-Preis bestimmt, sondern von vielen anderen Faktoren (u. a. Herstellkosten, Gewinnziele, Wettbewerbssituation). Die Preisentwicklung für Energie ist insofern nur sehr unsicher einzuschätzen. Letztlich verlangen Unternehmen immer den Preis, den eine genügend große Anzahl von Kunden bereit ist zu zahlen. Die Kosten, inklusive der CO_2-Kosten, spielen in der unternehmerischen Preispolitik oft nur eine zweitrangige Rolle.

Schwierigkeiten bei der Einschätzung der Wirkung finanzieller Anreize des Staates auf das Verhalten von Konsumenten gibt es zum einen hinsichtlich einer treffsicheren Einschätzung der Endverbraucherpreise. So wurde der Tankrabatt (eine Senkung der Energiesteuer auf Diesel und Benzin) in den Monaten Juni bis August 2022 nicht vollständig an die Kunden weitergegeben.[8] Die Benzin- und Dieselpreise sanken also nicht in voller Höhe der jeweiligen Steuersenkungen. Zum anderen, und das ist das weit größere Problem, ist eine brauchbare Einschätzung der Verbraucherreaktionen auf Preisänderungen extrem schwierig. Zur Stimulierung der Nachfrage klimafreundlicher Produkte werden Güterpreise durch staatliche Subventionen gesenkt (z. B. beim Kauf eines Elektroautos). Die Nachfrage nach CO_2-intensiven Gütern (z. B. fossile Energien) soll dagegen reduziert werden, indem durch auferlegte Steuern oder Abgaben sich die Güterpreise verteuern.

Diese Logik klingt plausibel, geradezu trivial. Grundsätzlich reagieren Konsumenten auf Preise individuell sehr unterschiedlich. Einige stecken hohe Gas- und Strompreise locker weg und sehen keinen Anlass, ihr Verhalten zu ändern. Bei anderen wird die Grenze dessen, was finanzierbar ist, mit Energiepreiserhöhungen überschritten. Diese Menschen müssen ihr Verhalten aus finanziellen Gründen ändern. Insofern wirken undifferenzierte finanzielle Anreize des Staates immer sozial diskriminierend. Diejenigen, die aufgrund ihrer engen finanziellen Situation schon aktuell wenig zur Klimaerwärmung beitragen, müssen den Gürtel noch enger schnallen. Wer aber ein volleres Portemonnaie hat, kann verschwenderisch weiterleben.

Da jeder Konsument unterschiedlich auf Preisänderungen reagiert, ist die Wirkung einer Preisänderung auf die Nachfrage bestenfalls über den Daumen gepeilt einzuschätzen. Dass Konsumenten immer die preisgünstigste Alternative kaufen, ist eine alte Mär und trifft nur für eine Minderheit zu, denn mit dem Preis verbinden sich oft Erwartungen zur Qualität eines Produkts. Wer eine gute Qualität will, zahlt bereitwillig einen höheren Preis dafür, und dass, obwohl in den meisten Fällen die Qualität eines Produkts vom Kunden nicht gut bis gar nicht beurteilt werden kann. Werden Produkte sehr günstig angeboten, dann können Vermutungen einer geringen Qualität dazu führen, dass trotz sinkender Preise die Nachfrage nicht steigt. Es gibt auch nicht wenige Menschen, die kaufen Produkte gerade deshalb, weil sie teuer sind. Dieses Phänomen ist nicht paradox, wie Ökonomen meinen, sondern schlicht eine normale Erscheinungsform im Verhalten von Konsumenten. Grundsätzlich spielen bei Kaufentscheidungen immer mehrere Produktmerkmale eine Rolle, nicht nur der Preis. Die Marke, die Qualität, die Herkunft, der Geschmack, die soziale Wirkung und auch Emotionen wie beispielsweise bei Autos der Premiumklasse haben oft bei Kaufentscheidungen ein höheres Gewicht als der Güterpreis. Zudem können diese Faktoren nicht monetarisiert werden, wie es Ökonomen gerne machen.

Insgesamt gesehen darf von Maßnahmen zur Schaffung finanzieller Anreize für klimafreundliches Verhalten nicht allzu viel erwartet werden. Den Prognosen zur Wirkung solcher Maßnahmen mangelt es an nötiger Präzision. Notwendige Informationen dazu sind unbekannt, wie beispielsweise die über den genauen funktionalen Zusammenhang zwischen dem Preis und der Nachfrage (sogenannte Preis-Absatz-Funktion). Insofern reicht eine Nachfragelenkung nur über staatliche Instrumente der Schaffung finanzieller Anreize für klimafreundliches Verhalten bei Weitem nicht aus, den Anstieg der Erderwärmung aufzuhalten.

Zu unterstellen, dass der Mensch zu sozial und ökologisch nützlichem Verhalten nur bereit und willens ist, wenn es für ihn persönlich finanziell profitabel ist, ist falsch. Maßnahmen, die nur an den Egoismus des Menschen adressieren, sind in ihrem Ergebnis bestenfalls suboptimal. Intrinsische Motivationen, selbst beim Klimaschutz mitzuhelfen, werden von finanziellen Belohnungen des Staates für klimaschützendes Verhalten unterdrückt und verkümmern. Da es seit Jahren politische Praxis ist, Verhaltensänderungen bei den Bürgern finanziell zu belohnen, ist zu vermuten, dass eine Vielzahl der Bürger inzwischen auf diese Art von Verhaltenslenkung konditioniert ist. Wenn der Staat etwas von ihnen verlangt, warten sie ab, bis es Geld dafür gibt. Das kann nicht der Weg zur Klimaneutralität sein. Von den Bürgern sollte ein persönlicher Beitrag zum Klimaschutz eingefordert werden.

Der einseitige Fokus in der deutschen Politik auf ordnungs- und marktwirtschaftliche Instrumente in der Klimapolitik versperrt den Blick auf andere, effektivere verhaltensorientierte Maßnahmen zur Nachfragelenkung. Hierbei handelt es sich um Maßnahmen, die Menschen direkt ansprechen und zu überzeugen versuchen, dass es in dieser existenziell bedrohlichen Situation des globalen Klimawandels auf die Mitwirkung eines jeden ankommt. Jeder Beitrag zum Klimaschutz zählt, auch der kleinste. Es geht um die Schaffung eines Wirgefühls, wie es beispielsweise Barack Obama im Präsidentschaftswahlkampf mit »Yes we can« gelungen ist. Es geht auch um ein gemeinsames Zusammenrücken und Unterhaken. Die Politik kann ordnungspolitisch einiges im Klimaschutz bewirken. Aber es wäre ein großer Fehler und ein Verlust, im gesellschaftlichen Diskurs und in der Politik auf das Potenzial freiwilligen Engagements von Bürgern zum Klimaschutz zu verzichten.

Klimaschutz erfordert Maßnahmen, die die Bürger zu mehr Selbstverantwortung und Selbstbestimmung ermutigen, und weniger solche, die den Egoismus aktivieren.

Wer die Wirkung persönlichen Handelns auf den Klimaschutz negiert, marginalisiert oder einfach ignoriert, hat das Wesen des Menschen nicht verstanden.

Die in nahezu sämtlichen Medien ausgeschüttete Häme über Vorschläge zum Energiesparen, wie der Einsatz von Sparduschköpfen und die Verwendung von Waschlappen, zeigt deutlich, dass persönliches Energiesparen, zumindest in den meisten Medien und TV-Talkshows, den Status einer Absurdität, einer Lächerlichkeit innehat. Solche Eigenleistungen von

Bürgern werden höflich belächelt oder sogar offen verspottet. Objektiv gesehen, bei Betrachtung von Fakten, ist in der Summe aller Bundesbürger das Einsparungspotenzial an Energie mit solchen Maßnahmen aber beträchtlich. Nach einer Analyse des Bundesumweltamtes senkt ein Sparduschkopf rund 30 Prozent des Energieverbrauchs beim Duschen. Würden alle in Deutschland einen Sparduschkopf nutzen, dann würde Erdgas in einer Größenordnung eingespart, die 2,6 Prozent der ehemaligen Gasimporte aus Russland entspricht, ungefähr 2,8 Millionen Tonnen weniger Treibhausgase in die Atmosphäre gepustet und Energiekosten in Höhe von 1,1 Milliarden Euro eingespart werden.[9] Andere Maßnahmen, wie die Temperatur in der Wohnung zu reduzieren und auf Autobahnen die Geschwindigkeit zu senken, würden ebenfalls beachtliche Beiträge zur Klimaneutralität leisten. Trotz dieser Beispiele, wie viel durch freiwilliges Handeln von Bürgern und Konsumenten zum Klimaschutz objektiv geleistet werden könnte, werden diese Beiträge fälschlicherweise in der Politik als vernachlässigbar bzw. politisch nicht aktivierbar eingeschätzt. Die Bedrohung durch den globalen Klimawandel ist so beängstigend, dass die Politik auf das Potenzial solidarischer und freiwilliger Beiträge von Bürgern zum Klimaschutz nicht verzichten sollte.

Es ist die realitätsfremde Annahme über das Verhalten von Konsumenten, die verhindert, dass marktwirtschaftliche Instrumente der Schaffung finanzieller Anreize für klimaschützende Verhaltensweisen nicht das leisten, was von ihnen erwartet wird. In der ökonomischen Theorie wird dem Menschen mit seinen Fähigkeiten, Überzeugungen und Interessen kein Platz eingeräumt. Was den Menschen ausmacht, seine Persönlichkeit, sein Intellekt und seine Emotionen, blendet die ökonomische Theorie aus. Sie muss es ausblenden, da der reale Mensch nicht zu ihrem Erkenntnisinteresse zählt. Das allerdings überrascht, da das Wirtschaftsgeschehen Ergebnis realen menschlichen Handelns ist. Wirtschaft konstituiert sich aus einer Vielzahl von ständig wechselnden Akteuren, die unabhängig voneinander nach eigenen Interessen wirtschaftliche Entscheidungen treffen. Insofern ist es eine an Komplexität kaum zu überbietende Herausforderung, das reale Wirtschaftsgeschehen zu beschreiben und zu erklären. Einfacher, aber kaum zufriedenstellend ist es, die Wirtschaft als quasi »naturwissenschaftliches Phänomen« aufzufassen und durch mathematisch formulierte Gesetze darzustellen.

Der Homo oeconomicus interessiert sich nur für die Maximierung seines finanziellen Nutzens. Dabei ist es ihm völlig egal, welche Konsequenzen sein Verhalten für das Gemeinwohl und für das Klima hat; nur der persönliche Vorteil zählt. Die Gründe dafür, warum die Politik so viel von der ökonomischen Theorie, die diese Kunstfigur voraussetzt, hält, werden nicht bekannt gegeben. Die Möglichkeiten der Ökonomie, Konsumenten zu mehr Klimafreundlichkeit zu bewegen, sind jedenfalls sehr begrenzt.

Wirtschaft ist ein anthropogenes Phänomen, kein mathematisches.

Erfolgreiche Maßnahmen zur Beeinflussung des Verhaltens von Konsumenten lassen sich nicht aus realitätsfremden Annahmen ableiten. Dazu sind wissenschaftliche Kenntnisse über die Grundlagen menschlichen Verhaltens, insbesondere solche zum Konsumentenverhalten, erforderlich. Wenn die Politik nur auf den technischen Fortschritt sowie auf ordnungspolitische Maßnahmen zur Erreichung der Klimaziele setzt, vergibt sie die große Chance, durch mehr Bürgerverständnis die Bevölkerung beim Klimaschutz »mitzunehmen«. Letztlich sollte für die Erreichung der Klimaneutralität alles unternommen werden, was einen nützlichen Beitrag dazu leisten kann: technische Innovationen fördern, ordnungspolitisch sinnvolle Rahmenbedingungen für die Wirtschaft setzen sowie Maßnahmen zur Förderung bürgerlicher Selbstverantwortung und Selbstbestimmung.

Marktbarrieren

Mangelnde Konsumentensouveränität

Mangelnde Marktsouveränität von Konsumenten blockiert nachhaltiges Konsumieren. Der Kunde ist nicht der König, wie oft gesagt wird. Konsumentensouveränität ist ein normatives Leitbild, eine Fiktion liberal-ökonomischer Ansätze, nach dem die Konsumenten über die Macht verfügen, durch ihre »freien« Kaufentscheidungen das Güterangebot zu kontrollieren. Produzenten kommt danach nur noch die Aufgabe zu, die von Konsumenten gewünschten Produkte herzustellen und anzubieten. In der Realwirtschaft entscheiden aber nicht die Konsumenten, sondern Hersteller und Händler über die Produktions- und Angebotsbedingungen. An diesen Entscheidungen werden Konsumenten nur in wenigen Ausnahmen beteiligt. Grundlage für die Entwicklung, Produktion und Vermarktung von Gütern sind die Renditeerwartungen der Unternehmen. Da sich deren Marktmacht durch zunehmende Konzentrationen stetig zum Nachteil der Konsumentenmacht verschoben hat, sind es nicht die Konsumenten, die über Art, Menge und Preise der angebotenen Güter entscheiden, sondern die Produzenten und der Handel. Konsumentensouveränität ist in einer kapitalistischen, nicht demokratisch verfassten Wirtschaftsordnung nicht vorgesehen. Ein einzelner Konsument kann den Interessen von marktmächtigen Herstellern und Händlern nur wenig entgegensetzen. Sie haben keinen direkten Einfluss darauf, zu welchen Bedingungen ihnen etwas angeboten wird.

Den Konsumenten fehlen weitgehend wirksame Möglichkeiten der Interessendurchsetzung gegenüber Hersteller und Handel. Nur einige Verbraucherrechte[10] verhindern, dass Konsumenten nicht völlig hilflos und ohnmächtig dem Treiben von Herstellern und des Handels ausgeliefert sind. So können Konsumenten bei Anbietern Gewährleistungsrechte geltend machen, wenn die gekauften Güter Mängel aufweisen.

Auch können Konsumentenboykotts von Produkten solcher Unternehmen, deren Geschäftsgebaren als ökonomisch, ökologisch oder sozial unverantwortlich wahrgenommen wird, der Durchsetzung von politischen Interessen der Konsumenten und Bürger dienen. Diese Möglichkeiten erfüllen zwar noch lange nicht das Prinzip der Konsumentensouveränität, sie eröffnen den Konsumenten aber Chancen zur Interessensbekundung und -durchsetzung. Hilfreich dafür sind entsprechende Kenntnisse, Fähigkeiten und Kompetenzen beim Konsumenten. Diese Befähigung, im Markt gegenüber Anbietern den eigenen Interessen Geltung zu verschaffen, wird als *Konsumenten-Empowerment* bezeichnet.

Produzenten entscheiden nach eigenen strategischen Absatz- und Renditezielen, was sie herstellen und anbieten. Private Unternehmen sind stärker getrieben vom Renditestreben und weniger davon, die Erderwärmung zu bremsen. Der einzelne Konsument ist für jedes Unternehmen viel zu unbedeutend, um wirksam Einfluss auf das Unternehmensgeschehen ausüben zu können. Wenn beispielsweise in einem Supermarkt bestimmte Marken nicht mehr angeboten werden, dann liegt es nicht zwingend daran, dass Kunden das Produkt nicht mehr wollen. Es sind schlicht unternehmerische Renditeziele, die hinter solchen Entwicklungen stehen. Auch die Möglichkeiten von Verbraucherorganisationen, Kundeninteressen durchzusetzen, sind begrenzt. Eine ernst zu nehmende Einkaufsmacht von Konsumenten würde sich erst dann etablieren können, wenn sich eine Vielzahl von Konsumenten zu Einkaufsgenossenschaften oder ähnlichen Organisationsformen zusammenschließen würden.

Indirekt, durch Nachfrageverschiebungen infolge von Konsumtrends oder abgestimmten Kaufverhaltens, könnten Konsumenten auf Marktbedingungen Einfluss nehmen, denn in einer auf Wettbewerb beruhenden Wirtschaftsform können Konsumenten beim Einkaufen aus einer Mehrzahl alternativer Produktangebote auswählen oder sich gegen einen Kauf entscheiden. Kritisch ist allerdings die Annahme, dass diese

Entscheidungen »frei« erfolgen, also selbstbestimmt und ohne externe Einflussnahme. Kaufentscheidungen unterliegen aber immer externen Einflüssen, die zum großen Teil von Konsumenten nicht durchschaut werden. Kulturell internalisierte Konsumwerte, wie das Streben nach Wohlstand sowie kommerzielles Marketing von Anbietern, haben unzweifelhaft einen starken Einfluss auf das Konsumverhalten. Insbesondere die Werbung beeinflusst erfolgreich Einstellungen und Präferenzen von Konsumenten.

Wer nicht glaubt oder glauben will, dass Werbung wirkt, sollte einfach mal versuchen, sich an einen Werbespot, an einen Werbeslogan oder an ein Markenlogo zu erinnern. Jeder wird sich an irgendetwas erinnern, was die Werbung in sein Gehirn hineinkatapultiert hat. Insbesondere Werbebilder von Marken und deren Logos bleiben im Gedächtnis hängen und sind unkaputtbar, ein Leben lang.

Werbung wirkt, sie wirkt bei jedem, und keiner kann sich dieser Einflussnahme vollständig entziehen.

Beeinflussung durch Werbung erfolgt oft subtil und kann nicht kontrolliert oder abgewehrt werden. Die Einflussnahme fängt schon mit der Art der Präsentation der Güter in der Werbung an (sogenanntes *Framing*). Die Werbung kann auf positive Konsequenzen eines Produktkaufs hinweisen (z. B. strahlend weiße Zähne) oder auf negative Konsequenzen bei Ablehnung des Produkts (z. B. »Mundgeruch macht einsam«[11]). Erfolgswirksamer sind positive Werbeappelle, die auf die wohltuende Wirkung von Produkten verweisen, während dagegen in den Medien schlechte Nachrichten oft die Verkaufszahlen fördern.

In der Werbung gibt es eine große Palette von Möglichkeiten, Kaufentscheidungen wirksam zu beeinflussen. Verwenden Händler beispielsweise große Schilder mit Aufschriften wie »Sale«, »Sonderangebot« oder »Rabatt«, werden die angebotenen Preise von vielen Kunden ohne jede Prüfung als sehr günstig wahrgenommen. So landen die »Sonderangebote« impulsiv und nahezu gedankenlos im Einkaufskorb. Oft kommen in der Werbung auch Hinweise auf soziale Normen zum

Einsatz. Soziale Normen wie beispielsweise nach Hygiene, Sauberkeit und Schönheit werden in der Werbung für Körperpflegeartikel, Wasch- und Reinigungsmittel und Kosmetika aufgegriffen. Auch die kulturell verankerte Grundannahme, dass sich die Mehrheit nicht täuscht, findet sich beispielsweise in Werbeslogans wie »Wir sind die Nummer 1 in Europa« wieder.

Der Begriff »Konsumentensouveränität« ist heute zu einer ideologischen Phrase degeneriert, die dazu dient, Marktbedingungen zu rechtfertigen und mehr Verbraucherschutz sowie Maßnahmen zum Empowerment von Konsumenten zu behindern. Konsumenten kontrollieren nicht souverän das Marktgeschehen, sie wirken nicht aktiv dabei mit. Auf Märkten herrscht nicht einmal eine ausgewogene Machtbalance zwischen Konsumenten und Produzenten. Über die Herstellung und das Angebot von Gütern wird in Unternehmen entschieden. Zwar können Konsumenten über Produktalternativen formal frei entscheiden, aber in ihre Kaufentscheidungen greift die kommerzielle Werbung erfolgreich ein. Inwieweit ein persönliches Konsumbedürfnis authentisch von innen heraus entstanden ist oder durch externe Werbung geformt wurde, lässt sich nicht zweifelsfrei unterscheiden. Da die Bürger in diesem Land permanent einem hohen Werbedruck ausgesetzt sind, kann aber davon ausgegangen werden, dass Kaufentscheidungen zu einem nicht unbeträchtlichen Anteil auf den Einfluss kommerzieller Werbung zurückzuführen sind.

Konsumentscheidungen sind immer Ergebnis einer Mischung aus intrinsischen, von innen kommenden, und extrinsischen, von außen herangetragenen, Motiven.

Wirtschaftsunternehmen (und der Staat) bestimmen das Geschehen auf Märkten, nicht die Konsumenten. Innerhalb kapitalistischer Wirtschaftssysteme, agieren Unternehmen unter Wettbewerbsbedingungen und peilen hohe Effizienz und Renditen an. Werte wie Ethik, Verantwortung und Nachhaltigkeit haben eine vergleichsweise geringe Priorität, insbesondere dann, wenn die Verfolgung dieser Werte die

Renditeerwartungen von Eigentümern und Anteilseignern *(Shareholder)* belasten. Solange die Souveränität der Konsumenten nicht gestärkt wird und die Herstellung und das Angebot weitgehend von den geschäftlichen Unternehmenserwartungen abhängen, solange werden es genügsame, verschwendungsarme Konsumstile sehr schwer haben sich durchzusetzen. Das betrifft insbesondere Forderungen nach verpackungslosen bzw. -armen, regionalen, langlebigen, reparierfähigen und wieder- und weiterverwendbaren Gütern. Der konsumstimulierende Einfluss der Werbung auf Kaufentscheidungen lässt sich nur in wenigen Fällen politisch eindämmen (z. B. Werbeverbote für bestimmte Güter). Insofern wird auch weiterhin durch kommerzielle Werbung ein enormer Konsumdruck auf die Bürger bestehen bleiben und zum Alltag gehören. Eine Reduktion dieser Beeinflussung kann nur jeder Einzelne bei sich selbst bewirken. Notwendig dafür ist ein fester Wille, sich dem Werbeeinfluss zu entziehen und beim Konsum mehr auf die eigenen, authentischen Bedürfnisse zu achten.

Mangelnde Verantwortung im Business

Das dominante Renditestreben großer Konzerne drückt den Märkten ihren Stempel auf. Nachhaltiges Wirtschaften wird aus der Perspektive der Rendite und nicht der Verantwortung und Moral beurteilt. Klimafreundlicher Konsum wird nur dann unterstützt, wenn damit Geld verdient werden kann. Umwelt- und Klimaschutz müssen sich finanziell lohnen. Konsumverzicht passt deshalb nicht in die Rationalität privater Unternehmen.

Märkte sind selten stabil, sie verändern sich täglich, dynamisch oder teilweise disruptiv. Ihre Entwicklungen vorherzusagen, ist selbst für relativ kurze Zeiträume nahezu unmöglich. Zu viele, oft unbekannte Faktoren oder plötzlich auftretende Krisen beeinflussen das Marktgeschehen. Was oft als Prognose bezeichnet wird, sind eher Szenarien, die aus einer Vielzahl von möglichen Zukünften ausgewählt werden. Letztlich wird die Weltwirtschaft vom Renditestreben global agierender Konzerne angetrieben, und nicht aus einer Verantwortung zum Umwelt- und Klimaschutz heraus. Auch die Möglichkeiten, durch nationalstaatliches Handeln mehr Klimaschutz von den Unternehmen einzufordern, sind begrenzt. Wenn es zu happig werden sollte, drohen Konzerne mit Arbeitsplatzabbau und Unternehmensverlagerungen ins Ausland.

Solange mit Umwelt- und Klimaschutz nicht genug Geld verdient werden kann, wird der Klimaschutz in der Unternehmensstrategie hinten runterfallen. Befolgt werden nur die Klimaschutzgesetze, darüber hinaus wird die Luft dünn. Folgt man dem Wirtschaftswissenschaftler Milton Friedman, so ist es nicht die Bestimmung von Unternehmen, für den Schutz von Umwelt und Klima zu sorgen. Die Aufgabe von Unternehmen, so Friedman, ist es, Geschäfte zu machen. Diese Position hat Milton Friedman sehr prägnant 1970 in *The New York Times* formuliert:[12] »The Social Responsibility of Business is to Increase its Profits«. Dieses Statement wird oft auf die Formel »The Business of Business is Business« verkürzt.

Die Unternehmen sehen sich mehrheitlich nicht in der Position, das Klima zu schützen. Ihnen geht es um lukrative Geschäfte.

An dieser Grundhaltung privater Unternehmen ändert sich auch durch die sehr zahlreichen *CSR-Strategien*[13] und den *ESG-Ansatz*[14] im Finanzbereich im Grundsatz nichts Wesentliches. Es ist anerkennenswert, dass viele Unternehmen sich freiwillig und ernsthaft mit ihren Möglichkeiten zum Umwelt- und Klimaschutz beschäftigen und in unternehmerische Ziele und Maßnahmen überführen. Das sollte nicht einfach als »Greenwashing« abgetan werden. Eine grundsätzliche Strategie, auch außerhalb des Renditezieles kooperativ und solidarisch mit den Vereinten Nationen, einzelnen Staaten und Organisationen der Zivilgesellschaft (sogenannte *Stakeholder*) effektiven Umwelt- und Klimaschutz zu betreiben, ist damit jedoch nicht zwingend verbunden.

Die Regierungen der großen Industriestaaten unterstützen weitgehend das Streben der Konzerne nach Rendite, in der Hoffnung, damit für Wachstum, Wohlstand und Arbeitsplätze im eigenen Land zu sorgen und zeigen sich im Klimaschutz kompromissbereit.

Nach der ökonomischen Theorie verhalten sich Unternehmen rational, indem sie versuchen, ihre finanziellen Erträge zu maximieren. Die Umwelt, das Klima und Tiere schützen zu wollen, ist nach dieser ökonomischen Sichtweise insofern nur dann rational, wenn sich damit Geld verdienen lässt. Wer nicht danach trachtet, seinen persönlichen Wohlstand zu mehren, der handelt aus Sicht der Ökonomen irrational. Auf Konsum verzichtende Lebensstile stoßen bei Unternehmen auf Ablehnung und Unverständnis. Sie sehen darin eine Gefahr, die Jahre eines grenzenlosen Wirtschaftswachstums könnten vorbeigehen. In Anbetracht der rasant zunehmenden Erderwärmung ist es allerdings rationaler, beherzt und engagiert klimaschützend zu handeln als sein Geldvermögen zu maximieren.

»Geld oder Leben« ist ein sehr beliebter Buchtitel. Was ist rationaler, sich für Geld oder für das Leben zu entscheiden? In Zeiten einer drohenden Klimakatastrophe scheint beides gleichzeitig haben zu wollen nicht mehr möglich zu sein.

Psychische Barrieren

Die »mentalen Kosten« des Konsumverzichts

Die gesellschaftliche Dominanz des Konsums im Vergleich zum Verzicht hat neben kulturellen, politischen und ökonomischen auch psychische Ursachen. Die Ablehnung von Eigenverantwortung, ein dominanter Egoismus und die Suche nach Rechtfertigungen für verschwenderischen Konsum blockieren Nachhaltigkeit und Genügsamkeit. Auf dem Weg zur Genügsamkeit im Konsum müssen diese psychischen Blockaden, die sich bei jedem Einzelnen anders darstellen, weggeräumt werden. Das zu bewältigen, ist deutlich komplexer, schwieriger und zeitaufwendiger als jedes Gesetzgebungsverfahren, denn alle Menschen haben eine eigene Persönlichkeit und einen eigenen Charakter. Das wirkt sich auch auf das Konsumverhalten aus. Alle Konsumenten ticken anders. Sie haben unterschiedliche Werte, Bedürfnisse, Motive, Einstellungen, Erwartungen und Präferenzen. Intellekt und Psyche wirken dabei kräftig mit, dass sich viele Menschen am verschwenderischen Konsum erfreuen und nur relativ wenige ihre Lebenszufriedenheit aus anderen Quellen beziehen.

Der Grund dafür ist, dass Konsumverzicht zwar Geld spart, aber gleichzeitig »psychische Kosten« verursachen kann. Psychische Kosten umfassen jegliche Art von persönlich empfundenen Verlusten (z. B. Genussfreuden), Unannehmlichkeiten (z. B. Aufgabe von Bequemlichkeiten) und Anstrengungen (z. B. Änderung von Gewohnheiten). In diesen Fällen übersteigen die mit dem Konsumverzicht wahrgenommenen persönlichen Einbußen und Entbehrungen den empfundenen Zugewinn an Wohlbefinden infolge umwelt- und klimaschützenden Handelns. Die psychischen Kosten des Konsumverzichts wiegen dann mehr als der Zugewinn an Zufriedenheit. Das ist dann der Fall, wenn das Glück aus der Befriedigung des Bedürfnisses nach Umwelt- und Klimaschutz nicht ausreicht, um die mit dem Verzicht weggefallenen Vorzüge eines Produkts, z. B. Spaß zu haben und sozial anerkannt zu werden, auszugleichen.

Konsumenten, die einerseits Umwelt- und Klimaschutz grundsätzlich für sehr wichtig erachten, andererseits aber auf ihren geschaffenen Wohlstand nicht verzichten und die persönlichen Konsumgewohnheiten nicht aufgeben wollen, geraten in ein Entscheidungsdilemma. Um ohne Reue und ohne schlechtes Gewissen den Status quo ihres Lebens nicht aufgeben und verändern zu müssen, können Konsumenten unterschiedliche mentale Strategien verfolgen. Dazu gehören die Ablehnung von persönlicher Verantwortung für den Umwelt- und Klimaschutz, die Dominanz egoistischer Bedürfnisse sowie gedankliche Argumentationen zur Rechtfertigung persönlicher Verschwendung.

Verweigerung von Verantwortung

Der globale Treibhauseffekt ist *anthropogen*, also vom Menschen herbeigeführt. Insofern stehen alle Menschen in der Verantwortung, für den Erhalt einer intakten Natur und einer lebenswerten Zukunft zu sorgen. Die Verantwortung trifft grundsätzlich alle Menschen – reiche Menschen mehr, arme weniger. Denn jeder Mensch benötigt Ressourcen zum (Über-)Leben. Aber wie viel ist genug? In der *Manna-Geschichte* wird diese Frage so beantwortet (2. Mose 16,18): »Sammle so viel du für dich heute brauchst zum Essen, aber nicht mehr, denn der Überschuss verdirbt! « Jeder muss diese Frage nach dem Genug an Konsum erst einmal für sich selbst entscheiden. In reichen Ländern wird mehr als genug konsumiert. Lebensmittel werden verschwendet, noch funktionsfähige Produkte durch neue ersetzt und viel Müll landet in den Ozeanen und auf illegalen Deponien.

Aber nicht alle Menschen verbrauchen mehr Ressourcen als genug. Und viele auf der Welt haben nicht einmal genug zum Leben. Wie viel genug ist, um nachhaltig zu leben, lässt sich durch den ökologischen Pro-Kopf-Fußabdruck angeben. Danach sollte der jährliche Ressourcenverbrauch je Person nicht den Wert von 1,6 globalen Hektaren[15] übersteigen.

In den zentralafrikanischen Ländern beispielsweise und in Indien und Pakistan befinden sich die ökologischen Pro-Kopf-Fußabdrücke in dieser nachhaltigen Größenordnung. In den USA dagegen wird dieser, aktuell innerhalb der planetaren Grenzen liegende Ressourcenverbrauch von 1,6 globalen Hektaren um das 5-Fache und in Deutschland um das 3-Fache überschritten.[16] Diese Werte zeigen deutlich, dass nicht alle Menschen an der Ressourcenausbeutung und der Erhitzung der Erde gleichermaßen beteiligt sind. Ein verschwenderischer Ressourcenverbrauch findet überwiegend in den reichen Industrieländern statt. Es sind mehr als 80 Prozent der Weltbevölkerung (circa 6,4 Milliarden), die in Ländern leben, die mehr Ressourcen verbrauchen, als ihre Ökosysteme regenerieren können.[17] Die Verantwortung für den Klimaschutz trifft demnach zuallererst wohlhabende Personen, die viel Geld für ihren persönlichen Konsum ausgeben.

Eine gemeinsame, kollektive »Schuld« der Menschen an der Erderhitzung ist dennoch nicht von der Hand zu weisen. Wer deutlich zu viel konsumiert, steht in der Pflicht, aus Verantwortung für den Umwelt- und Klimaschutz diese Verschwendung einzustellen. Das gilt unabhängig davon, ob für den eigenen Konsum ein quantifizierbarer Effekt auf den Klimawandel messtechnisch nachzuweisen ist.

Verantwortung für den Klimaschutz anzuerkennen, ist kein Eingeständnis persönlicher Schuld am globalen Klimawandel.

Nach Schuldigen zu suchen, hilft nicht viel weiter. Die Verursacher der Klimaerwärmung sind bekannt. Es sind die Menschen, und sie tragen alle Verantwortung für ihr Verhalten. Verantwortung zu haben, verpflichtet eine Person, Rechenschaft gegenüber der Familie, den Freunden und auch gegenüber dem eigenen Gewissen darüber abzulegen, ob sie sich genug für den Umwelt- und Klimaschutz einsetzt.[18] Wer Verantwortung trägt, muss Fragen beantworten, sich Fragen gefallen lassen; Fragen beispielsweise von den Kindern, die wissen wollen, was ihre Eltern machen, um Umwelt und Klima zu schützen, und ob das ausreicht. Während viele Eltern der Nachkriegsgeneration es als ihr Lebensziel ansahen, alles zu machen, damit es den Kindern einmal besser als ihnen geht, fällt heute die Losung wohl anders aus. Heute geht es darum, Kindern ein Leben zu bieten, dass die gleichen Chancen eröffnet und die gleiche Lebensqualität ermöglicht. Dabei ist mit Lebensqualität nicht materieller Wohlstand gemeint, sondern persönliches Glück, Zufriedenheit, Erfüllung und Sinnhaftigkeit im Leben. Aus der Verantwortung leitet sich eine moralische Pflicht ab, einen zumutbaren Beitrag dafür zu leisten, dass die nachfolgenden Generationen eine Welt vorfinden, in der sich ein Leben lohnt.[19]

Viele Menschen negieren allerdings, eine persönliche Verantwortung für den Umwelt- und Klimaschutz zu tragen. Sie sehen den Staat und die Wirtschaft in der Verantwortung, sich selbst aber nicht. Mit dieser Haltung ist es sehr einfach, sich selbst aus der Verantwortung zu stehlen. Wenn es ausschließlich die Aufgabe von Staat und Wirtschaft ist, die Erde zu retten, dann gibt es keinen Grund, sich selbst darum zu kümmern. Richtig ist, dass auch der Staat und die Wirtschaft Verantwortung tragen. Nach Art. 20a Grundgesetz (GG) ist in Deutschland die Regierung zum Klimaschutz verpflichtet.[20] Dieser Verpflichtung kommt die Regierung in der Hauptsache durch das Klimaschutzgesetz[21] nach, das insbesondere Rahmenbedingungen wirtschaftlichen Handels zum Klimaschutz festlegt (z. B. Zertifikatehandel für Brennstoffemissionen). Die Wirtschaft bevorzugt freiwillige Selbstverpflichtungen, Ethikkodizes und Bekenntnisse zur sozial-ökologischen Unternehmensverantwortung *(Corporate Social Responsibility)*. Zudem lassen sich durch nachhaltige Rohstoff- und Materialsenkungen in Unternehmen erhebliche Kostenvorteile erzielen. So lässt sich auch erklären, dass die Industrie im Zeitraum September 2021 bis Dezember 2022 den Gasverbrauch um 24 Prozent reduziert hat. Bei den privaten Haushalten hat es im gleichen Zeitraum gerade mal zu einer Ersparnis im Gasverbrauch von 12 Prozent gereicht[22] und das trotz hoher Gaspreise sowie in Erwartung hoher Vorauszahlungen für Erdgas. Mit anderen Worten, bezogen auf den Gasverbrauch hat die Industrie während dieses Zeitraumes einen höheren Beitrag zum Klimaschutz geleistet als alle Bürger zusammen.

Die Schwachstelle im Klimaschutz ist weniger der Staat oder die Wirtschaft, sondern der einzelne Konsument.

In der öffentlichen Diskussion kommt die Verantwortung von Konsumenten für den Umwelt- und Klimaschutz deutlich zu kurz. Die Politik tut sich schwer, dieses Thema aufzugreifen, denn sie umwerben die Bürger geradezu mit vielfältigen Versprechungen, ihnen Gutes zu tun. Da aber mit jeder politischen Fördermaßnahme auch die Ansprüche bei den Bürgern steigen, kann keine Partei mit dieser Strategie auf lange Sicht Erfolg haben. Die Erwartungen der Bürger auf staatliche Zuwendungen können schnell mal die Höhe der tatsächlichen Zuwendung übersteigen. Im Ergebnis stellt sich dann keine Zufriedenheit mit erhaltenen Unterstützungen ein, sondern das Gegenteil, wie das Beispiel Tankrabatt[23] zeigt. Den Versuch, die Bürger auch mal in die Pflicht zu nehmen, sie nicht nur zu um- und zu versorgen, sondern auch von ihnen etwas zu fordern, trauen sich nur sehr wenige Politiker. Das ist sehr kurzsichtig, beachtet man die gewaltige Höhe der CO_2-Emissionen des Konsumsektors. Privater Energieverbrauch für Heizung, Warmwasser und Strom, Mobilität (Pkw-Nutzung, Flugreisen), Ernährung sowie der Erwerb und die Nutzung aller Art von Gütern verursacht CO_2-Emissionen in beträchtlicher Höhe.[24]

Für den Einzelnen ist es sehr einfach, die eigene Verantwortung für den Klimaschutz an den Staat und die Wirtschaft abzugeben. Das ermöglicht ohne Reue so weiterzuleben wie bisher. Diejenigen, die sich dem Wirken von unbekannten Mächten und dem Schicksal ausgeliefert fühlen, lehnen oft eine Verantwortung für den Klimaschutz ab. Diese Menschen erkennen keine eigenen Möglichkeiten, ihr Leben selbstbestimmt zu gestalten und ihm einen Sinn zu geben.[25] Deswegen fehlt ihnen auch die Fantasie dazu, selbst aktiv Umwelt und Klima zu schützen. Andererseits gibt es aber auch viele Menschen, die es gewohnt sind, ihr Leben selbst in die Hand zu nehmen und nicht darauf zu warten oder zu vertrauen, dass andere es machen. Diese Personen haben kaum Probleme mit der Anerkennung einer persönlichen Verantwortung, für den Erhalt von Umwelt und Klima Sorge zu tragen.

Die Umwelt und das Klima zu schützen, ist eine Herkulesaufgabe von epochaler Bedeutung, die in der Verantwortung aller liegt: des Staates, der Wirtschaft und der Bürger.

Natürlich sind der Staat und die Wirtschaft auch verantwortlich und gefordert, alles zu tun, was ihnen möglich ist, um Umwelt und

Klima zu schützen. Das sollte allerdings nicht als Einladung dienen, sich aus der Affäre zu ziehen.

Die Realität vermittelt allerdings ein anderes Bild. Weder die Politik noch die Wirtschaft und schon gar nicht die Bürger leisten das, was möglich wäre und dringend gemacht werden müsste, um die katastrophalen Auswirkungen des globalen Klimawandels noch verhindern zu können.

Die große Mehrheit in der deutschen Bevölkerung, ähnlich wie in vielen anderen Industrienationen, ignoriert oder lehnt eine persönliche Verantwortung für den Umwelt- und Klimaschutz schlichtweg ab. Grund dafür ist, dass die allerwenigsten ihren gewohnten Wohlstand, ihre Lebens- und Konsumstile aufgeben bzw. verändern wollen. Zustimmungen zum Umwelt- und Klimaschutz gelten bei vielen nur unter der stillschweigend gemachten Voraussetzung, dass sich dadurch persönlich nichts ändern darf. Das erklärt auch die sehr große Diskrepanz zwischen den bei vielen Umfragen geäußerten hohen Zustimmungen für den Umwelt- und Klimaschutz und dem, was diese Befragten selbst dazu beitragen.

Viele lassen ihren Worten keine Taten folgen (»They don't walk their talk«). Die hohen Zustimmungsraten für den Klimaschutz in Deutschland stehen im krassen Gegensatz zum persönlichen Klimaengagement vieler Bürger. Verantwortung für die Umwelt und das Klima anzuerkennen, bedeutet für den Einzelnen das Gegenteil von einem »weiter so«. Es werden zusätzliche Kosten zu tragen sein und lieb gewordene Gewohnheiten werden sich verändern müssen. Es ist bisher nur eine Minderheit in Deutschland, die auf überflüssigen und verschwenderischen Konsum aus Verantwortung freiwillig verzichtet.

Umwelt- und Klimaschutz gibt es nicht gratis.

Rationaler Egoismus

Rationalität gilt als Inbegriff vernünftigen Handelns. Danach lösen Menschen ihre Probleme, indem sie ihren Verstand gebrauchen. Um ein gewünschtes Ziel zu erreichen, machen sich Menschen Gedanken darüber, wie das am besten gelingen kann. Verhalten sich Menschen nahezu gedankenlos, spontan oder gefühlsmäßig, aus dem Bauch heraus, wird das schnell als unvernünftig und irrational abgetan. Problematisch an diesem Verständnis rationalen, also vernünftigen Handelns ist allerdings, dass das, was »vernünftig« ist, von Menschen sehr unterschiedlich beurteilt wird. Die Vernunft lässt viel Raum für subjektive Interpretationen und Überzeugungen. Was heute als vernünftig erscheinen mag, kann morgen schon als unklug gelten. Um diese Unbestimmtheit des Rationalitätsbegriffs zu vermeiden, wird in den Wirtschaftswissenschaften einfach festgelegt, was rationales Handeln bedeutet. Nach der volkswirtschaftlichen Theorie handeln Konsumenten dann rational, wenn sie danach streben und darauf hinwirken, ihren finanziellen Wohlstand stetig zu maximieren. Aus ökonomischer Sicht ist es also vernünftig, wenn jeder seinen Wohlstand mehrt, auch wenn dadurch das Klima kollabieren sollte. Wer sich dem aber verschließt und anstelle einer finanziell profitablen Berufskarriere mehr freie Zeit für die Familie und für Freunde anstrebt, handelt nach dem ökonomischen Verständnis unvernünftig und irrational.

Für Ökonomen ist Konsumverzicht irrational.

Ein zweiter Kritikpunkt zum Verständnis rationaler Entscheidungsprozesse ist, dass das Ergebnis von den mentalen Fähigkeiten und Kompetenzen des jeweiligen Konsumenten abhängt. Damit Konsumenten sich über »rationale« Kaufentscheidungen finanzielle Vorteile verschaffen können, müssen sie nämlich sämtliche Angebote für bestimmte persönliche Bedarfe, deren Kosten und Eigenschaften kennen (sogenannte vollkommene Markttransparenz). Doch Konsumenten sind weder in der Lage (noch willens), sich all diese Informationen zu beschaffen, zu merken und mental zu bewältigen. Konsumenten, die wie der Homo oeconomicus der Volkswirtschaftslehre das alles können, gibt es nirgendwo auf der Welt, nicht einmal annäherungsweise.

Die menschliche Rationalität ist subjektiv und insofern sehr vielfältig in ihren Erscheinungsformen. Sie richtet sich immer auf eine gedankliche Prüfung der Eignung von verschiedenen Handlungsoptionen zur Erreichung eines persönlichen Zieles. Jeder Mensch hat seine Bedürfnisse, Wünsche und Ziele sowie eigene Vorstellungen davon, wie diese zu befriedigen bzw. zu erreichen sind. Es handelt sich bei Weitem nicht nur um finanzielle und materielle Ziele, die rational verfolgt werden. Wichtig sind zudem psychologische Ziele der Selbstverwirklichung und Selbstbestimmung. Auch soziale Bedürfnisse wie verlässliche Freundschaften und ethische Bedürfnisse nach Solidarität, Arten- und Klimaschutz leiten die Vernunft und das Verhalten von Menschen.

Die Subjektivität menschlicher Rationalität leitet sich ab von den persönlichen Werten, Überzeugungen, Einstellungen und Präferenzen. Sie ist gänzlich in der Gedankenwelt und dem persönlichen Verständnis von der Vernunft des Konsumenten verfangen. Zudem unterliegt sie erheblichen Beschränkungen hinsichtlich geistiger Fähigkeiten der Informationsaufnahme und im Umgang mit Informationen. Das hat zur Folge, dass das tatsächliche Verhalten von Konsumenten nur begrenzt gedanklich gesteuert ist und keinem allgemeingültigen Standard folgt, sondern der individuellen subjektiven Vernunft. Konsumentscheidungen sind nicht nur argumentativ begründet, sondern auch stark von Emotionen, sozialen Einflüssen und Vorurteilen geprägt. Die Entscheidung, aus einer Menge möglicher Konsumalternativen die »beste« auszuwählen (z. B. Kauf oder Verzicht), erfolgt auf der Grundlage der jeweiligen Vor- und Nachteile der Alternativen bzw. ihrer Beiträge zur Bedürfnisbefriedigung. Da in der Regel immer mehrere

Bedürfnisse mit dem Kauf von Gütern angesprochen werden, kann es bei Entscheidungen dann zu Konflikten kommen, wenn sich diese Bedürfnisse gegenseitig widersprechen (z. B. die Bedürfnisse nach Fleischverzehr einerseits und nach Klimaschutz andererseits). Selten werden maximal nützliche Konsumerlebnisse angestrebt, sondern zufriedenstellende. Nur in Ausnahmefällen fußen Konsumentscheidungen auf extensiven gedanklichen Abwägungsprozessen über die Vor- und Nachteile von Angeboten (z. B. beim Kauf von Immobilien). Viel häufiger setzen Konsumenten beim Einkaufen einfache Faustregeln ein (z. B. »Diese Marke ist immer die beste.«) oder sie greifen nahezu gedankenlos auf Produkte und Marken zu, die sie schon immer gekauft haben. Alles Vorgänge, die in sich die Gefahr bergen, »unvernünftige« und unerwünschte Resultate hervorzurufen.

Eine allgemeine, übergeordnete, objektive Rationalität zum Konsumverhalten gibt es nicht. Über das, was rational, vernünftig und erstrebenswert ist, haben Konsumenten sehr unterschiedliche Auffassungen. Freie, dem Intellekt folgende Konsumentscheidungen werden teilweise von Emotionen (u. a. Freude, Lust und Angst) und sozialen Erwartungen (u. a. Kleiderordnung) verändert und korrigiert. Da jede Konsumentscheidung auch Folgen für die Umwelt und das Klima hat, kann nicht nur das vernünftig sein, was dem Konsumenten persönlich hilft.

Mit Verstand und Vernunft zu konsumieren heißt auch, die Umwelt und das Klima zu schützen.

Bei Entscheidungen zum Konsumverzicht finden individuelle Abwägungs- und Bewertungsprozesse zwischen den vom Konsumenten erwarteten Vor- und Nachteilen eines Kaufs bzw. eines Kaufverzichts statt. Bei der Beurteilung dieser beiden Konsumoptionen treffen immer zwei unterschiedliche Interessen bzw. Leitprinzipien aufeinander, der Egoismus und der Altruismus. Das liegt daran, dass Konsum grundsätzlich nicht nur einen persönlichen Nutzen stiften kann und damit den Egoismus befriedigt, sondern auch in Bereiche außerhalb der persönlichen Sphäre der Konsumenten, wie die Umwelt und das Klima, hineinwirkt. Der Egoismus beurteilt die beiden Konsumalternativen im Hinblick auf deren Nutzen für das persönliche Wohlergehen. Es erfolgt eine Einschätzung, ob der Kauf eines Produkts oder der Verzicht darauf persönlich vorteilhafter ist. Dagegen stehen beim Altruismus die Auswirkungen beider Alternativen auf das Wohlergehen der Gesellschaft, der Natur und des Klimas im Vordergrund. In dieser Betrachtung ist die Konsumalternative, der Kauf oder der Verzicht darauf, vorteilhafter, die den höchsten Beitrag zum Gemeinwohl leistet. Als altruistisch können dem Gemeinwohl zugutekommende Handlungen bezeichnet werden, die dem Handelnden selbst Kosten auferlegen.[26] »Kosten« beschränken sich nicht nur auf finanzielle Kosten, sondern sind beispielsweise auch bei notwendigen Verhaltensänderungen auftretende psychische und physische Anstrengungen und Belastungen. In diesem Sinne ist der Konsumverzicht altruistisch, da er der Umwelt und dem Klima zugutekommt, vom Einzelnen aber gegebenenfalls Veränderungen von lieb gewordenen Konsumgewohnheiten abverlangt.

Wissenschaftliche Studien legen nahe, dass Konsumenten bei Entscheidungen zwischen diesen beiden Nutzenaspekten – persönlicher Nutzen und Nutzen für das Gemeinwohl – genau unterscheiden.[27] Wer auf ein Produkt verzichtet, spart beispielsweise Geld (persönlicher Nutzen) und die Umwelt und das Klima werden weniger durch Rohstoffabbau und Treibhausgasemissionen belastet (kollektiver Nutzen). Während persönliche Nachteile aus einem Verzicht aufgrund der Nichtverfügbarkeit des Produkts eintreten können, sind Nachteile aus einem Konsumverzicht für Umwelt und Klima schwer zu erkennen. Die Rationalität der Entscheidung zwischen dem Kauf und dem Kaufverzicht liegt in einer interpretativen gedanklichen Abwägung ihrer jeweiligen Vor- und Nachteile und deren Bewertung hinsichtlich ihrer Beiträge zur Förderung sowohl des Eigenwohls als auch des Gemeinwohls. Bei Konsumenten, die über ein starkes Umwelt- und Klimabewusstsein verfügen, stehen egoistische Motive (u. a. Streben nach persönlichem

Wohlstand) und ethische Motive (u. a. Schutz des Klimas) bei Entscheidungen oft in Konkurrenz zueinander. Ohne ein ausgeprägtes Bewusstsein für einen nachhaltigen Konsum dominiert automatisch der Egoismus bei Entscheidungen. Spielt für Konsumenten aber der Umwelt- und Klimaschutz eine große Rolle, dann nähert sich der Altruismus in der Wichtigkeit dem Egoismus an. In solchen Fällen wird von einer sozialen Dilemmasituation gesprochen.[28]

Ein *soziales Dilemma* entsteht, wenn nahezu gleich starke egoistische Motive einerseits und ethische Motive andererseits in einer konkreten Konsumentscheidung gegeneinander wirken. Egoistische Motive treiben zum persönlichen Vorteil an und ethische Motive legen nahe, bei Konsumentscheidungen das Wohl anderer Menschen, der Natur und des Klimas zu berücksichtigen. Die ethischen Motive überschreiten die enge Sphäre des menschlichen Egos und richten sich auf das Gemeinwohl, inklusive Tierwohl. Bei einer Mobilitätsentscheidung könnten beispielsweise die Alternativen öffentlicher Nahverkehr (Verzicht auf eigenen Pkw) einerseits und privater Pkw andererseits zur Auswahl stehen. Während der öffentliche Nahverkehr erhebliche Klimavorteile im Vergleich zum privaten Pkw aufweist, hat bei der Reisezeit, zeitlichen Flexibilität, Sicherheit und Bequemlichkeit bei vielen der Pkw die Nase vorn. In solchen, von einem Abwägen zwischen den Vor- und Nachteilen gemeinnützigen Handelns einerseits und den Vor- und Nachteilen egoistischen Verhaltens andererseits geprägten konfliktären Situationen entscheiden Menschen sich überwiegend egoistisch zulasten des Gemeinwohls.[29] Immer dann, wenn Konsumenten fein säuberlich trennen zwischen dem, was gut für sie ist, und dem, was gut für das Gemeinwohl ist, wird sich bei einer Entscheidung (nahezu) immer der Egoismus zulasten des Gemeinwohls durchsetzen. Konsumenten handeln primär egoistisch.[30]

Aus der persönlichen Perspektive kann es durchaus rational sein, sich zulasten und auf Kosten des Gemeinwohls zu verhalten.

Befriedigt ein Konsumverzicht sowohl persönliche Bedürfnisse nach Selbstbestimmung und Unabhängigkeit als auch gemeinwohlorientierte Bedürfnisse nach Umwelt- und Klimaschutz, dann wird sich ein Konsument trotzdem nur dann für den Verzicht auf ein Produkt entscheiden, wenn der damit verbundene Nutzenverlust geringer ausfällt als der Nutzenzugewinn durch den Verzicht.

Konsequentes und beherztes Engagement im Kampf gegen den globalen Klimawandel erfordert die Einsicht, dass Umwelt, Arten und Klima geschützt und erhalten werden müssen, um menschliches Leben auf dieser Erde auch in Zukunft sicherzustellen. Dass diese Einsicht in Deutschland und nahezu auf der ganzen Welt nicht Mainstream ist, liegt zum einen an der Fokussierung zu vieler Menschen auf den eigenen Wohlstand und zum anderen daran, dass die Umwelt und das Klima für diese Menschen als etwas angesehen werden, das mit ihnen persönlich wenig bis gar nichts zu tun hat.

Dennoch ist tagtäglich auch zu beobachten, dass Menschen sich ethisch, scheinbar »uneigennützig«, verhalten können. Sie spenden für humanitäre und soziale Zwecke, sie engagieren sich in ihrer Freizeit ehrenamtlich und sie kaufen im Vergleich zu herkömmlichen Lebensmitteln die teurere Bioware. Wie passt das zu wissenschaftlichen Befunden, die ein dominant egoistisches Verhalten von Konsumenten nahelegen?

Es ist die schlichte gedankliche Trennung zwischen dem Eigenwohl und dem Gemeinwohl, die Umwelt- und Klimaschutz bei sehr vielen blockiert.

Die Antwort: ganz einfach. Wenn ethisches Verhalten von Menschen nicht nur das Gemeinwohl fördert, sondern auch deren persönlichem Wohlbefinden zugutekommt, dann hat der Umwelt- und Klimaschutz eine Chance. In diesen Fällen zerfließt der wahrgenommene Gegensatz zwischen Egoismus (»gut für mich«) und Altruismus (»gut für andere«) und wird zum »gut für alle«. Voraussetzungen dafür sind Überzeugungen, dass eine intakte Umwelt und ein lebensfreundliches Klima nicht nur dem Gemeinwohl zugutekommen, sondern auch dem Wohlbefinden eines jeden Einzelnen überall auf der Welt.

Wer sich als Teil der Menschheit und der Natur versteht, also eine universalistische Haltung einnimmt, dem müsste es leichtfallen, den Gegensatz zwischen Egoismus und Altruismus aufzulösen. Das ermöglicht humanitäre, soziale und ökologische Lebens- und Konsumstile. Jeder Beitrag zum Wohle von Natur und Klima stellt dann auch einen Zugewinn an persönlichem Wohlbefinden dar. Der Schutz von Umwelt und Klima kann vom Konsumenten als persönliche Lebensnotwendigkeit verinnerlicht und so Teil seiner Vernunft und Entscheidungsrationalität werden.

Menschen, die das Gemeinwohl als persönlichen Zugewinn empfinden, konsumieren nachhaltig.

Mentale Mechanismen der Verschwendung

Unbekümmertes Trittbrettfahren

Das Gemeinwohl ist stark geprägt von der Art und Qualität vorhandener öffentlicher Güter, die einer Vielzahl von Menschen zur Verfügung stehen. Neben den vom Staat bereitgestellten öffentlichen Gütern wie beispielsweise das Rechts- und Bildungswesen, die Landesverteidigung und die Versorgungsinfrastruktur (Verkehr, Energie und Wasser) gibt es auch öffentliche Naturgüter, die der Menschheit zur Verfügung stehen. Dazu gehören u. a. Sonnenstrahlen, Süßwasser, Ackerböden, Wälder, Pflanzen und Luft. Während Sonnenstrahlen und die Luft zum Atmen grundsätzlich nicht knapp sind und keiner von der Nutzung ausgeschlossen werden kann, ist trinkbares Wasser ebenso knapp wie Fisch- und Waldbestände. Wenn knappe öffentliche Güter vielen Menschen ungeregelt zur freien, selbstbestimmten Verfügung zugänglich sind, kann es zu Auseinandersetzungen bzw. Rivalitäten bei ihrer Nutzung kommen (sogenannte *Allmendegüter*).[31] Ist beispielsweise erlaubt, dass in einem weiten Umkreis eines Sees jeder dort für den eigenen Bedarf Fische angeln darf, dann schränkt jeder einzelne Fischfang die Fangmöglichkeiten aller anderen Angler ein. Je mehr sich ein oder wenige Angler Fische in hoher Anzahl aus dem See holen, desto geringer die Fangchancen für die restlichen Angler.

Eine Überbeanspruchung knapper öffentlicher Güter schmälert nicht nur die Ertragsmöglichkeiten anderer Nutzer, sondern gefährdet im Extrem den Bestand dieser Güter. Bei einem nicht reglementierten, freien Ressourcenzugang kann es aus eigennützigen Motiven rational sein, aus der Nutzung eines öffentlichen Gutes zulasten des Gemeinwohls persönliche Vorteile zu ziehen (sogenanntes Trittbrettfahrer- bzw. Freifahrerphänomen).[32]

Ein oft genanntes Beispiel dafür, dass Trittbrettfahren dem Gemeinwohl erheblichen Schaden zufügen kann, ist die Überfischung der Weltmeere. Die Fischbestände in den Ozeanen sind begrenzt. Kommt es durch egoistisches, profitorientiertes Trittbrettfahrerverhalten zur Überfischung, ist der gesamte Fischbestand in seiner Existenz gefährdet. Öffentlich zugänglichen Naturgütern, die von egoistischen Nutzern ausgebeutet werden, droht durch dieses Verhalten insofern eine komplette Erschöpfung und Vernichtung (z. B. Rodung von Urwäldern).

Trittbrettfahrer bereichern sich persönlich zulasten des Gemeinwohls.

Das Trittbrettfahrerphänomen *(Free Rider Problem)* ist nicht nur dort zu beobachten, wo Unternehmen aus kommerziellen Interessen frei zugängliche natürliche Ressourcen ausbeuten und überbeanspruchen, sondern ebenso bei Bürgern und Konsumenten. Hintergrund dafür ist ein grundlegender mentaler Mechanismus, der Bürger und Konsumenten zum Trittbrettfahren motivieren kann.

Trittbrettfahrer vermuten, dass sie sich unerkannt und sanktionsfrei auf Kosten der Umwelt und des Klimas persönliche Vorteile verschaffen können und vermögen es nicht, diesem Reflex der Begierde zu widerstehen. Insofern wird Trittbrettfahrerverhalten, auch opportunistisches Verhalten genannt, innerhalb kleinerer sozialer Gruppen relativ selten zu beobachten sein. Gruppenschädliches Verhalten wird dort leichter erkannt und bei nächster Gelegenheit von anderen Gruppenmitgliedern zurückgezahlt werden.[33] Da der Umwelt- und Klimaschutz in der gemeinsamen Verantwortung aller Menschen liegt, ist eine soziale Verhaltenskontrolle zur Vermeidung von Trittbrettfahren, wie bei kleineren Gruppen, bei größeren sozialen Gemeinschaften nicht möglich.

Für den Klimaschutz rückt zudem ein anderes öffentliches Gut in das Blickfeld: die natürlichen CO_2-Senken wie Meere, Böden und Wälder. Jeder Einzelne, der durch sein Handeln Treibhausgase emittiert, »entsorgt« diese klimaschädlichen Gase in der Atmosphäre. Solange die CO_2-Senken Treibhausgase noch vollständig und schadlos aufnehmen können, wirkt jeder Eintrag »klimaneutral«.

Das Klima ist nicht vor Trittbrettfahrern geschützt.

Da aber die Aufnahmefähigkeit der CO_2-senkenden Ressourcen durch weltweit viel zu hohe CO_2-Emissionen aktuell überschritten ist, heizt jede weitere Treibhausgasemission eines jeden Konsumenten das Klima auf. Die dem Trittbrettfahrerphänomen zugrunde liegende Voraussetzung, unerkannt und gefahrlos egoistisch den eigenen Vorteil auf Kosten des Gemeinwohls zu mehren, ist beim Klimaschutz gegeben.

Für trittbrettfahrende Konsumenten ist es rational, sich auf Kosten des Klimaschutzes persönliche Vorteile zu verschaffen.

Diejenigen, die weit über ein mit dem Klimaschutz noch vertretbares Maß konsumieren und dabei Treibhausgase in die Atmosphäre blasen, können aufgrund ihrer Vielzahl nicht als Personen identifiziert werden. Ihre persönlichen Treibhausgasemissionen bewerten sie selbst als vernachlässigbar, und Sanktionen befürchten sie nicht.[34] Dieser mentale Mechanismus für gemeinwohlschädigendes Trittbrettfahren erklärt gut, warum es Menschen gibt, die ihren Müll in Parks zurücklassen, die bei verbrauchsunabhängiger Heizkostenabrechnung ihre Heizungen auf Kosten anderer Mieter voll aufdrehen, und solche, die entspannt mit hohen Geschwindigkeiten auf Autobahnen das Klima zusätzlich zum Ächzen bringen.

Auf das Gemeinwohl ausgerichtete Kooperationsstrukturen innerhalb größerer Bevölkerungskreise wären eine geeignete Maßnahme, Free-Rider-Problemen erfolgreich zu begegnen. Kooperierende Personen müssten sich darauf verständigen, auf egoistische Vorteile zugunsten des Gemeinwohles zu verzichten. Für Konsumenten würde das bedeuten, dass sie ihren verschwenderischen und klimaschädlichen Konsum einstellen. Die Hoffnung, dass so etwas gelingen könnte, ist allerdings sehr gering. Solange Konsumenten bei klimaschädlichen Verhaltensweisen nicht »erwischt« und nicht zur Rechenschaft gezogen werden, wird Trittbrettfahren weiterhin zum Alltag gehören.

Rechtfertigungen, Gegenargumente und moralische Ermächtigungen

Wenn eine von allen gemeinsam genutzte knappe natürliche Ressource, wie beispielsweise das Grundwasser, Fischbestände oder die Atmosphäre, von vielen zum eigenen Vorteil in Anspruch genommen wird, ohne dass dabei der Schutz und der Bestand dieser Ressourcen Beachtung finden, dann ist das nicht nur sozial ungerecht, sondern auch ökologisch katastrophal. Eine aus egoistischen Motiven massenhafte und hemmungslose Ausbeutung knapper natürlicher Ressourcen führt unweigerlich zu deren Erschöpfung und letztlich zum vollständigen Verlust. Und das ist der zu erwartende Zustand, auf den sich die Menschheit gerade flott zubewegt.[35] Dass es so ist, liegt auch an den vielen Konsumenten, die sich im Zweifel für den eigenen Egoismus und gegen das Gemeinwohl entscheiden.

Schwierigkeiten bei der Entscheidung über zwei nahezu gleichstark präferierte Konsumoptionen, eine egoistisch und eine dem Gemeinwohl förderlich (Entscheidungsdilemma), sind oft begleitet von gedanklichen Misstönen, den sogenannten *kognitiven Dissonanzen*. Es handelt sich dabei um in Entscheidungskonflikten auftretende, sich widersprechende Gedanken hinsichtlich der Vorteilhaftigkeit der beiden Entscheidungsalternativen (z. B. »Bahnfahren schützt das Klima, ist aber unbequem« und »Autofahren ist bequem, aber klimaschädlich«). Das Auftreten von nicht schnell lösbaren Entscheidungskonflikten empfinden Menschen als unangenehm und psychisch belastend.[36] Der Grund dafür ist, dass Menschen grundsätzlich nach innerer Ausgeglichenheit und nach einer Harmonie von Gedanken und Gefühlen streben. Das Bedürfnis, mit sich selbst im Reinen zu sein, wird aber beim Auftreten von Konflikten zwischen präferierten, aber konkurrierenden Handlungsmöglichkeiten erheblich gestört.

In diesen stressigen Situationen suchen Menschen nach Wegen, den gedanklichen Konflikt zu lösen. Dazu bedienen sie sich oft mentaler Rechtfertigungsstrategien, die letztlich alle das Ziel haben, die Präferenz für eine der beiden Entscheidungsalternativen zulasten der anderen zu stärken. Wenn es gelingt, gedanklich einen Nutzenunterschied zwischen beiden Alternativen herzustellen, ist der Konflikt gelöst. Dazu dienen gedankliche Um- bzw. Neuinterpretationen der Vorteilhaftigkeit der beiden zur Auswahl stehenden Alternativen. Dabei wird meist die eigennützige gedanklich aufgewertet und gleichzeitig die gemeinnützige in der Gunst des Entscheiders abgewertet. Dieser Prozess der gedanklichen Neubewertung der beiden Entscheidungsalternativen liefert den Entscheidern die gewünschten persönlichen Rechtfertigungen, ohne schlechtes Gewissen aus Eigennutz zu handeln.

Wer aus Gründen des Klimaschutzes beispielsweise eigentlich die Fahrt mit der Bahn der Nutzung des eigenen Pkws vorziehen will, kann mit einigen, spontan kreierten Argumenten die Entscheidung, doch mit dem Auto zu fahren, sich selbst gegenüber rechtfertigen. Dazu könnten möglicherweise folgende Argumente herangezogen werden: »Die Bahnfahrt dauert zu lange«, »Habe keine Fahrkarte, und die Automaten sind häufig kaputt«, »Die Bahn ist heute bestimmt wieder komplett überfüllt«, »Die Bahn fährt schon in 20 Minuten ab. Da müsste ich mich jetzt aber richtig beeilen, um die noch zu kriegen« und »Ich bin in der Vergangenheit so oft mit der Bahn gefahren, da kann ich auch mal wieder ins Auto steigen«. Solche Gründe bzw. Argumente für die egoistische und gegen die ökologische Alternative beseitigen den Konflikt und die damit verbundenen psychischen Belastungen.

Bei Entscheidungskonflikten können verschiedene mentale Mechanismen zum Einsatz kommen, die alle darauf gerichtet sind, die Vorteilhaftigkeit einer der beiden Alternativen, in der Regel die egoistische, zulasten der anderen, gemeinnützigen Alternative aufzuwerten. Dargestellt werden diese, die Widersprüchlichkeit eigener Gedanken (Dissonanzen) auflösenden mentalen Prozesse am Beispiel einer Entscheidung, ein Auto oder die Bahn zu nutzen:

- **Neugewichtung:** Persönliche Vorteile einer Fahrt mit dem eigenen Auto (z. B. schnell, flexibel und bequem) werden im Laufe der gedanklichen Auseinandersetzung zunehmend immer besser beurteilt und die Vorteile einer Bahnfahrt (weniger Umwelt- und Klimabelastungen, keine Staugefahr, entspanntes Fahren) abgewertet.

- **Counterarguing:**[37] Hier wird zur Lösung des Konflikts nach Argumenten gesucht, die gegen die Fahrt mit der Bahn sprechen, um so die private Autonutzung zu rechtfertigen (z. B. die Bahn ist zu unpünktlich, zeitlich zu unflexibel und zu unbequem).

- **Others responsibility:**[38] Mit der Ablehnung persönlicher Verantwortung für das Gemeinwohl lassen sich leicht egoistische Entscheidungen rechtfertigen. Bahnfahren kann beispielsweise mit den Argumenten abgelehnt werden, dass die Bahn nicht in der Lage ist, Züge pünktlich fahren zu lassen, Toiletten sauber zu halten, einen Bahnhof in der Nähe zu bauen, Fahrpläne den persönlichen Bedürfnissen anzupassen und einen günstigen Fahrpreis anzubieten. Diese Argumente sehen immer bei der Bahn den »Schuldigen« und rechtfertigen, selbst ohne Reue weiter mit dem klimaschädlichen Auto zu fahren.

- **Moral licensing:**[39] Nach diesem Prinzip »erlauben« sich Konsumenten egoistisches Handeln, wenn sie es aufgrund ihrer sonstigen umwelt- und klimafreundlichen Verhaltensgewohnheiten für moralisch gerechtfertigt halten. Wer also in der Vergangenheit häufiger mal mit der Bahn gefahren ist oder nahezu immer Biolebensmittel kauft, der gestattet sich dann auch hin und wieder mal eine Fahrt mit dem eigenen Pkw.
- **Stop-thinking:** Wenn trotz großer gedanklicher Anstrengungen keine Rechtfertigung für ein egoistisches Verhalten gefunden wird, dann gibt es auch noch die mentale »Notbremse«. Die beendet den gedanklichen Konflikt, indem die Existenz einer alternativen gemeinnützigen Handlung schlicht negiert wird (»Mit der Bahn zu fahren, ist für mich keine Alternative«).

Konsumieren angesichts der Klimakatastrophe

Weltweit wird in den reichen Ländern maßlos aus egoistischen Motiven konsumiert. Über die schädlichen Konsequenzen persönlicher Konsumgewohnheiten auf Umwelt und Klima denken viel zu wenige nach. Insofern kann es nicht überraschen, dass nur wenige auf die Idee kommen, zum Schutze von Natur und Klima weniger zu konsumieren, denn der Konsum kann Menschen einen Lebenssinn, eine Identität und ein hohes Selbstwertgefühl vermitteln, worauf keiner verzichten will. Diese »Glücksbringer« werden anderswo offenbar nicht gefunden bzw. vermutet. Kaum einer, dem der Konsum so lebenswichtig erscheint, wird zum Schutz von Natur und Klima darauf verzichten wollen. Shoppen zu gehen, macht vielen zudem Freude und Spaß, sie genießen es und sind glücklich dabei.[40] Bedrohungen und Gefahren, wie beispielsweise durch den globalen Klimawandel, stören die schöne Welt des Konsums. Deshalb werden solche Gefahren von sehr vielen Menschen negiert, ignoriert oder verharmlost.

Grundsätzlich reagieren Menschen auf existenziell bedrohliche Katastrophen und Krisen, derer sie sich scheinbar nicht erwehren können, mit Angst, Panik, Depressionen und Fluchtimpulsen. Diese psychischen Belastungen können eigene Überlebensreflexe aktivieren, nicht aber das Motiv, dabei zu helfen, dass alle der Bedrohung ausgesetzten Menschen Überlebenschancen haben. In einer Studie während des ersten Lockdowns der Coronapandemie im Frühjahr 2020 zeigte sich, dass in diesem Zeitraum die Bereitschaft zum ökologischen und sozialen Konsum sowie zum Konsumverzicht im Vergleich zur Vorpandemiezeit signifikant zurückging.[41]

Sich um das eigene (Über-)Leben zu kümmern, ist für viele vernünftiger, als gemeinsam mit anderen Umwelt und Klima zu retten.

Die Fokussierung auf das eigene Überleben in Anbetracht der auf die Menschheit zurollenden Klimakatastrophe verhindert, dass Konsumenten ihre verschwenderischen, klimaschädlichen Konsumgewohnheiten ändern.

Zukunft eine Chance geben, kommunizieren hilft

Beteiligen und fordern, nicht besänftigen

Der weltweite Überkonsum heizt ungebrochen das Klima an. Insofern ist es naheliegend, Maßnahmen zu ergreifen, die direkt beim Konsumverhalten der Menschen ansetzen. Konsumgewohnheiten können freiwillig aus Überzeugung und Verantwortungsgefühl verändert werden oder durch staatlich verordnete Ge- und Verbote. Die meisten Menschen ziehen höchstwahrscheinlich den freien Willen einem Verbot vor. Das mag auch daran liegen, dass ohne Verbot sich jeder »freiwillig« dazu entscheiden kann, nichts bei sich zu verändern und weiterhin verschwenderisch zu konsumieren. Deshalb gibt es wohl auch viele, die der Freiwilligkeit im Klimaschutz nicht trauen und stattdessen Konsumverbote fordern. In der Diskussion stehen u. a. Verbote von großen, spritfressenden und tonnenschweren Geländewagen (SUVs), von Inlandsflügen und Fleischverzehr. Einem Verbot zuzustimmen, fällt mit Sicherheit leichter, wenn das zu verbietende Produkt persönlich nicht genutzt wird. Dann ist man selbst von einem Verbot nicht betroffen. Hinter Forderungen nach Konsumverboten offenbart sich ein fester Glaube, dass mit Verboten schnell, einfach und wirkungsvoll klimaschädlicher Konsum unterbunden werden kann. Aus mehreren Gründen ist das aber eher ein frommer Wunsch und weniger die Realität.

Für Verhaltens- und Konsumverbote sind Gesetze notwendig, die einer parlamentarischen Mehrheit bedürfen und vor dem Verfassungsgericht angefochten werden können. Direkte Eingriffe in die persönlichen Freiheitsrechte der Bürger müssen verfassungsrechtlich zulässig sein – eine nicht triviale Anforderung an gesetzlich geregelte Verhaltensverbote. In einer Demokratie bestimmt die Mehrheit, wo es langgehen soll. Wer sich in der Minderheit sieht, muss das grundsätzlich ertragen können. Mehrheiten für klimaschützende Verbotsregeln sind jedenfalls in der aktuellen Parteienlandschaft mitunter nicht leicht oder gar nicht zu finden. Das zeigen zum einen die seit Jahren geführten Debatten zur Einführung eines generellen Tempolimits auf Autobahnen und zum anderen die sehr hitzig geführten Auseinandersetzungen über das neue Heizungsgesetz (genau: Gebäudeenergiegesetz). In beiden Fällen geht es um Verbote klimaschädigender Verhaltensweisen: das Verbot zu schnellen Fahrens auf Autobahnen und das Verbot von fossilen Heizungen. Allerdings dort, wo ein konflikt-, gefährdungs- und gewaltfreies Zusammenleben der Bürger vom Staat zu gewährleisten ist, sind klare Verhaltensregeln, inklusive Verboten, zwingend nötig. Das Verbieten klimaschädlichen Konsums ist insofern nie als Ultima Ratio aus dem Blickfeld zu verlieren.

Bevor reflexartig Konsumverbote gefordert werden, sollte in einer auf persönliche Freiheit und Rechtsstaatlichkeit bedachten Demokratie nach Möglichkeiten Ausschau gehalten werden, wie die Bürger angestoßen und ermutigt werden können, sich freiwillig am Klimaschutz zu beteiligen. Die Politik setzt im Klimaschutz auf Ordnungspolitik (u. a. Ge- und Verbote) sowie auf marktwirtschaftliche, den Bürgern finanzielle Verlockungen anpreisende Instrumente. Politische Maßnahmen zur Förderung der Selbstbestimmung der Bürger im Klimaschutz, die über das Auslegen finanziell reizvoller Köder hinausgehen, gehören dagegen nicht zum Handlungsrepertoire von Regierungen.

Neben dem Problem, Mehrheiten im Deutschen Bundestag für Konsumverbote zu finden, gibt es noch weitere Gründe, die gegen Verbote sprechen, die direkt in die persönliche Lebensgestaltung der Menschen eingreifen. Einer der Gründe ist, dass die Durchsetzung von Verboten kontrolliert und Verstöße dagegen sanktioniert werden können. Eine flächendeckende persönliche Überwachung der Bürger scheitert am Datenschutz und ist grundsätzlich nicht oder nur mit erheblichem verwaltungstechnischen Aufwand möglich. Zudem kann ein Verbot klimaschädlicher Produkte nicht nur an mangelnder Akzeptanz und Durchsetzungsmöglichkeiten scheitern, sondern auch an der präzisen Definition dessen, was verboten werden soll. Die kontrovers, ideologisch, polemisch und emotional geführten Diskussionen zum neuen Heizungsgesetz haben diese Schwachstelle offengelegt. Unbeantwortet bleiben Fragen danach, welche Heizungen wann und unter welchen Bedingungen ausgewechselt und durch welche Heizungen sie ersetzt werden müssen. Letztlich ist neben einer parlamentarischen Mehrheit für ein Verbot auch eine überwältigende Zustimmung in der Bevölkerung nötig, um wirklich wirksam sein zu können. Klimaschützende Konsumverbote werden insofern auch weiterhin nicht einfach, schnell und wirkungsvoll umzusetzen sein.

Beim Klimaschutz nur Konsumverboten zu vertrauen, ist eine Illusion.

Ein weiterer klimapolitischer Ansatz liegt quer zum Prinzip der persönlichen Selbstbestimmung. Es ist die Auffassung, dass es die Aufgabe der Politik ist, den Bürgern ihre privaten Sorgen zu nehmen. Diese »Wir-kümmern-uns-um-euer-Wohlergehen-Strategie« ist aus Sicht des Klimaschutzes bedenklich, denn wenn die Regierung die volle Verantwortung für den Klimaschutz übernimmt, bleibt kein Raum für persönliche Engagements. Die Politik traut dem Bürger grundsätzlich nicht zu, selbstbestimmt und aus eigener Überzeugung klimaschützend handeln zu können und zu wollen – ein sehr bedenkliches politisches Bild vom Bürger. Eine Mitwirkung und Beteiligung von Bürgern an Entscheidungen zum Klimaschutz wären aber in vielfältigen Formaten möglich, ohne dass damit die Prinzipien einer repräsentativen Demokratie ausgehebelt werden. Politische Maßnahmen, die die Eigenverantwortung der Bürger einfordern, wie beispielsweise der Appell, Energie im Haushalt zu sparen, sind in der Politik daher nur sehr selten zu beobachten. Den Bürgern etwas abzuverlangen, von ihnen einen

Beitrag zur Lösung des Klimaproblems einzufordern, dazu sind die wenigsten Politiker bereit. Denn von Bürgern etwas zu fordern, sie zu »belasten«, könnte Wählerstimmen kosten und Wählerstimmen sind die »harte Währung« in der Politik. Bürger aus der Pflicht zu nehmen und sie zu besänftigen, ist im parteipolitischen Kalkül der bessere Weg.

Vordergründig fürsorgliches Regierungshandeln entzieht den Bürgern ihre Chancen, verantwortungsvoll und selbstbestimmt mitgestalten zu können. Ein Paradebeispiel für diese politische Haltung ist die Antwort von Bundeskanzler Olaf Scholz auf die Frage in der ARD-Sendung »Farbe bekennen« am 28. Juni 2022, ob er praktische Alltagstipps zum Energiesparen zur Hand habe. Er antwortete mit »Nö«.[1] Dahinter müssen sich Allmachtsfantasien verbergen, dass die Regierung jedes Problem lösen kann und lösen wird. Die Erfahrung zeigt allerdings, dass beides nicht zutrifft. Die Bürger jedenfalls werden von der Politik nicht gefragt, nicht einbezogen und nicht gefordert. Ein Riesenpotenzial zum Klimaschutz wird so einfach liegengelassen.

Nicht die Selbstbestimmung und Mitwirkung der Bürger sind politische Absicht, sondern deren Führung.

Da gibt es noch den politischen Versuch, Konsumenten mit finanziellen Anreizen klimafreundliches Verhalten schmackhaft zu machen. Die Logik, je teurer klimaschädliches Verhalten ist, desto weniger handeln so, ist so simpel wie naiv. Zum einen spielen für Konsumenten oft andere Faktoren als der Preis eine Rolle, und zum anderen reagieren Konsumenten sehr unterschiedlich und kaum vorhersehbar auf Preis- bzw. Kostenerhöhungen. Insofern ist es sehr fraglich, ob mit den aktuellen marktwirtschaftlichen Instrumenten, wie z. B. die CO_2-Bepreisung, Klimaneutralität in Deutschland bis 2045 erreicht werden kann. Es ist eher der Wunsch, dass finanzielle Anreize erfolgreich Treibhausgasemissionen in der erforderlichen Höhe und Zeit verringern können, und weniger profundes Wissen. Die Wirkungsmechanismen finanziell Anreiz schaffender politischer Maßnahmen sind nur sehr ungenau erfassbar und kaum verlässlich vorhersehbar. Solche Maßnahmen treffen auf eine Vielzahl sehr unterschiedlich fühlender, denkender und handelnder Konsumenten in mannigfaltigen persönlichen Umständen. Jeder Einzelne entwickelt seine eigenen Vorstellungen und Auffassungen darüber, was von staatlichen Lockangeboten, wie das der CO_2-Bepreisung, zu halten ist und wie persönlich darauf reagiert werden soll. Unmöglich dazu verlässliche Prognosen abzugeben.

Es gibt noch einen anderen, verstörenden Punkt, der mit monetären Steuerungsinstrumenten verbunden ist: die Vorstellung, dass Umwelt- und Klimaschutz im Wesentlichen eine monetäre, also finanzielle Frage ist. Die potenziellen Kosten der Schäden, die der Klimawandel anrichtet und noch anrichten wird, sowie Kosten der Maßnahmen, die diese Schäden verhindern sollen, stehen im Fokus der politischen Betrachtung.[2] Wer diesem Verständnis folgt, hat auch keine Probleme, die Leistungen von Ökosystemen in Geldeinheiten auszudrücken.[3]

Umwelt- und Klimaschutz sind weit mehr als eine Frage der Kosten, sie sind eine Überlebensfrage.

Sozial kommunizieren

Für viele stellt das Erreichen von materiellem Wohlstand und gesellschaftlicher Anerkennung den Sinn des Lebens dar, und verschwenderischer Konsum ist der favorisierte Weg dorthin. Überkonsum führt aber aktuell die Menschheit in eine Katastrophe unfassbaren Ausmaßes. Um das zu verhindern, können professionell gemachte soziale Marketingkampagnen zum Konsumverzicht einen wirkungsvollen und notwendigen Beitrag leisten. Das Marketing verfügt über das notwendige Wissen, wie Menschen ein sozial und ökologisch wünschenswertes Konsumverhalten nahegebracht werden kann. Es ist eine Wissenschaft, die darauf ausgerichtet ist, mit bewährten Theorien, Modellen und Methoden Konsumenten in ihren Entscheidungen zu beeinflussen. Allgemein bekannt ist, dass Marketing in seiner kommerziellen Ausrichtung darauf zielt, Konsum zu stimulieren.

Marketing beherrscht aber auch das Gegenteil. In einer ökologischen Zielrichtung kann soziales Marketing mithelfen, die Bereitschaft von vielen Menschen zu stärken, auf verschwenderischen Konsum zu verzichten.

Soziale Marketingkampagnen, die auf die Förderung dem Gemeinwohl zuträglicher Verhaltensweisen bzw. auf die Vermeidung ökologisch schädlichen Handelns von Konsumenten ausgerichtet sind, können auf Konsum verzichtende Lebensstile anregen, fördern und in der breiten Bevölkerung verankern. Der Überkonsum ist in Deutschland ein Massenphänomen. Insofern müssen soziale Kampagnen auch in der gesamten Bevölkerungsbreite ausgerollt werden. Wer nur Reiche und Superreiche für die Erderwärmung verantwortlich macht, verharmlost das Klimaproblem auf erschreckende Weise. Führt diese Fokussierung doch nur dazu, den sehr vielen, etwas weniger Reichen ein Argument zu geben, sich weiterhin dem Klimaschutz zu entziehen.

Soziale Marketingkampagnen sind traditionell im Gesundheitsbereich zu finden, um Menschen vor selbstschädigenden Verhaltensweisen zu schützen (z. B. Kampagnen zum Nichtrauchen, zur Alkoholabstinenz, zum Tragen von Fahrradhelmen). Vielen wird die Anti-Aids-Kampagne der Bundeszentrale für gesundheitliche Aufklärung von 1987 »Gib Aids keine Chance« noch bekannt sein.[4] Sie gilt nahezu als Benchmark, also als Vorbild für erfolgreiche soziale Kampagnen. Das Wirkungspotenzial vieler anderer sozialer Kampagnen in Deutschland war hingegen recht überschaubar. Ein Beispiel, wie soziale Kampagnen nicht gestaltet sein sollten, ist die Impfkampagne der Bundesregierung im Frühjahr 2022 »Impfen hilft. Auch allen, die du liebst.«[5] Keine Aufmerksamkeitswirkung, ungünstige Farbwahl, total langweilig und wirkungslos. Weltweit sind zudem soziale Marketing-Kampagnen zur freiwilligen Senkung des privaten Energie- und Wasserverbrauchs erfolgreich zum Einsatz gekommen.

Obwohl kommerzielles Marketing grundsätzlich unternehmerischen Profitinteressen dient, gibt es Firmen, die dafür werben bzw.

geworben haben, dass weniger gekauft werden soll. Bekannt geworden ist diese Strategie durch eine Werbung des Unternehmens Patagonia, ein Hersteller für hochwertige Outdoorbekleidung. 2011 erschien zum Black Friday in der *New York Times* eine Anzeige von Patagonia mit dem Slogan »Don't buy this jacket«. Dazu war eine Jacke dieses Unternehmens abgebildet.[6] Es ist schon bemerkenswert, dass ein privates Unternehmen in dieser starken Form aktiv wird, um Umwelt und Klima zu schützen. Dennoch, so ganz selbstlos war diese Kampagne nicht. Die Patagonia-Anzeige zielte darauf, nachhaltigkeitsaffine Konsumenten anzuregen, zum Wohle der Umwelt und des Klimas weniger Jacken von nicht nachhaltigen Massenanbietern zu kaufen. Stattdessen boten sich die hochwertigen und langlebigen Jacken des Unternehmens an. Da klimaschonende Konsumstile ein globales, sozialökologisches Anliegen sind, sollte ihre gesellschaftliche Verbreitung dennoch hauptsächlich in der Zuständigkeit und Verantwortung staatlicher Institutionen sowie zivilgesellschaftlicher Organisationen liegen. Der Kampf gegen den globalen Klimawandel sollte nicht allein von der Wirtschaft geführt werden.

Aufmerksamkeit schaffen

Das Schreckgespenst vom »Wohlstandsverlust« durch weniger Konsum hindert bis heute viele Menschen daran, genügsamer zu leben. Um diesen Menschen die Angst zu nehmen, durch Konsumverzicht ihren Lebensinhalt und ihre Lebensqualität zu verlieren, braucht es kommunikative Anstöße zum Umdenken und Neudenken der persönlichen Haltung zum Wohlstand und zum Konsum. Soziale Kampagnen können solche Anstöße liefern und Momente schaffen zum Nachdenken über die eigenen Konsumgewohnheiten und ihre schädlichen Konsequenzen für das Klima. Auch die persönlichen Vorstellungen darüber, was ein Leben ausmachen sollte, könnten überdacht werden. Wohlstand im Sinne des Bruttoinlandsprodukts

(BIP) als Maß für die Wirtschaftsleistung eines Landes innerhalb eines Jahres wächst beispielsweise, wenn die Mieten steigen. Das fördert den Wohlstand von Immobilieneigentümern, nicht aber derjenigen, die die höheren Mieten zu zahlen haben. Freiwilliger Konsumverzicht muss nicht zulasten des persönlichen Glücks und Wohlbefindens gehen. Das belegen inzwischen zahlreiche wissenschaftliche Studien.[7] Viele, wenn auch noch lange nicht die Mehrheit, haben in Deutschland schon angefangen, ihre klimaschädlichen Konsumgewohnheiten aufzugeben.

Es gibt auch ein lebenswertes und glückliches Leben jenseits von Konsum und BIP.

Da genügend wissenschaftliche Erkenntnisse zu den psychischen und sozialen Mechanismen des Überkonsums vorhanden sind, können diese für soziale Kampagnen zur Förderung genügsamer Lebensstile genutzt werden. Ergänzend dazu sind profunde Kenntnisse über Erfolgsbedingungen kommunikativer Maßnahmen erforderlich.

Voraussetzung für den Erfolg einer sozialen Kampagne ist, dass sie in der Bevölkerung auf Aufmerksamkeit stößt. Ohne Aufmerksamkeit kann eine Kommunikation nicht wirken. Schon an dieser Bedingung scheitern viele soziale Kampagnen. Was wegen mangelnder Aufmerksamkeit nicht ins Bewusstsein der Menschen gelangt, entfaltet auch keine nennenswerte Wirkung. Zwar gibt es Hinweise, dass eine unbewusste, unterschwellige *(subliminale)* Werbebotschaft unter ganz bestimmten Bedingungen eine Wirkung erzielen kann. Die Wirkung überschwelliger, also bewusst werdender Kommunikation ist aber in jedem Fall deutlich stärker.

Die Aufnahme von Informationen erfolgt beim Menschen selektiv. Nur ein Bruchteil der Informationen, denen ein Mensch ausgesetzt ist, dringt ins Bewusstsein vor, wird bemerkt und im Gedächtnis abgespeichert. Der mit Abstand größte Teil der Sinnesreize geht aber sehr schnell wieder verloren, ohne dass eine Erinnerung oder ein Gedanke daran zurückbleibt. Informationen werden neben anderen

Faktoren nach ihrer Reizintensität (z. B. laut, farbig) und persönlichen Relevanz gefiltert. Relevant ist alles, was für den Einzelnen als bedeutsam, interessant und lebenswichtig erscheint. Da der eigene Name für jeden eine sehr hohe Relevanz hat, wird der ausgesprochene Name auch bei hohem Umgebungslärm wahrgenommen. Ohne Aufmerksamkeit, ohne ein Hinschauen oder Hinhören passiert also nichts. Die Kommunikation ist dann gescheitert. Aufmerksamkeit zu erreichen, verlangt aber nicht zwingend, dass Menschen sich mit hoher Konzentration, Engagement und vollem Einsatz den Aussagen einer sozialen Kampagne widmen müssen. Vielfach reicht schon ein beiläufiger Kontakt dazu aus, dass Menschen sich später erinnern können an Slogans, Bilder oder eine Musik.[8]

Soziale Kampagnen zur Förderung genügsamer Konsumgewohnheiten werden nur erfolgreich sein können, wenn sie auf der Grundlage vorhandenen Wissens zum Konsumentenverhalten und unter Beachtung der Bedingungen wirkungsvoller Kommunikation gestaltet werden. Menschen sind kulturell verwurzelte soziale Wesen, die mit einer Psyche ausgestattet sind, die das individuelle Fühlen, Denken und Handeln prägt. Maßnahmen zur Förderung klimafreundlicher Konsumstile, die diese Vielfältigkeit menschlicher Charaktere nicht berücksichtigen und stattdessen annehmen, es mit informations- und geldgierigen Geschöpfen zu tun zu haben, werden scheitern.

Interpretationen liefern

Menschen werden nur dann freiwillig auf verschwenderischen Konsum verzichten, wenn sie fest davon überzeugt sind, dass das Klima dringend geschützt werden muss, dass ein persönlicher Konsumverzicht dem Klima wirksam und nachhaltig hilft und dass sie in der Lage sind, auf verschwenderischen Konsum zu verzichten. Informative Kampagnen müssen diese Punkte adressieren, um erfolgreich sein zu können. Der Einsatz von Informationen, also die Verwendung von Daten und Fakten in der Kommunikation, hat eine lange Tradition, die dazu geführt hat, ihre Überzeugungswirkung deutlich zu überschätzen. Es gibt aber Möglichkeiten, Informationen wirkungsvoller auszugestalten.

Das Wissen zu den Ursachen und Folgen der Erderwärmung ist ungeheuer wichtig. Dennoch sind diese Informationen keine Selbstläufer, um Menschen von klimafreundlichen Konsumstilen überzeugen zu können. Das hat mehrere Gründe. Zum einen ist die Verhaltenswirkung von Informationen nicht nur vom Inhalt, sondern auch von dem Kontext ihrer kommunikativen Vermittlung abhängig. So sind abstrakte Informationen (z. B. »Treibhausgase reichern sich in der Atmosphäre an«) weniger wirksam als konkrete (z. B. »Der Klimawandel vernichtet Eisbären«). Bilder wirken besser als Texte und persönliche Kommunikation ist erfolgreicher, Menschen zu überzeugen, als Informationen der Massenmedien.

Noch entscheidender ist allerdings, dass Daten und Fakten das Verhalten der Menschen nicht unmittelbar beeinflussen. Informationen werden vom Menschen immer subjektiv interpretiert und bewertet. Durch vielfältige, gedankliche und emotional-bewertende mentale Vorgänge werden in der menschlichen Psyche aus »objektiven« Informationen subjektive Formate wie persönliche Überzeugungen und Einstellungen geformt. Auf diese Weise entstehen »persönliche Wahrheiten«, die mit den »objektiven Wahrheiten« der Informationen nur noch locker oder gar nicht mehr übereinstimmen müssen. In der Kriminalpsychologie ist dieser Effekt gut bekannt. Zeugenaussagen zu einer Person unterscheiden sich oft erheblich (Größe, Haarfarbe, Brille, Kleidung …). Der Einfluss von Informationen zum Klimawandel auf das Konsumverhalten erfolgt insofern nur mittelbar über ihren Effekt auf Veränderungen persönlicher Überzeugungen und Einstellungen. Dieser Vor-

Es sind immer die subjektiven Interpretationen von objektiven Daten, die das Verhalten von Menschen beeinflussen, nie die Daten selbst.

gang der Transformation von objektivem Wissen zu subjektiven Gewissheiten kann am bekannten Beispiel vom zur Hälfte gefüllten Glas (= objektives Datum) veranschaulicht werden. Nach Interpretation von Optimisten ist das Glas noch *halb voll*, während Pessimisten ein *halb leeres* Glas vor sich stehen sehen. Die Reaktionen auf die beiden Interpretationen sind sehr unterschiedlich. Optimistische Menschen freuen sich über ihr noch halb volles Glas. Wer aber glaubt, auf ein halb leeres Glas zu schauen, bekommt eher schlechte Laune.

Insofern ist es auch viel zu kurz gegriffen, davon auszugehen, dass Menschen nur richtig informiert werden müssen, damit sie klimafreundlicher konsumieren. Informationskampagnen reichen bei Weitem nicht dazu aus, um Menschen zu überzeugen, ihre verschwenderischen Konsumgewohnheiten einzustellen. Um mit Informationen erfolgreich sein zu können, sollten sie deshalb ergänzt werden durch »Interpretationsangebote«, die das mit der Information »gewünschte« Verständnis dem Konsumenten nahebringen.

Dazu eignen sich einfache und verständliche »Geschichten« (sogenannte *Narrative*), die eine angestrebte Interpretation einer Information dem Konsumenten unterschieben. Solche Narrative vergrößern die Chancen, dass Botschaften »richtig«, also im Sinne des Kampagnenzwecks, beim Adressaten verstanden werden. In der parteipolitischen Kommunikation sind Narrative sehr beliebt, um für »politische Botschaften« in der Bevölkerung Zustimmung zu finden. Beispiele politischer Narrative sind die Erzählungen zu der »Verbotspartei«, »Zögerlichkeit«, »Innovationsoffenheit« und dem »handwerklichen Fehler« – alles Narrative, die die Botschaft eines Politikers, also seine persönliche Meinung, in ihrer Wirkung auf die Bevölkerung unterstützen sollen. Narrative in der politischen Auseinandersetzung sind als Wahrheit geschickt verpackte Ideologien.

Jenseits von Informationen

Informationen in Form objektiver und wissenschaftlicher Daten und Fakten können Überzeugungen und Einstellungen beim Konsumenten verändern, aber nicht unbedingt in der erwarteten bzw. erhofften Weise. Ohne Unterstützung von Interpretationsangeboten durch Narrative werden Informationskampagnen aber eher magere Ergebnisse liefern. Zudem laufen auf Informationen gestützte soziale Kampagnen immer Gefahr, dass die eingesetzten »rationalen« Argumente nicht selten beim Adressaten Gegenargumente hervorrufen (sogenanntes *Counterarguing*) oder einfach abgeblockt werden (»das sehe ich anders«). Das Konsumverhalten stützt sich nicht nur auf Informationen und gedankliche Prozesse. Persönliche Bewertungen und Emotionen sowie soziale Einflüsse spielen beim Konsum eine ebenso große Rolle.

Eine empirische Studie von 2023 konnte die unterschiedlichen Wirkungen von informativ, sozial und emotional gestalteten kommunikativen Appellen zum Konsumverzicht aufzeigen.[9] In dieser Studie wurde 1.848 Nutzern einer Onlineplattform, die sich fokussiert mit Fragen der Nachhaltigkeit auseinandersetzt, in einem Experiment nach dem Zufallsprinzip je einer von mehreren Appellen zum Konsumverzicht präsentiert. Diese Appelle zum Konsumverzicht unterschieden sich in der Verwendung von Informationen, sozialen Normen und Emotionen. Um die Wirkung von klimarelevanten Informationen auf die Steigerung der Bereitschaft zum Konsumverzicht bei den Studienteilnehmern zu prüfen, wurde eine Infografik verwendet, in der die jeweiligen CO_2-Emissionen in Gramm je Euro von verschiedenen Konsumoptionen abgebildet waren. Das Spektrum reichte von der Flugreise (höchste CO_2-Emission) bis zum veganen Menü (geringste CO_2-Emission). Für den Konsumverzicht wurde auf der Grafik ein Wert von null CO_2-Emissionen angegeben. Diese Infografik sollte dazu dienen, die Aufmerksamkeit der Teilnehmer der Studie darauf zu lenken, dass mit jedem Kauf und jeder Nutzung von Dienstleistungen CO_2-Emissionen verursacht werden. Der einfachste Weg, persönlich für weniger Treibhausgasemissionen verantwortlich zu sein, ist keine verzichtbaren Produkte mehr zu kaufen oder zu nutzen. Allerdings ergab die Analyse, dass die Infografik keine Wirkung auf die von den Studienteilnehmern bekundete Bereitschaft zum Konsumverzicht ausübte. Dieses Ergebnis macht wieder einmal deutlich, dass unkommentierte Informationen oft nicht ausreichen, um gewünschte Verhaltensänderungen zu bewirken.

Soziale Normen sind erlernte Regeln bzw. »Gesetze«, die das Sozialverhalten der Menschen in einem Gemeinwesen betreffen. Dabei handelt es sich einerseits, um innerhalb einer Gemeinschaft geteilte Auffassungen darüber, wie man sich in bestimmten Situationen oder bei Anlässen zu verhalten hat. Daraus bilden sich bei jedem Einzelnen Vorstellungen, welches Verhalten von der Gemeinschaft erwartet wird. So gibt es Erwartungen beispielsweise hinsichtlich der Kleiderordnung (Dresscode) bei bestimmten Anlässen. Soziale Einflüsse auf das Verhalten ergeben sich dann, wenn Konsumenten annehmen, dass das engere soziale Umfeld (z. B. Freunde) den Kauf oder die Nutzung bestimmter Güter von ihnen erwarten. Personen kleiden sich dann so, wie es im Freundeskreis üblich ist und anerkannt wird.

Andererseits können soziale Normen den Einzelnen nicht nur zum Befolgen von Erwartungen anderer anhalten, sondern ihm auch Orientierung dafür geben, welche sozialen Verhaltensweisen sich nachzuahmen lohnen. Menschen folgen gerne dem, was die meisten machen, um ein bestimmtes Ziel zu erreichen. Behauptet eine Werbung beispielsweise, dass ganz viele Menschen eine Zahnpasta kaufen und sehr zufrieden damit sind, dann ist die Wahrscheinlichkeit hoch, dass viele der Umworbenen auch die Zahnpasta kaufen werden. In der Studie wurde diese soziale »Mitläufernorm« hinsichtlich ihrer Wirkung auf die Bereitschaft zum Konsumverzicht in zwei Varianten verwendet.

In dem einen Konsumverzichtsappell wurde das persönliche Glück als Ziel des Sozialverhaltens angesprochen (»Immer mehr Menschen sagen, dass sie mit weniger Konsum glücklich und zufrieden sind«), und in dem anderen Appell diente das Sozialverhalten dem Umweltschutz (»Immer mehr Menschen sagen, dass sie mit weniger Konsum die Umwelt schützen möchten«). Die Analysen der Studie zeigten, dass die soziale Norm, die auf das persönliche Glück gerichtet ist, die bekundete Bereitschaft der Studienteilnehmer zum Konsumverzicht signifikant erhöhte. Im Gegensatz dazu hatte der soziale Appell, durch Konsumverzicht die Umwelt zu schützen, keine Wirkung. Dieses Ergebnis verdeutlicht, dass Verhaltensweisen, die einen Zugewinn an persönlichem Wohlbefinden versprechen, in der Regel eine höhere Zustimmung erfahren als solche, die vordringlich der Umwelt und dem Klima zugutekommen.

Auch Emotionen üben einen bedeutsamen Einfluss auf das Konsumverhalten aus.[10] Sie beeinflussen Verhaltensreaktionen, Denkprozesse und Entscheidungen. Jede Konsumentscheidung ist geprägt von einer Mischung aus Gedanken und Gefühlen. In der Studie wurde ein emotionales Video verwendet, das einen einfachen, weniger konsumorientierten Lebensstil anpreist. Es zeigte spielende Kinder in stimmungsvoller Umgebung, die ihre Eltern und Großeltern dazu anhielten, nicht so viel Zeit mit Einkaufen zu verbringen, sondern stattdessen sich mehr Zeit für die Kinder zu nehmen. Dieses Video in Form eines emotionalen Appells an Eltern und Großeltern, statt einkaufen zu gehen besser länger mit den Kindern zu spielen, konnte die Bereitschaft der Studienteilnehmer zum Konsumverzicht signifikant erhöhen.

Mit dem Einsatz sozialer Normen und Emotionen in der Kommunikation kann die Bereitschaft zum Konsumverzicht wirkungsvoll gefördert werden.

Anmerkungen

Kapitel
Die Globale Verschwendung

1 Umweltbundesamt (2023): Häufige Fragen zum Klimawandel [https://www.umweltbundesamt.de/themen/klima-energie/klimawandel/haeufige-fragen-klimawandel#klima], abgerufen 02. 11. 2023.

2 IPCC-Sonderbericht (2023): Global Warming of 1.5 °C [https://www.de-ipcc.de/256.php], abgerufen 02. 11. 2023.

3 In der Soziologie versteht man unter einer Rolle die Gesamtheit von Erwartungen der Gesellschaft, die von Menschen in bestimmten sozialen Positionen zu erfüllen sind (z. B. als Vater, Lehrer, Arzt und auch als Konsument).

4 United Nations (2023): The 17 Goals [https://sdgs.un.org/goals], abgerufen 02. 11. 2023.

5 GfK Nürnberg (2023): Hoffnungsvoller Start des Konsumklimas in das Jahr 2023 [https://www.gfk.com/de/presse/Hoffnungsvoller-Start-des-Konsumklimas-in-das-Jahr-2023], abgerufen 02. 11. 2023.

6 Umweltbundesamt (2023): Umweltbewusstsein in Deutschland [https://www.umweltbundesamt.de/themen/nachhaltigkeit-strategien-internationales/umweltbewusstsein-in-deutschland], abgerufen 02. 11. 2023.

7 Bundesministerium für Umwelt, Naturschutz, nukleare Sicherheit und Verbraucherschutz (2020): Umweltbewusstsein in Deutschland 2020 [https://www.bmuv.de/publikation/umweltbewusstsein-in-deutschland-2020], abgerufen 02. 11. 2023.

8 Statistisches Bundesamt (2023): Bevölkerung in Deutschland [https://service.destatis.de/bevoelkerungspyramide/index.html], abgerufen 02. 11. 2023.

9 Bundesministerium für wirtschaftliche Zusammenarbeit und Entwicklung (2023): Klimaabkommen von Paris [https://www.bmz.de/de/service/lexikon/klimaabkommen-von-paris-14602], abgerufen 02. 11. 2023.

10 Global Footprint Network (2023): Data and Methodology [https://www.footprintnetwork.org/resources/data/], abgerufen 02. 11. 2023.

11 Earth Overshoot Day (2023): How many earths? How many Countries? [https://www.overshootday.org/how-many-earths-or-countries-do-we-need/], abgerufen 02. 11. 2023.

12 Earth Overshoot Day (2023): Past earth overshoot days [https://www.overshootday.org/newsroom/past-earth-overshoot-days/], abgerufen 02. 11. 2023.

13 Earth Overshoot Day (2023): About earth overshoot day [https://www.overshootday.org/about/], abgerufen 02. 11. 2023.

14 Global Footprint Network (2023): Ecological Footprint [https://www.footprintnetwork.org/our-work/ecological-footprint/], abgerufen 02. 11. 2023.

15 Global Footprint Network (2023): Footprint Data [https://data.footprint network.org/], abgerufen 02. 11. 2023.

16 Umweltbundesamt (2014): Klimaneutral leben [https://stories.umwelt bundesamt.de/system/files/document/klimaneutral_leben_4_0.pdf], abgerufen 02. 11. 2023.

17 Streng genommen handelt es sich um CO_2-Äquivalente, die sich aus der Klimawirkung unterschiedlicher Treibhausgase ergeben (u. a. Methan).

18 Umweltbundesamt (2023): CO_2-Rechner des Umweltbundesamtes [https://uba.co2-rechner.de/de_DE/?bookmark=K2iOnwHXOL2yvdX3], abgerufen 02. 11. 2023.

19 Bericht der Brundtland-Kommission (1987): Our Common Future, UN Weltkommission für Umwelt und Entwicklung.

20 The Economist (2019): Economic Growth Does Not Guarantee Rising Happiness. An Old Paradox Lives On, The Economist, 21. 03. 2019.

21 Sachs, Jeffrey D. (2017): Restoring American Happiness, in: World Happiness Report 2017, New York, S. 178–184; Easterlin, Richard A. (2013): Happiness and Economic Growth – The Evidence, in: IZA Discussion Paper No. 7187, Bonn.

22 World Happiness Report (2022): Happiness, Benevolence, and Trust During COVID-19 and Beyond [https://worldhappiness.report/ed/2022/happiness-benevolence-and-trust-during-covid-19-and-beyond/#ranking-of-happiness-2019-2021], abgerufen 02. 11. 2023.

Kapitel
Der Überfluss sind wir

1 Balderjahn, Ingo / Scholderer, Joachim (2007): Konsumentenverhalten und Marketing, Schäffer-Poeschel Verlag.

2 Balderjahn, Ingo / Scholderer, Joachim (2007): Konsumentenverhalten und Marketing, Schäffer-Poeschel Verlag.

3 Bericht der Brundtland-Kommission (1987): Our Common Future, UN Weltkommission für Umwelt und Entwicklung.

4 Kant, Immanuel (1968): Grundlegung zur Metaphysik der Sitten, in: Akademie-Ausgabe Kant Werke IV, Walter de Gruyter, S. 421.

5 Engels, Anita, et al. (2023): Hamburg Climate Futures Outlook 2023. The plausibility of a 1.5°C limit to global warming. Social drivers and physical processes. Cluster of Excellence Climate, Climatic Change, and Society (CLICCS). Hamburg, S. 122.

6 Ressourceneinsatz je Leistungseinheit.

7 Der Informationsdienst des Instituts der deutschen Wirtschaft (2022): Klimaschutz durch Ressourceneffizienz: Da geht noch mehr [https://www.iwd.de/artikel/klimaschutz-durch-ressourceneffizienz-da-geht-noch-mehr-535979/], abgerufen 02. 11. 2023.

8 Reimers, Hanna et al. (2021): Indirect rebound effects on the consumer level: A state-of-the-art literature review, in: Cleaner and Responsible Consumption, 3.

9 Europäischer Rat, Rat der Europäischen Union (2023): Pariser Klimaschutzübereinkommen [https://www.consilium.europa.eu/de/policies/climate-change/paris-agreement/], abgerufen 02. 11. 2023.

10 Die Bundesregierung (2023): Klimaschutzgesetz. Generationenvertrag für das Klima [https://www.bundesregierung.de/breg-de/schwerpunkte/klimaschutz/klimaschutzgesetz-2021-1913672], abgerufen 02. 11. 2023.

11 Unter Wertschöpfung wird der Prozess des Schaffens eines Wertzuwachses durch aufeinanderfolgende Produktionsschritte verstanden.

12 United Nations (2023): The 17 Goals [https://sdgs.un.org/goals], abgerufen 02. 11. 2023.

13 Statistisches Bundesamt (2022): Fleischersatz weiter im Trend. Produktion stieg 2021 um 17 % gegenüber dem Vorjahr, Pressemitteilung Nr. N 025

vom 9. Mai 2022 [https://www.destatis.de/DE/Presse/Pressemitteilungen/2022/05/PD22_N025_42.html], abgerufen 02. 11. 2023.

14 Umweltbundesamt (2023): Klimaschutz im Verkehr [https://www.umweltbundesamt.de/themen/verkehr-laerm/klimaschutz-im-verkehr#rolle], abgerufen 02. 11. 2023.

15 Wird in der Wissenschaft bezeichnet als »Not in My Backyard-Phänomen«.

16 Forbes (2023): The Global 2000 [https://www.forbes.com/lists/global2000/?sh=620e4f215ac0], abgerufen 02. 11. 2023.

17 Market Screener (2023): Geschäftsdaten [https://de.marketscreener.com/kurs/aktie/AMAZON-COM-INC-12864605/fundamentals/], abgerufen 02. 11. 2023.

18 Siehe u. a. Hansen, Ursula / Schrader, Ulf (1999): Zukunftsfähiger Konsum als Ziel der Wirtschaftstätigkeit, in: Handbuch der Wirtschaftsethik, 3. Aufl., S. 463–486.

19 Balderjahn, Ingo (2021): Nachhaltiges Management und Konsumentenverhalten, 2. Aufl., UVK Verlag.

20 Umweltbundesamt (2020): Umsatz und Marktanteile von Textilien mit Umweltlabel [https://www.umweltbundesamt.de/bild/umsatz-marktanteil-von-textilien-umweltlabel], abgerufen 03. 11. 2023.

21 Esche, Caspar / Steinemann, Myriam (2021): Carsharing. Marktentwicklung und freiwillige Instrumente zur besseren Marktdurchdringung, in: INFRAS, Umweltbundesamt.

22 Bund ökologischer Lebensmittelwirtschaft (2023): Deutsche puschen Transformation: Historisches Umsatzwachstum am Bio-Markt [https://www.boelw.de/themen/zahlen-fakten/handel/artikel/umsatz-bio-2020/], abgerufen 03. 11. 2023.

23 Bundesministerium für Ernährung und Landwirtschaft [https://www.bmel.de/SharedDocs/Pressemitteilungen/DE/2022/20-oeko-barometer-2021.html], abgerufen 21. 06. 2023.

24 Im Englischem wird dazu gesagt: »They don't walk their talk«. Wird auch als Attitude-Behavior-Gap bezeichnet.

25 Umweltbundesamt (2023): Umweltbewusstsein in Deutschland [https://www.umweltbundesamt.de/themen/nachhaltigkeit-strategien-internationales/umweltbewusstsein-in-deutschland], abgerufen 03. 11. 2023.

26 Harms, Carlotta / Vogel, Christina (2022): Ab in den Mainstream!, in: Texte 124/2022, Umweltbundesamt.

27 International als »Warm Glow Giving«-Effekt bezeichnet.

28 Kroeber-Riel, Werner / Gröppel-Klein, Andrea (2019): Konsumentenverhalten, 11. Aufl., Vahlen.

Kapitel
Verzerrte Blicke auf den Konsumenten

1 Balderjahn, Ingo (2020): Einführung in die Betriebswirtschaftslehre, 8. Auf., Schäffer-Poeschel.

2 Klinkhammer, Gisela (2009): Menschenbilder in der Medizinethik: Prägend für das ärztliche Handeln, in: Deutsches Ärzteblatt, 106(42), S. 1756.

3 Zsifkovits, Valentin (1981): Das Menschenbild der christlichen Theologie, in: Jahrbuch für Christliche Sozialwissenschaften, 22, S. 13–22.

4 Ranis, Helga (2015): Aristoteles: Vom Wesen der Weisheit [https://www.quellonline.de/aristoteles-vom-wesen-der-weisheit/], abgerufen 21. 06. 2023.

5 Kroeber-Riel, Werner / Gröppel-Klein, Andrea (2019). Konsumentenverhalten, 11. Aufl., Kapitel C., Vahlen.

6 ZEIT ONLINE (2023): Institute korrigieren Konjunkturprognose nach oben, 5. April 2023 [https://www.zeit.de/wirtschaft/2023-04/wirtschaftsinstitute-konjunkturprognose-2023-bruttoinlandsprodukt?utm_referrer=https%3A%2F%2Fwww.google.com%2F], abgerufen 03. 11. 2023.

7 Glaser, Markus / Weber, Martin (2010): Overconfidence, in: Baker, H. K. und Nofsinger, J. R (eds.), Behavioral Finance: Investors, Corporations, and Markets, S. 241–258.

8 Sogenannte »Ceteris-Paribus-Klausel« (unter sonst gleichen Bedingungen).

9 Balderjahn, Ingo (2020): Einführung in die Betriebswirtschaftslehre, 8. Aufl., S. 174, Schäffer-Poeschel.

10 Adam Smith, englischer Nationalökonom (1723–1790).

11 Studienteilnehmer werden nach dem Zufallsprinzip einzelnen Gruppen zugeordnet, die unterschiedlichen experimentellen Einflüssen ausgesetzt werden und deren Wirkung auf die Studienteilnehmer gemessen wird. Nur diese experimentellen Einflüsse werden variiert. Alle anderen Einflussfaktoren sind konstant gehalten.

12 Von einer »Diskontinuität« wird gesprochen, wenn eine als stabil eingeschätzte Entwicklung durch disruptive Veränderungen einen anderen als

den prognostizierten Verlauf einschlägt. Beispiel: Strom- und Gaspreise im Sommer 2022.

13 Bundesministerium für Wirtschaft und Klimaschutz (2020): Wie funktioniert eigentlich der Europäische Emissionshandel, Newsletter 2020/08 [https://www.bmwi-energiewende.de/EWD/Redaktion/Newsletter/2020/08/Meldung/direkt-erklaert.html], abgerufen 03. 11. 2023.

14 Bundesministerium der Finanzen (2023): Reform der Kfz-Steuer – Klare Anreize für eine klimafreundlichere Mobilität [https://www.bundesfinanzministerium.de/Content/DE/Pressemitteilungen/Finanzpolitik/2020/06/2020-06-12-Kfz-Steuer-Reform.html], abgerufen 03. 11. 2023.

15 Kraftfahrt-Bundesamt (2023): Fahrzeugzulassungen im Februar 2023, Pressemitteilung Nr. 09/2023 [https://www.kba.de/DE/Presse/Pressemitteilungen/Fahrzeugzulassungen/2023/pm09_2023_n_02_23_pm_komplett.html], abgerufen 03. 11. 2023.

16 Abkürzung für »Sport Utility Vehicle« und übersetzt: sportliches Nutzfahrzeug.

17 RedaktionsNetzwerk Deutschland (2022): Das Spritparadoxon. Warum Autofahrer trotz hoher Preise weiter Gas geben [https://www.rnd.de/wirtschaft/hohe-spritpreise-warum-treten-autofahrer-trotzdem-heftig-aufs-gaspedal-CF4V3FKIVBEO7A2T4IM6PM2WR4.html], abgerufen 03. 11. 2023.

18 ZDF-Online (2023): Trotz hoher Preise: Benzinverbrauch ist 2022 gestiegen [https://www.zdf.de/nachrichten/wirtschaft/benzinverbrauch-gestiegen-teure-preise-tankstellen-100.html#:~:text=Trotz%20hoher%20Preise%20Benzinverbrauch%20ist%202022%20gestiegen&text=M%C3%B6gliche%20d%C3%A4mpfende%20Auswirkungen%20der%20hohen,niedrigeren%20Niveau%20der%20beiden%20Vorjahre], abgerufen 03. 11. 2023.

19 Falk, Armin (2003): Homo oeconomicus versus Home Reciprocans. Ansätze für ein neues wirtschaftspolitisches Leitbild?, in: Perspektiven der Wirtschaftspolitik, 4(1), S. 141–172.

20 Enste, Dominik / Potthoff, Jennifer (2021): Behavioral Economics and Climate Protection, in: IW-Analysen 146, Institut der Deutschen Wirtschaft.

21 Frey, Bruno S. / Scheidegger, Fabian (2021): Macht Wohlstand glücklich?, in: Die Volkswirtschaft, 94, S. 22–25.

22 Deutsche Post Glücksatlas 2021 [https://group.dhl.com/content/dam/deutschepostdhl/de/media-center/media-relations/documents/2021/dp-gluecksatlas-2021-zusammenfassung.pdf], abgerufen 03. 11. 2023.

23 Ruckriegel, Karlheinz (2012): Glücksforschung – Konsequenzen für die (Wirtschafts-)Politik, in: Wirtschaftsdienst, 92(2), S. 129–135.

24 Felbermayr, Gabriel / Battisti, Michele / Suchta, Jan-Philipp (2017): Lebenszufriedenheit und ihre Verteilung in Deutschland. Eine Bestandsaufnahme, in: ifo Schnelldienst 70(9), S. 19–30.

25 Easterlin, Richard A. (2013): Happiness and Economic Growth. The Evidence, in: IZA DP No. 3.

26 Tagesschau (2022): Natur bewerten, um sie zu schützen [https://www.tagesschau.de/wissen/klima/artenschutz-preis-natur-101.html], abgerufen 03. 11. 2023.

27 Die Bundesregierung (2023): Gebäude und Verkehr beim Klimaschutz stärker in der Pflicht [https://www.bundesregierung.de/breg-de/themen/klimaschutz/nationaler-emissionshandel-1684508], abgerufen 03. 11. 2023.

28 Robert Koch Institut (2023): 1981 bis 1990. AIDS, die politische Dimension in den 1980er Jahren [https://www.rki.de/DE/Content/Institut/Geschichte/Bildband_Salon/1981-1990.html], abgerufen 03. 11. 2023.

Kapitel
Konsumenten, wie sie wirklich sind

1 Kroeber-Riel, Werner / Gröppel-Klein, Andrea (2019): Konsumentenverhalten, 11. Aufl., Vahlen.

2 Kroeber-Riel, Werner / Gröppel-Klein, Andrea (2019): Konsumentenverhalten, 11. Aufl., Vahlen.

3 »Schlüsselreize« sind angeborene Reize, die instinkt- bzw. reflexartige Reaktionen hervorrufen (z. B. Orientierungsreaktionen bei lauten Geräuschen).

4 Z. B. Kampagnenvideos von Greenpeace: DefendTheClimate. Betroffene der Klimakrise erzählen ihre Geschichte [https://www.youtube.com/watch?v=Bgg5vCYdyCw], abgerufen 03. 11. 2023.

5 Balderjahn, Ingo / Scholderer, Joachim (2007): Konsumentenverhalten und Marketing, Schäffer-Poeschel, S. 120.

6 Balderjahn, Ingo / Peyer, Mathias (2012): Das Bewusstsein für fairen Konsum: Konzeptualisierung, Messung und Wirkung, in: Die Betriebswirtschaft, 72(4), S. 343–364.

7 Balderjahn, Ingo (2021): Nachhaltiges Management und Konsumentenverhalten, 2.Aufl., UVK Verlag.

Kapitel
Nachhaltiger Konsum

1 Report of the World Commission on Environment and Development (1987): Our Common Future [https://sustainabledevelopment.un.org/content/documents/5987our-common-future.pdf], abgerufen 03. 11. 2023.

2 Siehe u. a. Belz, Frank-Martin / Peattie, Kenneth J. (2009): Sustainability marketing. A global perspective, Wiley.

3 Nützliche Informationen zu Produktlabels gibt es von der Verbraucher Initiative e. V. [https://label-online.de/suche/fo/firstletter%3Ag/] und für Lebensmittel von der Verbraucherzentrale [https://www.verbraucherzentrale.de/label-siegel-pruefzeichen-37010], beide Links abgerufen 03. 11. 2023.

4 Tanner, Jr. John F. / Hunt, James B. / Eppright, David R. (1991): The Protection Motivation Model: A Normative Model of Fear Appeals, in: Journal of Marketing, 55(3), S. 36–45.

5 Balderjahn, Ingo (2021): Nachhaltiges Management und Konsumentenverhalten, 2. Aufl., UVK-Verlag.

6 Balderjahn, Ingo, et al. (2013): Consciousness for sustainable consumption-scale development and new insights in the economic dimension of consumers' sustainability, in: AMS Review, 3(4), S. 181–192.

7 Wuppertal Institut (2021): Treibhausgasintensitäten ausgewählter Nahrungsmittel. Schätzungen basierend auf: ecoinvent (2014–2018): ecoinvent Datenbank, Version 3.1–3.5.

8 »So nachhaltig ist mein Essen«, DIE ZEIT No. 23, 2. Juni 2022, S. 32.

9 Umweltbundesamt (2021): Vergleich der durchschnittlichen Emissionen einzelner Verkehrsmittel im Personenverkehr [https://www.umweltbundesamt.de/bild/vergleich-der-durchschnittlichen-emissionen-0], abgerufen 03. 11. 2023.

10 Umweltbundesamt (2023): Wie sie beim Kauf von Biolebensmitteln richtig handeln [https://www.umweltbundesamt.de/umwelttipps-fuer-den-alltag/essen-trinken/biolebensmittel#gewusst-wie], abgerufen 03. 11. 2023.

11 Annahmen/Berechnung: Benzinverbrauch 7,5 l / 100 km × Preis der Liter 1,80 € = 13,50 €; Stromverbrauch 22 kWh / 100 km × Preis kWh 0,50 € = 11,00 €.

12 Peyer, Mathias / Balderjahn, Ingo / Seegebarth, Barbara / Klemm, Alexandra (2017): The role of sustainability in profiling voluntary simplifiers, in: Journal of Business Research, 70, S. 37–43.

13 Seegebarth, Barbara / Peyer, Mathias / Balderjahn, Ingo / Wiedmann, Klaus-Peter (2016): The sustainability roots of anti-consumption lifestyles and initial insights regarding their effects on consumers' well-being, in: Journal of Consumer Affairs, 50(1), S. 68–99; Hüttel, Alexandra / Balderjahn, Ingo / Hoffmann, Stefan (2020): Welfare Beyond Consumption. The Benefits of Having Less, in: Ecological Economics, 176, 106719.

14 Balderjahn, Ingo / Lee, Michael S. W. / Seegebarth, Barbara / Peyer, Mathias (2020): A Sustainable Pathway to Consumer Wellbeing. The Role of Anticonsumption and Consumer Empowerment, in: Journal of Consumer Affairs, 54(2), S. 456–488.

15 Balderjahn, Ingo / Peyer, Mathias (2012): Das Bewusstsein für fairen Konsum. Konzeptualisierung, Messung und Wirkung, in: Die Betriebswirtschaft, 72(4), S. 343–364.

16 Balderjahn, I. (2021). Nachhaltiges Management und Konsumentenverhalten, 2. Aufl., UVK-Verlag.

17 Balderjahn, Ingo, et al. (2018): The many faces of sustainability-conscious consumers: A category-independent Typology, in: Journal of Business Research, 91, S. 83-93. Die Studie bezieht sich auf repräsentative Daten (N = 1.833) einer Onlineumfrage, Daten eines repräsentativen Verbraucherpanels (N = 3.335) und repräsentative Daten (N = 8.475) eines Bekleidung-Spezial-Panels.

18 Einkommen und die Ausgaben der Haushalte wurden anhand einer OECD-Äquivalenzskala für die Anzahl der Erwachsenen und Kinder in jedem Haushalt angepasst, damit diese Angaben zwischen den Haushalten verglichen werden können.

19 Peyer, Mathias / Balderjahn, Ingo / Seegebarth, Barbara / Klemm, Alexandra (2017): The role of sustainability in profiling voluntary simplifiers, in: Journal of Business Research, 70, S. 37–43.

Kapitel
Freiwilliger Konsumverzicht

1 Kroeber-Riel, Werner / Gröppel-Klein, Andrea (2019): Konsumentenverhalten, 11. Aufl., Vahlen.

2 Balderjahn, Ingo / Scholderer, Joachim (2007): Konsumentenverhalten und Marketing, Schäffer-Poeschel; Kroeber-Riel Werner / Gröppel-Klein, Andrea (2019): Konsumentenverhalten, 11. Aufl., Vahlen.

3 In Anlehnung an die Definition der American Marketing Association von 2017.

4 »NGO«: Abkürzung für Nichtregierungsorganisation.

5 Balderjahn, Ingo / Lee, Michael S. W. / Seegebarth, Barbara / Peyer, Mathias (2020): A Sustainable Pathway to Consumer Wellbeing. The Role of Anticonsumption and Consumer Empowerment, in: Journal of Consumer Affairs, 54(2), S. 456–488.

6 Lee, Michael S. W. / Fernandez, Karen V. (2009): Anti-consumption: An overview and research agenda, in: Journal, of Business Research, 62, S. 145–147.

7 Lee, Michael S. W. / Ahn, Christie S. Y. (2016): Anti-Consumption, Materialism, and Consumer Well-Being, in: Journal of Consumer Affairs, 50(1), S. 18–47.

8 Zavestoski, Stephen (2002): The social-psychological bases of anticonsumption attitudes, in: Psychological & Marketing, 19(2), S. 149–165.

9 Iyer, Rajesh / Muncy, James A. (2009): Purpose and object of anti-consumption, in: Journal of Business Research, 62(2), S. 160–168; Lee, Michael S. W. / Ahn, Christie S. Y. (2016): Anti-Consumption, Materialism, and Consumer Well-Being, in: Journal of Consumer Affairs, 50(1), S. 18–47.

10 Z. B. Beteiligung an einem Boykott eines Unternehmens, das als unverantwortlich handelnd wahrgenommen wird.

11 Da der Begriff »Kapitalismus« gerne in hitzigen Debatten genutzt wird, ohne dass die Kontrahenten offenlegen, was sie unter Kapitalismus eigentlich verstehen, hier eine kurze, knappe Definition meines Verständnisses: Kapitalismus beschreibt ein Wirtschaftssystem, in dem das Handeln in Konkurrenz stehender privater Unternehmen unter supranational, international und national festgelegten Rahmenbedingungen angetrieben wird

vom Ziel, Wettbewerbsvorteile durch permanentes Streben nach Effizienz und Rendite zu erreichen.

12 Cherrier, Helene (2009): Anti-consumption discourses and consumer-resistant identities, in: Journal of Business Research, 62(2), S. 181–190.

13 Leonard-Barton, Dorothy (1981): Voluntary Simplicity Lifestyles and Energy Conservation, in: Journal of Consumer Research, 8(3), S. 243–252.

14 Eine Erhöhung der Nutzungsdauer von Produkten ist u. a. durch den Kauf höherwertiger, langlebiger Produkte, durch Wartungs- und Reparaturmaßnahmen sowie durch eine Weitergabe in Second-Hand-Kanäle möglich.

15 Peyer, Mathias / Balderjahn, Ingo / Seegebarth, Barbara / Klemm, Alexandra (2017): The role of sustainability in profiling voluntary simplifiers, in: Journal of Business Research, 70, S. 37–43.

16 Haushaltsgröße und Anzahl der Kinder wurden berücksichtigt (sogenanntes »äquivalentes Haushaltseinkommen«).

17 Der verwendete Index für langlebige Gebrauchsgüter umfasste 11 ausgewählte Güter, darunter Autos, Smartphones, Notebooks, Skier/Snowboards, Fahrräder und Waschmaschinen.

18 Balderjahn, Ingo / Scholderer, Joachim (2007): Konsumentenverhalten und Marketing, Schäffer-Poeschel.

19 Siehe u. a. Balderjahn, Ingo (1986): Das umweltbewusste Konsumentenverhalten, Dunker & Humblot.

20 Diekmann, Andreas (1996): Homo ÖKOnomicus, in: Diekmann, Andreas und Jaeger, Carlo C. (Hrsg.): Umweltsoziologie, S. 89–118.

21 Mai, Robert / Hoffmann, Stefan / Balderjahn, Ingo (2021): When drivers become inhibitors of organic consumption: the need for a multistage view, in: Journal of the Academy of Marketing Science, 49(6), S. 1151–1171.

22 Bundesministerium für Umwelt, Naturschutz, nukleare Sicherheit und Verbraucherschutz (2023): 17 Nachhaltigkeitsziele – SDGs [https://www.bmuv.de/themen/nachhaltigkeit/nachhaltigkeitsziele-sdgs], abgerufen 03. 11. 2023

23 »CSC«: Abkürzung für Consciousness for Sustainable Consumption; Balderjahn, Ingo, et al. (2013): Consciousness for sustainable consumption: scale development and new insights in the economic dimension of consumers' sustainability, AMS Review, 3(4), S. 181–192.

24 Ziesemer, Florence / Peyer, Mathias / Klemm, Alexandra / Balderjahn, Ingo (2016): Die Messung von nachhaltigem Konsumbewusstsein, in: Ökologisches Wirtschaften, 31(4), S. 24–26.

25 Sheth, Jagdish N. / Sethia, Nirmal K. / Srinivas, Shanthi (2011): Mindful consumption: a customer-centric approach to sustainability, in: Journal of the Academy of Marketing Science, 39(1), S. 21–39.

26 Balderjahn, Ingo, et al. (2013): Consciousness for sustainable consumption. Scale development and new insights in the economic dimension of consumers' sustainability, in: AMS Review, 3, S. 181–192; Ziesemer, Florence / Peyer, Mathias / Klemm, Alexandra / Balderjahn, Ingo (2016): Die Messung von nachhaltigem Konsumbewusstsein, Ökologisches Wirtschaften, 31(4), S. 24–26.

27 Etzioni, Amitai (1998): Voluntary simplicity: Characterization, select psychological implications, and societal consequences, in: Journal of Economic Psychology, 19(5), S. 619–643.

28 Peyer, Mathias / Balderjahn, Ingo / Seegebarth, Barbara / Klemm, Alexandra (2017): The role of sustainability in profiling voluntary simplifiers, in: Journal of Business Research, 70, S. 37–43.

29 Seegebarth, Barbara / Peyer, Mathias / Balderjahn, Ingo / Wiedmann, Klaus-Peter (2016): The sustainability roots of anti-consumption lifestyles and initial insights regarding their effects on consumers' well-being, in: Journal of Consumer Affairs, 50(1), S. 68-99.

30 Peyer, Mathias / Balderjahn, Ingo / Seegebarth, Barbara / Klemm, Alexandra (2017): The role of sustainability in profiling voluntary simplifiers, in: Journal of Business Research, 70, S. 37–43.

31 Peyer, Mathias / Balderjahn, Ingo / Seegebarth, Barbara /Klemm, Alexandra (2017): The role of sustainability in profiling voluntary simplifiers, in: Journal of Business Research, 70, S. 37–43.

32 Schwartz, Shalom H. (1994): Are There Universal Aspects in the Structure and Contents of Human Values?, in: Journal of Social Issues, 50(4), S. 19–45.

33 Hofstede, Geert (2001): Culture's Consequences: Comparing Values, Behaviors, Institutions and Organizations, Across Nations, 2. ed., Sage.

34 Das von einer Gesellschaft erwartete Auftreten und Verhalten von Menschen in bestimmten Funktionen (u. a. Eltern) oder Positionen (u. a. Ärzte) wird als »Rollenerwartung« bezeichnet.

35 Schwartz, Shalom H. (1992): Universals in the content and structure of values: Theoretical advances and empirical tests in 20 countries, in: Advances in Experimental Social Psychology, 25, S. 1–65.

36 Balderjahn, Ingo / Hüttel, Alexandra (2019): Why Consumers Buy Sustainably: The Role of Personal Values, in: Marketing ZFP – Journal for Research and Management, 41(1), S. 24–38.

37 Balderjahn, Ingo, et al. (2013): Consciousness for sustainable consumption. Scale development and new insights in the economic dimension of consumers' sustainability, in: AMS Review, 3(4), S. 181–192.

38 Hüttel, Alexandra / Ziesemer, Florence / Peyer, Mathias / Balderjahn, Ingo (2018): To purchase or not? Why consumers make economically (non-) sustainable consumption choices, in: Journal of Cleaner Production, 174(10), S. 827–836.

39 Als »kognitiv« werden auf Informationen beruhende psychische Prozesse der Wahrnehmung, des Denkens und des Verstehens sowie des Merkens und Erinnerns verstanden (»Information Processing«). Neben den kognitiven Prozessen üben auch emotionale Prozesse verhaltenssteuernde Wirkungen beim Menschen aus.

40 Diese Erhebungsmethode wird als »Laddering« (Leitertechnik) bezeichnet.

41 Hüttel, Alexandra / Ziesemer, Florence / Peyer, Mathias / Balderjahn, Ingo (2018): To Purchase or Not? Why consumers make economically (non-) sustainable consumption choices, in: Journal of Cleaner Production, 174(10), S. 827–836.

42 Hüttel, Alexandra / Ziesemer, Florence / Peyer, Mathias / Balderjahn, Ingo (2018): To Purchase or Not? Why consumers make economically (non-) sustainable consumption choices, in: Journal of Cleaner Production, 174(10), S. 827–836.

43 Seegebarth, Barbara / Peyer, Mathias / Balderjahn, Ingo / Wiedmann, Klaus-Peter (2016): The sustainability roots of anti-consumption lifestyles and initial insights regarding their effects on consumers' well being, in: Journal of Consumer Affairs, 50(1), S. 68–99; Balderjahn, Ingo / Lee, Michael S. W. / Seegebarth, Barbara / Peyer, Mathias (2020): A Sustainable Pathway to Consumer Wellbeing. The Role of Anti-consumption and Consumer Empowerment, in: Journal of Consumer Affairs, 54(2), S. 456–488.

44 Ryan, Richard M. / Deci, Edward L. (2000): Self-Determination Theory and the Facilitation of intrinsic Motivation, Social Development, and well-being, in: American Psychologist, 55(1), S. 68–78.

Kapitel
Auf dem Weg zum freiwilligen Konsumverzicht

1 Balderjahn, Ingo (2021): Nachhaltiges Management und Konsumentenverhalten, 2. Aufl., UVK-Verlag.

2 Balderjahn, Ingo (2021): Nachhaltiges Management und Konsumentenverhalten, 2. Aufl., UVK-Verlag, S. 221.

3 Rotter, Julian B. (1954): Social learning and clinical psychology, Prentice Hall.

4 Ng, Thomas W. H. / Sorensen, Kelly L. / Eby, Lilian T. (2006): Locus of control at work: a meta-analysis, in: Journal of Organizational Behavior, 27(8), S. 1057–1087.

5 Balderjahn, Ingo / Scholderer, Joachim (2007): Konsumentenverhalten und Marketing, Schäffer-Poeschel, S. 155.

6 Rotter, J. B. (1966): Generalized expectancies for internal versus external control or reinforcement, in: Psychological Monographs, S. 80.

7 Balderjahn, Ingo (1988): Personality Variables and Environmental Attitudes as Predictors of Ecologically Responsible Consumption Patterns, in: Journal of Business Research, 17(1), S. 51–56.

8 Balderjahn, Ingo (1993): Marktreaktionen von Konsumenten, Duncker & Humblot, S. 78.

9 Balderjahn, Ingo / Hoffmann, Stefan / Hüttel, Alexandra (2023): How empowerment and materialism contribute to anti-consumers' well-being, in: European Journal of Marketing, 57(4), S. 1186–1218.

10 Balderjahn, Ingo / Scholderer, Joachim (2007): Konsumentenverhalten und Marketing, Schäffer-Poeschel, S. 97.

11 Balderjahn, Ingo (1995): Bedürfnis, Bedarf, Nutzen, in: Handwörterbuch des Marketing, 2. Aufl., Schäffer-Poeschel, S. 179–190.

12 Balderjahn, Ingo: Forschungsprojekt SPIN, Universität Potsdam [https://www.uni-potsdam.de/de/marketing-ls/forschung/bmbf-forschungsprojekt-spin], aufgerufen 03.11.2023.

13 Balderjahn, Ingo / Scholderer Joachim (2007): Konsumentenverhalten und Marketing, Schäffer-Poeschel, S. 52.

14 Internationale Arbeitsorganisation (ILO): Hintergrund – Moderne Sklaverei und die weltweite Ausbeutung von Arbeitskraft

[https://www.ilo.org/berlin/arbeitsfelder/kinderarbeit/WCMS_546555/lang--de/index.htm], abgerufen 03.11.2023.

15 Global Footprint Network (2023): Ecological Footprint [https://www.footprintnetwork.org/], abgerufen 03.11.2023.

16 Europäisches Parlament (2023): Verbraucherpolitik – Grundsätze und Instrumente [https://www.europarl.europa.eu/factsheets/de/sheet/46/verbraucherpolitik-grundsatze-und-instrumente], abgerufen 03.11.2023.

17 Statistisches Bundesamt (2022): Hauptauslöser der Überschuldung in % [https://www.destatis.de/DE/Themen/Gesellschaft-Umwelt/Einkommen-Konsum-Lebensbedingungen/Vermoegen-Schulden/Tabellen/ueberschuldung.html], abgerufen 03.11.2023.

18 Siehe u. a. Avi, Shankar / Cherrier, Helene / Canniford, Robin (2006): Consumer Empowerment: A Foucauldian Interpretation, in: European Journal of Marketing, 40(9/10), S. 1013–1030.

19 In der Wissenschaft wird vom Abbau sogenannter »kognitiver Dissonanzen«, also einer Disharmonie eigener Gedanken, gesprochen.

20 Balderjahn, Ingo / Hüttel, Alexandra (2019): Why Consumers Buy Sustainably: The Role of Personal Values, in: Marketing ZFP – Journal for Research and Management, 41(1), S. 24–38.

21 Siehe u. a. Iyer, Rajesh / Muncy, James A. (2016): Attitude Toward Consumption and Subjective Well-Being, in: Journal of Consumer Affairs, 50(1), S. 48–67; Balderjahn, Ingo / Lee, Michael S. W. / Seegebarth, Barbara / Peyer, Mathias (2020): A Sustainable Pathway to Consumer Wellbeing. The Role of Anticonsumption and Consumer Empowerment, in: Journal of Consumer Affairs, 54(2), S. 456–488; Balderjahn, Ingo / Hoffmann, Stefan / Hüttel, Alexandra (2023): How empowerment and materialism contribute to anti-consumers' well-being, in: European Journal of Marketing, 57(4), S. 1186–1218.

22 Balderjahn, Ingo / Seegebarth, Barbara / Lee, Michael S. W. (2021): Less is more! The rationale behind the decision-making style of voluntary simplifiers, in: Journal of Cleaner Production, 284, S. 124802.

23 Balderjahn, Ingo / Lee, Michael S. W. / Seegebarth, Barbara / Peyer, Mathias (2020): A Sustainable Pathway to Consumer Wellbeing. The Role of Anticonsumption and Consumer Empowerment, in: Journal of Consumer Affairs, 54(2), S. 456–488.

24 Balderjahn, Ingo / Lee, Michael S. W. / Seegebarth, Barbara / Peyer, Mathias (2020): A Sustainable Pathway to Consumer Wellbeing. The Role

of Anticonsumption and Consumer Empowerment, in: Journal of Consumer Affairs, 54(2), S. 456–488.

25 Die Messung der Lebenszufriedenheit erfolgt nur mit einer einzigen Frage: »Wie zufrieden sind Sie derzeit mit Ihrem Leben insgesamt?« Quelle: Eurostat (2019): Wie zufrieden sind die Menschen mit ihrem Leben? [https://ec.europa.eu/eurostat/documents/2995521/10207024/3-07112019-AP-DE.pdf/a6c5351c-1446-dde5-8c3c-3e0ad0a3b2fb], abgerufen 03. 11. 2023.

26 Felbermayr, Gabriel / Battisti, Michele / Suchta, Jan-Phillip (2017): Lebenszufriedenheit und ihre Verteilung in Deutschland: Eine Bestandsaufnahme, in: ifo Schnelldienst, 70(09), S. 19–30.

27 Europäische Union (2023): Quality of Life [https://ec.europa.eu/eurostat/cache/infographs/qol/index_en.html], abgerufen 03. 11. 2023.

28 Balderjahn, Ingo / Lee, Michale S. W. / Seegebarth, Barbara / Peyer, Mathias (2020): A Sustainable Pathway to Consumer Wellbeing. The Role of Anticonsumption and Consumer Empowerment, in: Journal of Consumer Affairs, 54(2), S. 456–488.

29 Verwendet wurde eine Skala mit acht Fragen, u. a.: »Wie fühlen Sie sich mit Ihrer derzeitigen finanziellen Situation?«, »Wie beurteilen Sie Ihre derzeitige finanzielle Situation?« und »Wie hoch ist Ihrer Meinung nach Ihr finanzieller Stress heute?«.

30 Balderjahn, Ingo / Lee, Michael S. W. / Seegebarth, Barbara / Peyer, Mathias (2020): A Sustainable Pathway to Consumer Wellbeing. The Role of Anticonsumption and Consumer Empowerment, in: Journal of Consumer Affairs, 54(2), S. 456–488.

Kapitel
Barrieren konsumverzichtender Lebensstile

1 Balderjahn, Ingo / Lee, Michael S. W. / Seegebarth, Barbara / Peyer, Mathias (2020): A Sustainable Pathway to Consumer Wellbeing. The Role of Anticonsumption and Consumer Empowerment, in: Journal of Consumer Affairs, 54(2), S. 456–488.

2 ZDF (2022): Habeck im ZDF. Energiesparprämie? »Kriegst du nicht, Alter« vom 23. 06. 2022 [https://www.zdf.de/nachrichten/politik/habeck-gas-alarmstufe-interview-100.html], abgerufen 03. 11. 2023.

3 Verbraucherzentrale Bundesverband (2022): Umfrage: Große Mehrheit der Verbraucher:innen findet Energiesparen richtig, vom 01. 08. 2022 [https://www.vzbv.de/meldungen/umfrage-grosse-mehrheit-der-verbraucherinnen-findet-energiesparen-richtig], abgerufen 03. 11. 2023.

4 Tagesschau (2022): Bundesnetzagentur zum Energiesparen: »Nicht nachlassen«, vom 12. 12. 2022 [https://www.tagesschau.de/wirtschaft/verbraucher/bundesnetzagentur-115.html], abgerufen 03. 11. 2023.

5 Bundesministerium der Finanzen (2022): Fragen und Antworten zum Klimaschutz [https://www.bundesfinanzministerium.de/Content/DE/FAQ/klimaschutz.html], abgerufen 03. 11. 2023.

6 Bundesregierung (2020): Klima-Kampagnenmotiv 3 [https://www.bundesregierung.de/breg-de/themen/klima-kampagnenmotiv-3-1791776], abgerufen 03. 11. 2023.

7 Ökonomen bezeichnen diesen Zusammenhang als »Gesetz der Nachfrage«.

8 ADAC (2022): Tankrabatt für Benzin und Diesel. ADAC Bilanz und Ausblick [https://www.adac.de/news/tankrabatt-tankstellen-juni/], abgerufen 03. 11. 2023.

9 Umweltbundesamt (2023): Sparsam durch die Energiekrise [https://www.umweltbundesamt.de/presse/pressemitteilungen/sparsam-durch-die-energiekrise], abgerufen 03. 11. 2023.

10 Beispielsweise Rechte auf Gewährleistung und Schadensersatz nach §§ 437 ff. BGB.

11 Alter Werbespruch eines Herstellers für Mundwasser.

12 Friedman, Milton (1970): The Social Responsibility of Business Is to Increase Its Profits, in: New York Times Magazine, 13. 09. 1970.

13 »CSR«: Abkürzung für Corporate Social Responsibility. Unternehmen integrieren auf freiwilliger Basis nachhaltige Belange in ihre Unternehmenstätigkeit, Quelle: Kommission der Europäischen Gemeinschaften (2002): Mitteilung der Kommission betreffend die soziale Verantwortung der Unternehmen: ein Unternehmensbeitrag zur nachhaltigen Entwicklung [https://www.win.steiermark.at/cms/dokumente/10930102_115636992/dbfe3b0e/com2002_0347de01%5B1%5D.pdf], abgerufen 03. 11. 2023.

14 »ESG-Ansatz«: Abkürzung für Environment-, Social- und Governance. Aspekte, die bei Investitionen berücksichtigt werden sollen. Quelle: Bundesfinanzministerium: German Sustainable Finance Strategy [https://www.bundesfinanzministerium.de/Content/EN/Standardartikel/Press_Room/Publications/Brochures/sustainable-finance-strategy.pdf?__blob=publicationFile&v=8), abgerufen 03. 11. 2023.

15 Der »globale Hektar« ist die Maßeinheit für den ökologischen Fußabdruck.

16 Global Footprint Network (2023): Ecological Deficit/Reserve [https://data.footprintnetwork.org/?_ga=2.1010869.52142096.1667992993-1828754592.1667992993#/], abgerufen 03. 11. 2023

17 Global Footprint Network (2023): Ecological Footprint [https://www.footprintnetwork.org/our-work/ecological-footprint/#:~:text=Today%2C%20more%20than%2080%20percent,what%20their%20ecosystems%20can%20regenerate], abgerufen 03. 11. 2023.

18 Balderjahn, Ingo (2021): Nachhaltiges Management und Konsumentenverhalten, 2. Aufl., UVK-Verlag.

19 Carroll, Archie B. (1991): The pyramid of corporate social responsibility: Toward the moral management of organizational stakeholders, in: Business Horizons, 34(4), S. 39-48.

20 Bundesverfassungsgericht (2021): Beschluss des Ersten Senats vom 24. März 2021 [https://www.bundesverfassungsgericht.de/SharedDocs/Entscheidungen/DE/2021/03/rs20210324_1bvr265618.html#:~:text=2.-,Art.,auf%20die%20Herstellung%20von%20Klimaneutralit%C3%A4t], abgerufen 03. 11. 2023.

21 Bundesregierung (2022): Generationenvertrag für das Klima [https://www.bundesregierung.de/breg-de/themen/klimaschutz/klimaschutz-gesetz-2021-1913672], abgerufen 03. 11. 2023

22 ZDF (2023): Studie zu Deutschland. Gasverbrauch 2022 massiv gesunken, vom 01. 03. 2023 [https://www.zdf.de/nachrichten/panorama/gasverbrauch-2022-rueckgang-studie-100.html#:~:text=In%20der%20Industrie%20wurde%20angesichts,der%20Speicher%20liegt%20bei%2091%20%25], abgerufen 03. 11. 2023.

23 WAZ (2022): Umfrage. Mehrheit hält Tankrabatt für zu geringe Entlastung [https://www.waz.de/politik/tankrabatt-umfrage-civey-preise-kosten-id235518101.html], abgerufen 03. 11. 2023.

24 Umweltbundesamt (2023): Umweltrelevanz und prioritäre Bedarfsfelder [https://www.umweltbundesamt.de/themen/wirtschaft-konsum/konsum-umwelt-zentrale-handlungsfelder#bedarfsfelder], abgerufen 03. 11. 2023.

25 Rotter, Julian B. (1966): Generalized expectancies for internal versus external control of reinforcement, in: Psychological Monographs, 80(1), S. 1.

26 In Anlehnung an: Fehr, Ernst / Fischbacher, Urs (2003): The nature of human altruism, in: Nature 425(6960), S. 785–791.

27 Balderjahn, Ingo (2021). Nachhaltiges Management und Konsumentenverhalten, 2. Aufl., UVK-Verlag, S. 221.

28 Balderjahn, Ingo / Peyer, Mathias (2012): Das Bewusstsein für fairen Konsum: Konzeptualisierung, Messung und Wirkung, in: Die Betriebswirtschaft, 72(4), S. 343–364.

29 Diekmann, Andreas / Preisendörfer, Peter (1998): Umweltbewusstsein und Umweltverhalten in Low- und High-Cost-Situationen, in: Zeitschrift für Soziologie, 27(6), S. 438–453; Balderjahn, Ingo (2021). Nachhaltiges Management und Konsumentenverhalten, 2. Aufl., UVK-Verlag, S. 221.

30 Balderjahn, Ingo (2021): Nachhaltiges Management und Konsumentenverhalten, 2. Aufl., UVK-Verlag, S. 221; Mai, Robert / Hoffmann, Stefan / Balderjahn, Ingo (2021): When drivers become inhibitors of organic consumption: the need for a multistage view, in: Journal of the Academy of Marketing Science, 49(6), S. 1151–1174.

31 Gawel, Erik (2011): Allmendeklemme und die Rolle der Institutionen – oder: Wozu Märkte auch bei Tragödien taugen, in: Aus Politik und Zeitgeschichte, 61(28-20), S. 27–33.

32 Mit dieser Thematik beschäftigt sich grundlegend der Aufsatz von Hardin, Garrett: The Tragedy of the Commons, in: Crowding and Behavior, 162, S. 8.

33 Gawel, Erik (2011). Allmendeklemme und die Rolle der Institutionen – oder: Wozu Märkte auch bei Tragödien taugen, in: Aus Politik und Zeitgeschichte, 61(28-30), S. 27–33.

34 In Anlehnung an: Gawel, Erik (2011). Allmendeklemme und die Rolle der Institutionen - oder: Wozu Märkte auch bei Tragödien taugen, in: Aus Politik und Zeitgeschichte, 61(28-30), S. 27–33.

35 Balderjahn, Ingo (2021). Nachhaltiges Management und Konsumentenverhalten, 2. Aufl., UVK-Verlag, S. 222.

36 Balderjahn, Ingo / Scholderer, Joachim (2007). Konsumentenverhalten und Marketing, Schäffer-Poeschel, S. 68.

37 Lasarov, Wassili, et al. (2019): Counter-arguing as barriers to environmentally motivated consumption reduction: a multi-country study, in: International Journal of Research in Marketing, 36(2), S. 281–305.

38 Mai, Robert / Hoffmann, Stefan / Balderjahn, Ingo (2021): When drivers become inhibitors of organic consumption: the need for a multistage view, in: Journal of the Academy of Marketing Science, 49(6), S. 1151–1174.

39 Hüttel, Alexandra / Balderjahn, Ingo (2021): The coronavirus pandemic: A window of opportunity for sustainable consumption or a time of turning away?, in: Journal of Consumer Affairs, 56(1), S. 68–96.

40 Hüttel, Alexandra / Ziesemer, Florence / Peyer, Mathias / Balderjahn, Ingo (2018): To purchase or not? Why consumers make economically (non-) sustainable consumption choices, in: Journal of Cleaner Production, 174, S. 827–836.

41 Hüttel, Alexandra / Balderjahn, Ingo (2021): The coronavirus pandemic: A window of opportunity for sustainable consumption or a time of turning away?, in: Journal of Consumer Affairs, 56(1), S. 68–96.

Kapitel
Zukunft eine Chance geben, kommunizieren hilft

1 ARD (2022): »Farbe bekennen« mit Bundeskanzler Olaf Scholz, vom 28. 06. 2022 [https://www.tagesschau.de/multimedia/sendung/tagesschau24/video-1052079.html], abgerufen 03. 11. 2023.

2 Bundeszentrale für politische Bildung (2022): Klimaanpassung und Klimaschutz. Zwei Seiten derselben Medaille? [https://www.bpb.de/themen/klimawandel/dossier-klimawandel/38487/kosten-des-klimawandels/), abgerufen 03. 11. 2023.

3 Hansjürgens, Bernd / Schröter-Schlaack, Christoph / Chatreaux, Melanie (2010): Ökonomische Aspekte von Ökosystemen und Biodiversität, in: Die Volkswirtschaft, 83(9), S. 17–20.

4 Bundeszentrale für gesundheitliche Aufklärung (1987): Kampagnenlogo »Gib Aids keine Chance« [https://www.bzga.de/presse/pressemotive/hivsti-praevention-im-rueckblick/], abgerufen 03. 11. 2023.

5 Die Bundesregierung (2022): Banner Impfen hilft. Auch allen, die du liebst. [https://www.bundesregierung.de/breg-de/service/newsletter-und-abos/newsletter-verbraucherschutz/banner-impfen-hilft-auch-allen-die-du-liebst--2008910], abgerufen 03. 11. 2023

6 Patagonia (2011): Don't Buy This Jacket [https://eu.patagonia.com/de/de/stories/dont-buy-this-jacket-black-friday-and-the-new-york-times/story-18615.html], abgerufen 03. 11. 2023.

7 Siehe u. a. Balderjahn, Ingo / Lee, Michael S. W. / Seegebarth, Barbara / Peyer, Mathias (2020): A Sustainable Pathway to Consumer Wellbeing. The Role of Anticonsumption and Consumer Empowerment, in: Journal

of Consumer Affairs, 54(2), S. 456–488; Balderjahn, Ingo / Hoffmann, Stefan / Hüttel, Alexandra (2023): How empowerment and materialism contribute to anti-consumers' well-being, European Journal of Marketing, 57(4), S. 1186–1218; Seegebarth, Barbara / Peyer, Mathias / Balderjahn, Ingo / Wiedmann, Klaus-Peter (2016): The sustainability roots of anti-consumption lifestyles and initial insights regarding their effects on consumers' well-being, in: Journal of Consumer Affairs, 50(1), S. 68–99; Hüttel, Alexandra / Balderjahn, Ingo / Hoffmann, Stefan (2020): Welfare Beyond Consumption: The Benefits of Having Less, in: Ecological Economics, 176, 106719.

8 Das geht aus dem »Elaboration-Likelihood Model« der Kommunikation hervor. Quelle: Balderjahn, Ingo (2021): Nachhaltiges Management und Konsumentenverhalten, 2. Aufl., UVK-Verlag, S. 203.

9 Balderjahn, Ingo / Appenfeller, Dennis (2023): A Social Marketing Approach to Voluntary Simplicity: Communicating to Consume Less, in: Sustainability, 15(3), S. 2302; Balderjahn, Ingo / Hoffmann, Stefan (2023): The Effectiveness of Consume-less Appeals in Social Marketing, in: Journal of Macromarketing, 02761467231205448.

10 Bagozzi, Richard P. / Gopinath, Mahesh / Nyer, Prashanth U. (1999): The role of emotions in marketing, in: Journal of the Academy of Marketing Science, 27(2), S. 184–206.

Über den Autor

© Karla Fritze

Ingo Balderjahn ist Wirtschaftswissenschaftler und Konsumforscher und war als Professor viele Jahre an der Universität Potsdam tätig. Seine Forschungsarbeiten richteten sich insbesondere auf nachhaltiges Konsumentenverhalten. Heute schreibt er Essays und Sachbücher.

Wege aus der Krise

Um die Klimaerwärmung und das Artensterben zu stoppen, ist es notwendig, Probleme grundsätzlicher anzugehen und unsere Werte kritisch zu hinterfragen. Hierzu liefert der Unternehmer und Ingenieur Hans Pauli viele wichtige Anregungen und Lösungsansätze.

H. Pauli

Der grüne Weckruf
Wie Nachhaltigkeit und Klimaschutz gelingen
184 Seiten, Hardcover, 24 Euro
ISBN 978-3-98726-053-7
Auch als E-Book erhältlich

Besser statt mehr!

Wohlstand ohne Wachstum – statt immer größer, immer schneller, immer mehr: Wie ist das möglich? Diese Streitschrift zeichnet das verheißungsvolle, realistische Bild eines neuen Wohlstandsmodells – das nicht auf Zerstörung und Ausplünderung, sondern auf Bewahrung, Nachhaltigkeit und Sinnstiftung setzt. Aufrüttelnd, Mut machend und visionär!

A. Becker, T. Ruff, B. Suttner

Wir haben genug!
Warum das gute Leben jenseits von Konsumismus, Wachstumswahn und Überfluss liegt
96 Seiten, Klappenbroschur, 10 Euro
ISBN 978-3-98726-050-6
Auch als E-Book erhältlich

DIE GUTEN SEITEN DER ZUKUNFT

Jenseits des Wachstums

Wie werden wir zu einer nachhaltigen Postwachstumsgesellschaft? Stefan Brunnhuber analysiert, welche (sozial-)psychologischen Mechanismen die Transformation verhindern und zeigt Wege auf, wie wir unsere Gesellschaft wirklich verändern können.

S. Brunnhuber

Die Kunst der Transformation
Wie wir uns anpassen und die Welt verändern
318 Seiten, Broschur, 26 Euro
ISBN 978-3-98726-048-3
Auch als E-Book erhältlich

Was wir jetzt tun müssen

Die Natur ist überall bedroht und bisherige Maßnahmen zu ihrem Schutz reichen nicht aus. Politik, Unternehmen und wir alle müssen noch besser werden! Tom Veltmann stellt eine Reihe konkreter Maßnahmen vor – für jeden einzelnen, für Unternehmen und für die Politik..

T. Veltmann

Das Schöne bewahren
Handeln für eine lebenswerte Zukunft
168 Seiten, Broschur, 22 Euro
ISBN 978-3-98726-059-9
Auch als E-Book erhältlich

DIE GUTEN SEITEN DER ZUKUNFT

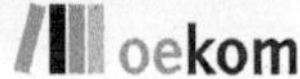